OS 33

A MILAGROSA SOBREVIVÊNCIA E O DRAMÁTICO RESGATE DOS MINEIROS NO CHILE

OS 33

JONATHAN FRANKLIN

Tradução
Rodrigo Peixoto

AGIR

Título original: THE 33 — THE ULTIMATE ACCOUNT OF THE CHILEAN MINERS' DRAMATIC RESCUE

EDITORA NOVA FRONTEIRA PARTICIPAÇÕES S.A.
Rua Nova Jerusalém, 345 — Bonsucesso — 21042-235
Rio de Janeiro — RJ — Brasil
Tel.: (21) 3882-8200 — Fax: (21)3882-8212/8313
www.novafronteira.com.br

Texto revisto pelo novo Acordo Ortográfico

CIP-Brasil. Catalogação na fonte
Sindicato Nacional dos Editores de Livros, RJ

F915m Franklin, Jonathan, 1964-
Os 33 : a milagrosa sobrevivência e o dramático resgaste dos mineiros no Chile / Jonathan Franklin ; tradução Rodrigo Peixoto. - Rio de Janeiro : Agir, 2011.
304p. : 23 cm

Tradução de: The 33 : the ultimate account of the Chilean miners' dramatic rescue
ISBN 978-85-220-1232-9

1. Ouro - Minas e mineração - Acidentes - Copiapó (Chile). 2. Cobre - Minas e mineração - Acidentes - Copiacó (Chile). 3.Trabalho de resgate - Copiapó (Chile). 4. Sobrevivência após acidentes aéreos, naufrágios, etc - Copiapó (Chile). 5. Mineiros (Profissão) - Copiapó (Chile) - Biografia. 6. Copiapó (Chile) - História - Séc. XXI. 7. Copiapó (Chile) - Biografia.
I. Título: Os trinta e três.

CDD: 363.119622340983
CDU: 622.86(83)

Este livro é dedicado à minha família, que praticamente não me viu durante esta dramática história: Toty, minha sempre paciente e valente esposa, e minhas seis preciosas filhas, Francisca, Susan, Maciel, Kimberly, Amy e a pequena Zoe. E finalmente ao meu neto Tomas, que pouco me conhece. Escrever este livro foi um desafio e uma jornada — não tão dura quanto a vivida pelos 33 mineiros —, mas eu também estou muito feliz de finalmente voltar para casa, em paz.

Jonathan Franklin
Dezembro de 2010
Santiago, Chile

Sumário

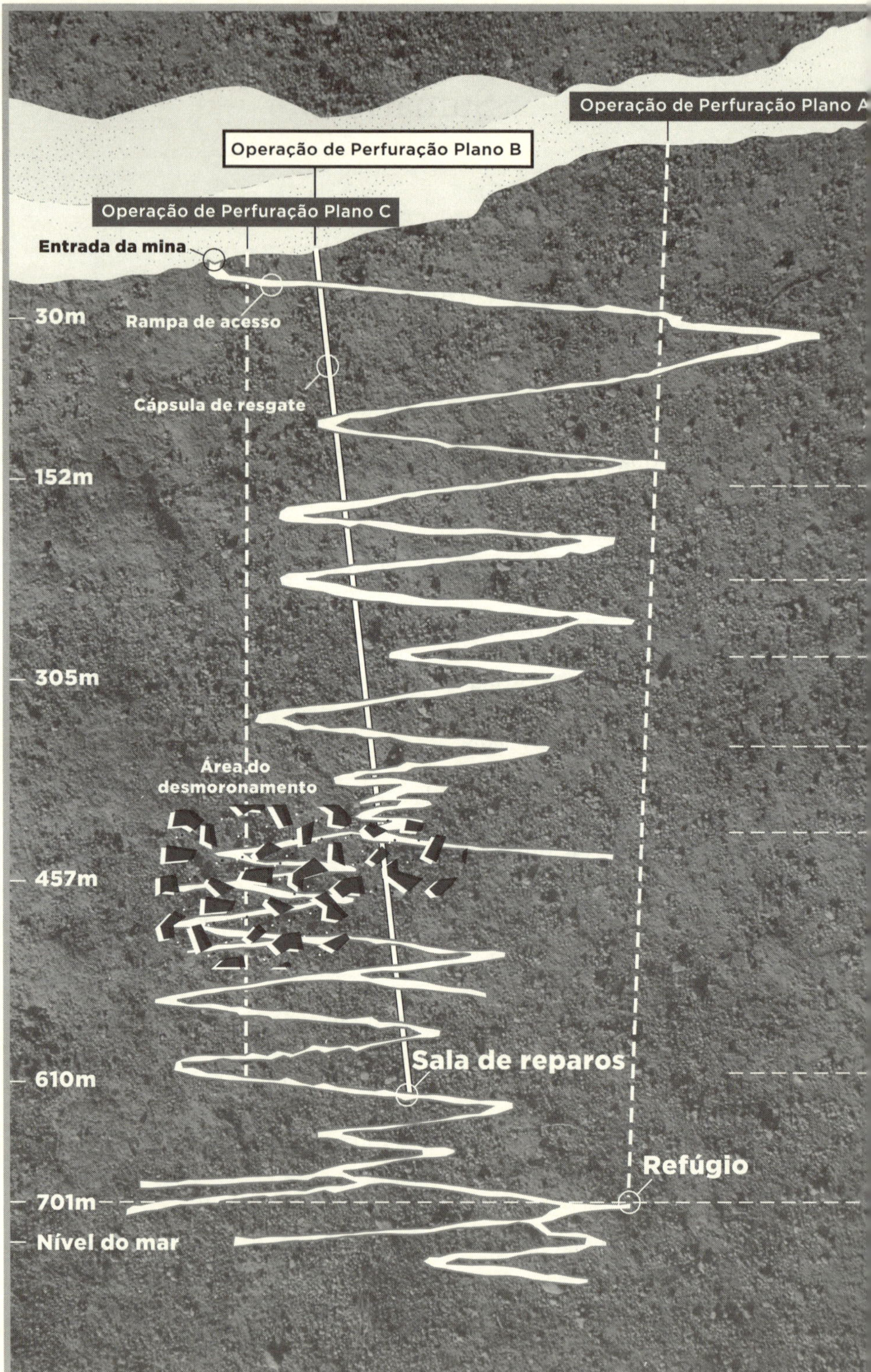

Operação de Perfuração Plano A
Operação de Perfuração Plano B
Operação de Perfuração Plano C
Entrada da mina
30m
Rampa de acesso
Cápsula de resgate
152m
305m
Área do desmoronamento
457m
Sala de reparos
610m
Refúgio
701m
Nível do mar

RESGATE NA MINA SAN JOSÉ
TORRE TAIPEI 509 m
TORRE DA SEARS 442 m
EMPIRE STATE 381 m
TORRE EIFFEL 324 m
TITANIC 269 m
STÁTUA DA
IBERDADE
93 m
Referência de profundidade
© 2010 Jeffrey L. Ward

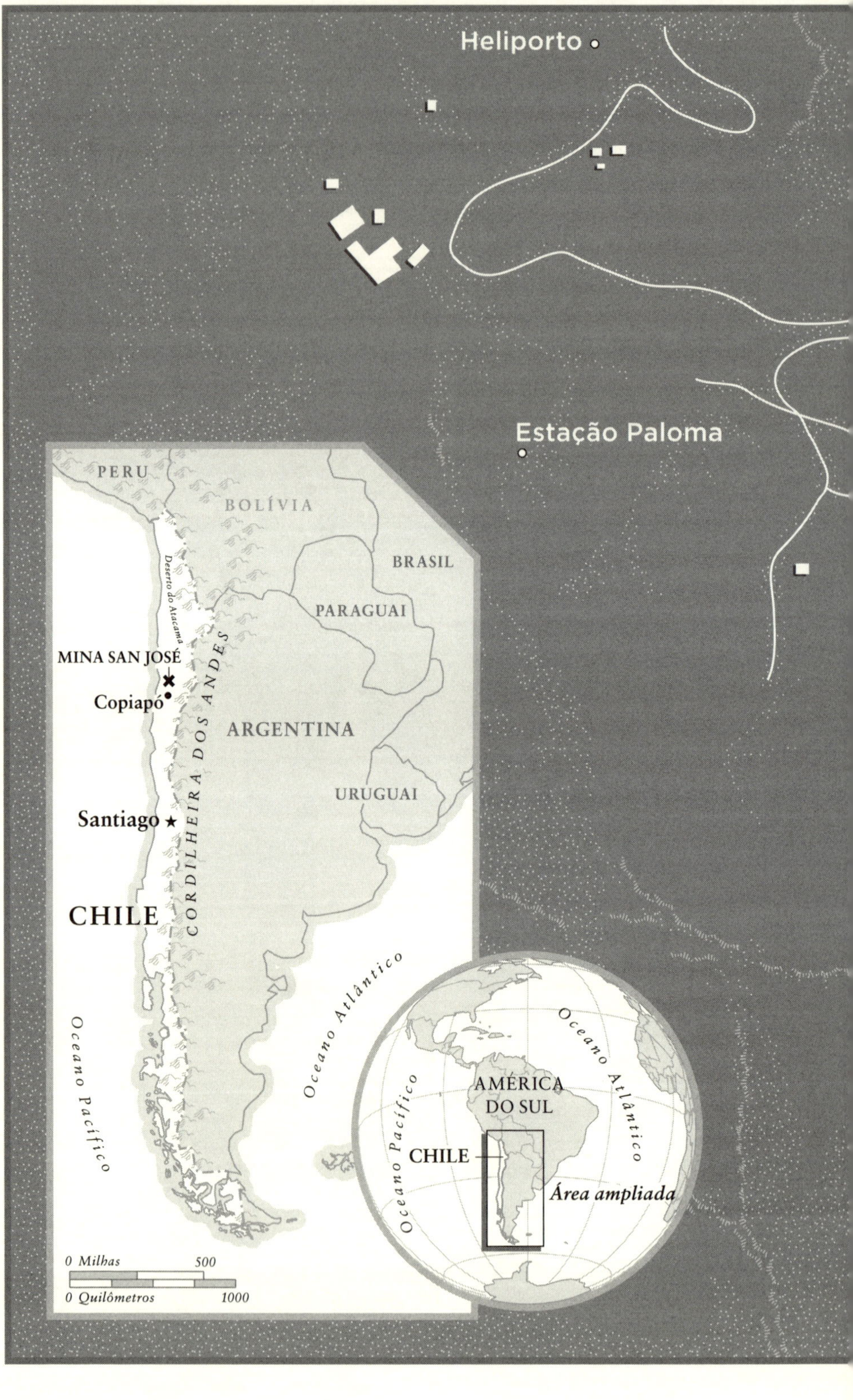
Heliporto
Estação Paloma
PERU
BOLÍVIA
BRASIL
PARAGUAI
Deserto do Atacama
MINA SAN JOSÉ
Copiapó
CORDILHEIRA DOS ANDES
ARGENTINA
URUGUAI
Santiago
CHILE
Oceano Pacífico
Oceano Atlântico
AMÉRICA DO SUL
Oceano Pacífico
Oceano Atlântico
CHILE
Área ampliada
0 Milhas 500
0 Quilômetros 1000

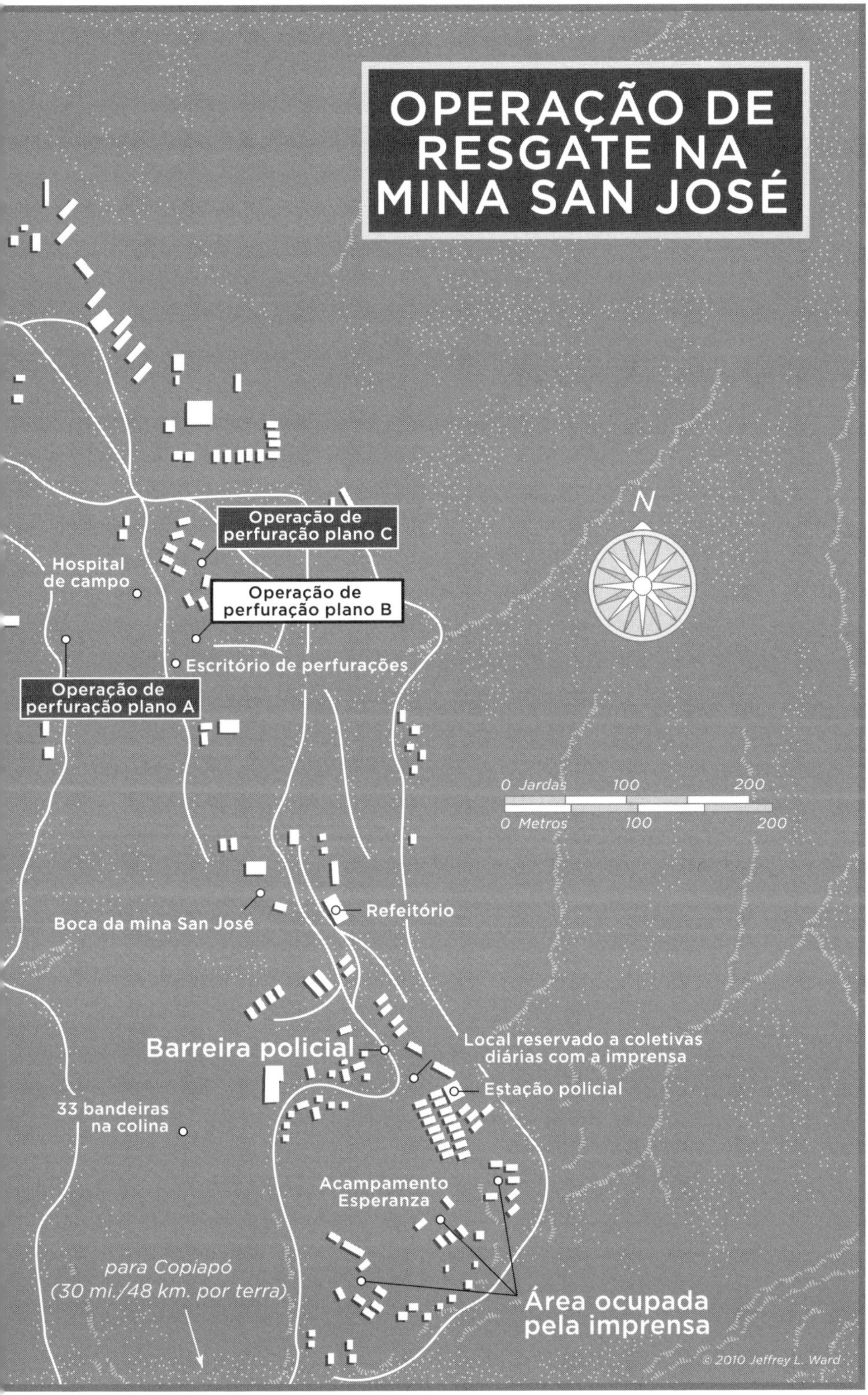
OPERAÇÃO DE RESGATE NA MINA SAN JOSÉ
Operação de perfuração plano C
Hospital de campo
Operação de perfuração plano B
Escritório de perfurações
Operação de perfuração plano A
N
0 Jardas 100 200
0 Metros 100 200
Boca da mina San José
Refeitório
Barreira policial
Local reservado a coletivas diárias com a imprensa
Estação policial
33 bandeiras na colina
Acampamento Esperanza
para Copiapó (30 mi./48 km. por terra)
Área ocupada pela imprensa
© 2010 Jeffrey L. Ward

Prólogo
Os olhos do mundo

No dia 12 de outubro, uma forte neblina cobria o amanhecer numa região montanhosa ao norte do Chile. Uma névoa de sonhos escalava as ladeiras. O sol continuava escondido no horizonte; um ar úmido se erguia do oceano Pacífico e sugava o calor dos corpos. As poucas figuras que vagavam pelo acampamento provisório àquela hora eram fantasmagóricas — pareciam miragens no deserto do Atacama, uma das áreas mais secas do mundo.

No acampamento da imprensa, uma floresta de refletores iluminava campos repletos de antenas. Dezenas de satélites transmissores estavam apoiados no ponto mais alto de um campo de pedregulhos.

Reunida em volta da fogueira, com mãos e braços entrelaçados, a família Ávalos rezava e conversava baixinho, reverentes, sentados sobre dois de seus parentes soterrados: Renán, 29 anos, e Florencio, 31. Nove semanas antes, no dia 5 de agosto, os irmãos entraram na mina San José para cumprir um turno de 12 horas. No meio da tarde, um enorme pedaço de pedra — do tamanho de um arranha-céu — desprendeu-se da montanha e os trancou no fundo da mina.

Por nove semanas, a família Ávalos manteve viva a esperança e rezou por um milagre. Primeiro queriam notícias de que os irmãos estavam vivos, e depois queriam vê-los resgatados das profundezas de uma mina que mesmo em seus melhores dias era notória por matar e mutilar mineiros.

Desde o momento em que a mina desmoronou, no início de agosto, centenas de engenheiros, trabalhadores de resgate, perfuradoras e escavadeiras chegaram a antes remota e deserta localidade ao norte do Chile. Foram como voluntários, oferecendo ideias, equipamentos e trabalho pesado. Por meio de canais diplomáticos e contatos no mundo dos negócios, o presidente chileno Sebastián Piñera fez um simples, mas profundo, clamor por ajuda. Ele disse: "Temos esses homens presos a setecentos metros de profundidade. Quais tecnologias vocês têm que poderiam nos ajudar?"

A resposta foi rumorosa.

Agora o resgate chegava ao fim. Em menos de 24 horas, uma cápsula em formato de foguete conhecida como *Phoenix* desceria lentamente pela terra, em direção ao fundo da mina. Florencio Ávalos seria o primeiro mineiro a abrir a porta da engenhoca para tentar subir à superfície. Sua família sabia que esta função era tanto uma honra como um risco.

Centenas de trabalhadores de resgate se empenharam meses para aquele momento, a maior parte deles em silêncio. Todos agora cheios de orgulho da oportunidade de representar um pequeno papel num acontecimento que se tornava um drama mundial, e que sabiam se tratar de um experimento gigantesco. Nunca antes mineiros tinham sido resgatados de tal profundidade após meses soterrados. Apesar das inúmeras teorias de que o resgate seria possível, todos sabiam que a lei das estatísticas — nunca favorável numa indústria perigosa como a da mineração — jogava contra a possibilidade de todos aqueles homens serem resgatados com vida.

A chamada Operação São Lourenço — em homenagem ao santo padroeiro dos mineiros, são Lourenço — foi liderada pela Codelco, empresa estatal mineira do Chile, que durante dois meses reuniu os mais sofisticados equipamentos de perfuração e cartografia do mundo.

A Codelco, uma companhia moderna cujos lucros excedem 4,5 bilhões de dólares por ano, usou uma frota de perfuradoras emprestadas, alugadas e improvisadas para encontrar e alimentar os homens durante 69 dias. E chegara a hora da verdade. Seriam capazes de desenterrá-los em segurança? De uma profundidade duas vezes maior que a altura da Torre Eiffel? O buraco de resgate era tão estreito que os mineiros foram instruídos a fazer extenuantes exercícios para garantir que entrariam na cápsula.

Mesmo tão cedo, centenas de jornalistas já estavam despertos, carregando equipamentos em busca de um ponto privilegiado para capturar o drama que envolvia corações e mentes de espectadores de todo o planeta. Desde a chegada à Lua, nenhum desafio técnico intrigou e cativou tanto o mundo. E, em 2010, o mundo conectado oferecia dezenas de novas maneiras de seguir e comentar os acontecimentos.

Com suas cabeças voltadas para montes de brasas alaranjadas, evidência das semanas de espera, os Ávalos pareciam alheios à crescente comoção. Teciam uns poucos comentários, ignoravam a chegada de um câmera perdido. Os jornalistas — com cabos e operador de som a reboque — esperavam por alguns poucos minutos de transmissão ao vivo, cada palavra propagada para uma audiência mundial, e depois seguiam para a próxima família.

Atrás da família Álavos aparecia o cartaz "Enterrados talvez... derrotados nunca", e os rostos dos mineiros encarando além do letreiro, meio obscurecidos pela escuridão. Como indivíduos, seus rostos eram comuns — sérios, austeros e desgastados. Como grupo, eram "Los 33" [Os 33], um símbolo mundial de tolerância.

Nos meses de setembro e outubro de 2010, enquanto as equipes de resgate perfuravam uma montanha de granito em busca dos homens presos lá dentro, o destino de "Los 33" transformou-se numa narrativa coletiva. Renomados jornalistas de todo o mundo apareceram por ali, lutando pelos poucos bilhetes de avião que os levariam a Copiapó, uma cidade tão esquecida que, quando os meios de comunicação chilenos ofereciam a previsão do tempo, era a única entre as grandes cidades que eles simplesmente ignoravam. "Quando a taça da Copa do Mundo fez um tour pelo Chile, ela não passou por aqui", resmungou o prefeito de Copiapó, Maglio Cicardini, um *showman* com rabo de cavalo que mais parecia um guitarrista de apoio do ZZ Top.

Mesmo com todo o interesse mundial, as câmeras raramente tinham acesso às linhas de frente ou às imagens subterrâneas da tragédia. Concentrados entre as linhas policiais graças a uma estrita e astuta campanha de relações públicas do presidente Piñera, a maioria dos repórteres foi limitada a dois meses de entrevistas com familiares e políticos, enquanto uma audiência de centenas de milhões de pessoas estava sedenta por uma história mais profunda: o que acontecia lá embaixo?

Enterrados numa gruta sufocante, úmida e desmoronada, como 33 mineiros poderiam seguir vivos após tantas semanas?

No início da tarde começou a contagem regressiva. Centenas de parentes estavam de pé, ansiosos, enquanto enormes telas de televisão montadas nas laterais dos trailers e nas abas das tendas da imprensa mostravam imagens dos trabalhadores de resgate dando os toques finais na cápsula *Phoenix*. Pintada com as cores da bandeira chilena — azul, branco e vermelho —, a *Phoenix* foi construída de acordo com especificações desenvolvidas pela NASA e pela Marinha daquele país.

Às onze da noite, ela estava pronta. Um guincho içava a cápsula. Uma roldana amarela enrolava o cabo, movendo-se lentamente. A cena era hipnótica. Parecia uma operação industrial dos anos 1930. Longe da vista de todos modernos equipamentos possibilitavam a operação, incluindo unidades de GPS, que permitiam às enormes furadeiras encontrar até pequenos alvos subterrâneos, quilômetros de cabos de fibra ótica e transmissores sem fio que tomavam o pulso e a pressão sanguínea dos mineiros, enviando os dados ao laptop de um médico.

Sessenta e nove dias antes, aqueles homens ficaram perdidos no subterrâneo. Mais de duas semanas de busca falharam ao tentar encontrar o túnel onde eles lentamente morriam de fome e aproximavam da morte. Morte tão certa que os homens escreveram cartas de despedida. O governo até mesmo começara a desenhar uma cruz branca no flanco da montanha, marcando suas tumbas. Mas, naquele instante, eles poderiam renascer, ressuscitar, ser resgatados. Será que esse feito realmente poderia ser levado a cabo?

Enquanto o mundo prendia a respiração, a *Phoenix* era enterrada, e logo desapareceu. Numa área de terremotos fortes, as possibilidades de falha no resgate eram muitas para serem calculadas. Para funcionar, o resgate exigia não apenas engenharia precisa, mas também um pouco de fé. Especialistas de todo o mundo foram consultados durante a operação, ajudando a desenvolver planos médicos e protocolos de engenharia. Agora até mesmo o pessoal da NASA não sabia o que dizer. Naquela missão, o manual seria escrito pelos chilenos.

Capítulo um
Enterrados vivos

Quinta-feira, 5 de agosto, 7h

A viagem de cinquenta minutos em direção à mina San José parecia mais bonita do que nunca. Campos de pequenas flores púrpura desenhavam curvas sinuosas nas colinas, cenário que atraía centenas de turistas loucos para ver o "deserto florescer". Mas poucos trabalhadores a bordo do ônibus notaram. Muitos dormiam enquanto o veículo vencia as curvas em direção à mina — uma colina sem graça mas cheia de ouro e cobre e que por mais de um século foi escavada por mineiros que pareciam texugos, construindo um zigue-zague de túneis em busca das valiosas veias de metal que preenchiam o interior da montanha como o sistema sanguíneo dentro de um corpo.

Dentro do ônibus, Mario Gómez não conseguia dormir. O despertador do seu celular tocara às seis da manhã, tão cedo que ele perguntou à mulher: "Tenho mesmo que ir?" "Mate o trabalho", respondeu Lillian, sua esposa. Havia um bom tempo ela encorajava o marido, de 63 anos, a preencher os papéis de sua aposentadoria. E Gómez não precisava de muito estímulo. Começara sua vida nas minas aos 12 anos, numa experiência ao melhor estilo Dickens, e durante os 51 anos seguintes conhecera todas as formas possíveis de evitar a morte nas profundezas. Sua mão esquerda lhe servia como um lembrete: um carregamento de dinamite explodira muito perto dela, decepando-lhe dois dedos e deixando o polegar torcido sobre a junta.

Da janela do ônibus, Gómez observava um deserto que não exibia qualquer arbusto ou árvore, mas que parecia cheio de vida se comparado ao mundo subterrâneo no qual aqueles homens sonolentos estavam prestes a entrar. A mina San José era a mais perigosa da região, e não por coincidência costumava pagar salários fora do normal, bem mais altos. Onde mais um *cargador de tiro* — que passa o dia preenchendo buracos recém-abertos com dinamite — poderia ganhar um salário tão suculento? O pagamento se justificava: os homens, que se autodenominavam "kamikaze", mantinham a lealdade ao seu trabalho, mesmo frente à temível reputação da mina. Todos os trabalhadores chegavam à mesma conclusão após pesar na balança perigo e dinheiro: o dinheiro sempre vencia.

Enquanto o ônibus acelerava pela estrada tortuosa, passava por vários pequenos santuários (*animitas*), sendo cada um deles a lembrança de uma morte violenta, trágica e repentina. Segundo a crença local, uma morte acidental deixa a alma do morto no limbo. Construindo esses santuários, familiares e amigos desejam enviar seus queridos numa viagem ao céu, o que explica a existência de velas acesas, flores frescas e fotos das vítimas em todos eles. Dias mais tarde, a mesma estrada ganharia dezenas de novos santuários.

Grande parte dos homens carregava um farto almoço. Embora os donos da mina calculassem que dois sanduíches e uma caixa de leite proveriam energia suficiente para o turno de 12 horas, eles costumavam levar reforços — uma barra de chocolate, uma garrafa térmica de sopa, uma carne bem-embalada e um sanduíche de tomate. E água. Garrafas, cantis e mesmo embalagens de plástico de 500ml vendidas no supermercado. Dentro da mina, a temperatura raramente era mais baixa que 32°C, e os homens bebiam três litros de água fresca por dia, embora ainda vivessem no limite da desidratação. A umidade era tão forte que quase sempre os cigarros murchavam.

Na entrada, os homens trocavam de roupa e vestiam o uniforme de trabalho: calça, camiseta, capacete e luz para pôr na cabeça. Um simples cartão de metal marcava a sua presença — e muitas vezes sua ausência. Com sete dias de trabalho, seguidos de sete de descanso, os homens viviam um eterno ciclo de altos e baixos — suando como animais por uma semana, depois aproveitando os prazeres dos excessos instantâneos durante a "semana de folga". Quando não iam trabalhar na segunda-feira diziam, brincando, estar prestando homenagem à deusa da ressaca, conhecida no local como "Santa Segunda-Feira".

Os churrascos eram frequentes, e os donos geralmente fingiam não notar quando os trabalhadores apareciam horas mais tarde. Trabalhando numa colina estéril, os estimados 250 funcionários da San Esteban Primera (a empresa responsável por várias minas da região, incluindo a San José) não tinham cobertura para telefonia móvel, contavam com poucos equipamentos de segurança, sofriam acidentes frequentemente e conviviam com a ausência quase total de mulheres. Embora estivéssemos em 2010, aqueles homens experimentavam a quase inexistência. O campo estava lotado de sinais de que aquele era um local de mineração — de bordéis noturnos (quarenta dólares por uma transa) a filas de picapes no Antay, um cassino recém-inaugurado e que ajudava os mineiros a satisfazer o que parecia ser uma predisposição genética para jogar o salário de um mês num único lance. Os desertos do norte do Chile são a maior área produtora de cobre do mundo, e grande parte dos mineiros chilenos trabalham em modernas minas, supervisionadas por multinacionais altamente profissionais, incluindo a Anglo American e a BHP Billiton.

Com mais de cinquenta por cento das exportações do país proveniente da mineração, o Chile é líder mundial em tecnologia e operações mineiras. Chuquicamata, a maior mina a céu aberto do mundo, é dirigida pela empresa mineradora de cobre do governo chileno, a Codelco.

Trabalhos em minas são normalmente rotulados como lucrativos e seguros — considerando que o conceito de "segurança" na área de mineração é relativo. Misture o risco de jovens dirigindo caminhões de explosivos de nitrato de amônio e centenas de mineiros que todos os dias distribuem cargas de dinamite em grutas, e tudo isso no Chile, país que reconhecidamente sofre os maiores terremotos do mundo: os acidentes são quase uma certeza. Acrescente uma cultura que consome grandes quantidades de uma aguardente barata e fortíssima conhecida como *pisco*. O resultado é conhecido em todas as salas de emergência da região: mineiros mortos.

Os homens que entravam na mina San José não trabalhavam em minas modernas e seguras, mas pertenciam à mais arriscada subcultura de toda aquela indústria: a dos mineiros rústicos, com baixa tecnologia, conhecidos no local como "Los pirquineros". Enquanto os clássicos *pirquineros* chilenos não tinham instrumentos mais sofisticados do que um burro e uma picareta, os homens na mina San José chamavam a si mesmos "*pirquineros* mecanizados", pois operavam modernas máquinas metidas em raquíticas infraestruturas típicas de operações perigosas. Ao contrário de outras minas, que tinham ratos e insetos, a San José era estéril — fora um ocasional escorpião. Dentro da mina, a rotina diária era próxima ao estilo de vida de um californiano que buscava ouro na época de Abraham Lincoln. Aqueles mineiros eram regularmente arrasados — "passados a ferro", na gíria local — por centenas de pesadíssimos blocos de pedra que se soltavam do teto com aterradora regularidade. As pedras no interior da mina San José eram tão afiadas que os mineiros sabiam que o simples roçar do corpo contra as paredes seria como passar uma lâmina sobre a pele.

Um duro lembrete dos potenciais riscos veio no dia 5 de julho de 2010. Os mineiros da mina San José testemunharam primeiro a operação de resgate, e depois o desaparecimento da picape que levou embora o que restara de Gino Cortés. Um bloco de pedra pesando o equivalente a vinte geladeiras soltou-se quando Gino passava por baixo dele. Sua perna foi brutalmente arrancada. Por um momento, ele permaneceu observando a perna amputada, atônito. O corte foi tão preciso que ele não sentiu dor de início. Um colega pegou sua perna, envolveu-a numa camisa, e levou Cortés à sala de emergência. Ao pensar no acidente, em sua cama de hospital em Santiago, Cortés repetia: "Eu tive sorte", agradecendo a Deus por manter intactas sua perna direita e sua vida. Embora não reste dúvida sobre a violência cruel: sua perna mutilada está costurada ao resto do corpo com uma espécie de nó de salsicha logo abaixo do joelho.

Quando não são passados a ferro, *pirquineros* morrem lentamente de problemas pulmonares. Apenas dois meses antes, Alex Vega caminhava pela mina quando suas pernas falharam e ele entrou em colapso. Gases tóxicos da maquinaria dos exaustores sugaram o oxigênio de seu corpo. Uma ambulância levou Vega correndo ao hospital local de Copiapó, onde permaneceu por quase uma semana.

A prolongada exposição aos gases e à brita levam à silicose e, doença causada pela inalação de partículas tóxicas de sílica, que entopem os pulmões. Ano após ano, os mineiros aspiram nuvens de pequenos fragmentos de rocha, deixando seus pulmões ainda menos eficientes. Em casos mais avançados, conhecidos como Podridão do Ceramista (em referência ao uso de sílica em trabalhos de cerâmica), a vítima fica sem oxigênio e sua pele ganha um tom azulado. Mario Gómez, o mais velho daquele turno, tinha tanta poeira e brita incrustada em seus pulmões que, após cinquenta anos neste trabalho, muitas vezes ficava sem ar e usava um dilatador de brônquios para maximizar as partes de seus pulmões que ainda funcionavam. Com silicose, mineiros como Gómez pouco a pouco vão perdendo oxigênio — essencialmente, trata-se do mesmo processo que aconteceria com um caminhão caso o motorista permanecesse cruzando um deserto por vinte anos sem nunca trocar o filtro de ar.

Um *pirquinero* devota sua vida à mineração por uma semana, algumas vezes por um mês inteiro, mantendo uma luta solitária contra a montanha, e alguns aliviam a solidão com escapadas sexuais improvisadas que um médico local descreve como "situação *Brokeback Mountain*". Um psiquiatra chileno que trabalhou com mineiros chama o fenômeno de "homossexualidade transitória", prática centenária entre marinheiros e que ele descreve como uma "solução à desesperadora falta de companhia feminina". Quando os mineiros voltam à cidade, entregam-se a altas quantidades de álcool, mulheres e prazeres instantâneos, e tudo isso gera a necessidade de mais pagamento num curto espaço de tempo. A cocaína local — quinze dólares por grama — também está presente na lista de muitos como uma tentação.

Samuel Ávalos passara as últimas 24 horas lutando para ganhar 16 mil pesos chilenos (32 dólares) e assim tomar o ônibus para Copiapó. Ávalos era um homem de aspecto duro, rosto arredondado, que vivia em Rancagua, cidade mineira ao sul de Santiago, perto de "El Teniente", a maior mina subterrânea do mundo. Mesmo com a grande quantidade de trabalhos em minas na região, Ávalos tinha pouca experiência no mundo subterrâneo. Ele costumava trabalhar como camelô e sua especialidade eram CDs de música pirateados. A polícia o prendera certas vezes, algumas delas confiscando o material. Mas da última vez ele teve sorte — conseguira dinheiro suficiente para subir no último ônibus com assento vazio para Copiapó. Somente mais tarde descobriria que José Henríquez, companheiro mineiro, estava no mesmo veículo.

Durante a viagem, Ávalos bebeu. Saiu do ônibus para a mina ainda embriagado. "A bebida fez efeito. Ao sair do ônibus eu quase caí", disse Ávalos. "Foi estranho, não sei como chamar isso, mas um espírito passou por ali. Era minha falecida mãe. E eu perguntei: 'Mãe, o que você está dizendo? O que você quer?' Não descobri. Mais tarde, porém, tive muito tempo para pensar naquele último aviso."

Ávalos costumava encher seu macacão de chocolates, bolos, biscoitos, leite e suco. Com o macacão lotado, lutava para esconder o contrabando de Luis Urzúa, o capataz que não gostava de ver seus trabalhadores com comida. Considerava um fator de distração.

"Naquele dia, deixei minha comida lá em cima. Não levei nem um chocolate", disse Ávalos. Foi outro momento de que se lembraria repetidas vezes nas semanas seguintes.

Enquanto os recém-chegados trocavam de roupa e se preparavam para o trabalho, o paramédico Hugo Araya, de 42 anos, saía da mina, pois terminara seu turno. Mesmo após seis anos em San José, Araya nunca se sentiu muito confortável lá. A entrada malcuidada, com a placa com os dizeres de segurança enferrujada, sempre lhe pareceu uma espécie de brincadeira, especialmente ao pensar nos constantes acidentes, nos mineiros que desmaiavam. Mas Araya, que trabalhava como principal técnico médico de emergência da mina, era o tipo de homem que chamamos quando os problemas aparecem. Acima de tudo, ele odiava o cheiro da mina. "Era como algo em decomposição. Como carne podre", ele disse.

Graças ao monóxido de carbono dos veículos, aos gases que emanavam das explosões de dinamite e aos cigarros que os homens fumavam sem parar, Araya recebia chamados de emergência com tanta frequência que, no final das contas, elas não pareciam mesmo chamados de emergência. E então ele dirigia por 25 minutos, mais de seis quilômetros em zigue-zague e dentro de túneis, sempre descendo, buscando o fundo da caverna, onde encontrava um ou dois mineiros usando máscaras de oxigênio, preparados para a evacuação. Em geral os homens iam para casa na mesma noite. Na pior das hipóteses, após um ou dois dias numa clínica local, voltavam para o trabalho, tossindo, dinamitando, respirando poeira e raramente reclamando.

Após seu turno da noite, Araya estava coberto por uma fina camada de poeira cor de café acinzentada e por uma capa oleosa que não era fácil de ser lavada. Naquela manhã, enquanto tomava seu banho em casa, a uma hora de distância de Copiapó, Araya sentiu um profundo mal-estar. A montanha "chorara" a noite toda. Terríveis gemidos e relatos duros deixaram todos os homens no limite. Quando uma mina como San José chora, as lágrimas costumam ter o tamanho de pedregulhos.

Mais de uma centena de picaretas, dinamites e brocas perfuraram a montanha abrindo tantos buracos e túneis que novos trabalhadores se perguntavam como o teto não caía naquelas várias passagens. Araya não tinha como saber que, após 111 anos de operações, após milhões em ouro e cobre retirados de todos os cantos daqueles túneis labirínticos, a mina também perdera sua estrutura de apoio. Como um castelo de cartas, o equilíbrio agora era delicado.

NO FUNDO DA MINA SAN JOSÉ, os mineiros tinham direito unicamente às necessidades básicas: capacete com lâmpada, água engarrafada, cuecas e MP3 com uma dose de *rancheras* mexicanas, baladas emotivas sobre amantes, sacrifícios e nobreza da classe trabalhadora. "Muitas vezes víamos os homens trabalhando de bota e cueca", disse Luis Rojas, que trabalhava na mina San José. "Fazia muito calor para usar muita roupa."

Darío Segovia passou a manhã do dia 5 de agosto incrustando redes de metal no teto da mina — um sistema rústico para suportar a queda de pedras e prevenir que homens e máquinas fossem esmagados. Conhecido como "fortificação", o trabalho de Segovia era extremamente perigoso. Ele era uma espécie de bombeiro do inferno, atacando pequenas chamas ao mesmo tempo que sabia que a batalha estava perdida. "Antes das onze da manhã, eu sabia que a mina desabaria, mas eles nos enviaram para colocar as redes de reforço. Nós sabíamos que o teto estava mal e que poderia cair. Para passar o tempo, pegamos a picape para coletar um pouco de água nos tanques. Era perigoso, o teto estava muito frágil."

Mario Sepúlveda perdeu o ônibus de Copiapó naquela manhã. Às nove, começou a pedir carona. O tráfego era esparso, e caminhar pela estrada era impossível. Sepúlveda ficou tentado a voltar para sua modesta casa. Mas um caminhão solitário surgiu no horizonte. Quando parou para pegá-lo, o mineiro achou que estava com sorte. Conseguiria chegar ao trabalho, finalmente. Às dez, chegou à mina, brincando com os guardas de segurança. Por volta das dez e meia se dirigia ao centro da montanha.

Às onze e meia da manhã, a montanha estalou. Os trabalhadores perguntaram ao chefe de operações mineiras, Carlos Pinilla, o que estava acontecendo. De acordo com o testemunho dos mineiros, Pinilla descia ao poço naquele exato momento. Ele disse aos mineiros que o barulho era um "ajuste normal da mina" e os manteve lá dentro. Mas o próprio Pinilla, segundo os mineiros, pegou o primeiro veículo disponível, mudou de direção e seguiu de imediato à superfície. "Ele foi embora cedo naquele dia, e nunca fazia isso. Normalmente saía uma ou uma e meia, e naquele dia saiu por volta das onze", testemunhou Jorge Galleguillos. "Ele estava com medo."

Raúl Bustos não sabia quase nada sobre mineração ao entrar em San José naquela fatídica manhã. Na verdade, Bastos se sentia em casa entre as águas, trabalhando em barcos, reparando-os, soldando e construindo sistemas de água nos navios da Marinha chilena. Trabalhou lá durante anos, até uma manhã de domingo de fevereiro de 2010, quando perdeu não apenas o emprego, mas todo o seu local de trabalho, arrasado por um muro de dez metros de água, um tsunami mortal. O terremoto de 8,8 graus que gerou o tsunami deixou poucos estaleiros de pé na cidade costeira de Talcahuano, fazendo Bustos migrar mais de 1.200 quilômetros ao norte, em direção à mina San José.

Bustos, de quarenta anos, conhecia a reputação da mina, mas não se preocupava. Seu trabalho normalmente o mantinha numa garagem com proteção de zinco, reparando veículos naquela colina sem árvores. Insolação e saudades de casa pareciam ser seus maiores perigos. Em intervalos de poucas semanas, atravessava metade do país para ver sua esposa, Carolina. Bustos nunca reclamou de viajar um dia inteiro nem deixou sua mulher saber que estava trabalhando num local tão precário. Naquela manhã de 5 de agosto, quando foi relatado que um carro estava com o pneu estourado e problemas mecânicos dentro da mina, Bustos pegou uma picape e desceu, mergulhando na terra.

A mina era um labirinto de mais de seis quilômetros de túneis. Como por mais de um século mineiros percorreram aquelas veias repletas de ouro e cobre, o túnel não fora escavado de modo ordenado, criando uma cena caótica. Cabos soltos pendiam do teto. Grossas malhas de metal seguravam as pedras que desabavam. Pequenos altares ao longo do túnel principal marcavam os pontos onde trabalhadores morreram. Geralmente, os homens trabalhavam em grupos de três ou quarto. Alguns trabalhavam sozinhos. Quase todos usavam proteção para os ouvidos, o que dificultava que conversassem ou ouvissem qualquer coisa além dos altos ruídos da mina em operação.

À uma e meia da tarde os mineiros pararam para o almoço. Alguns se dirigiram ao refúgio, onde havia bancos e podiam conseguir um pouco mais de oxigênio. Cinco minutos inalando oxigênio em geral era suficiente para levá-los de volta ao trabalho, ou pelo menos de volta à mesa de almoço em que dividiam um raro momento em grupo naquele mundo solitário. Enquanto comiam, os homens acendiam *"la talla"* — prática chilena de humor espontâneo, uma brilhante combinação de *stand-up comedy* e rap improvisado. Enquanto isso, uma montanha inteira dançava acima deles.

Franklin Lobos foi o último homem a entrar na mina aquele dia — provavelmente o último de todos os tempos. Como era o chofer oficial do local, Lobos dirigia um eficiente e hilário serviço de transporte — divertindo seus passageiros com loucas histórias de mulheres e fama ao descer às profundezas de um mundo que parecia um cenário de *O Senhor dos Anéis* com seus tetos baixos, pilhas de escombros e paredes que aparentavam terem sido esculpidas à mão um século antes.

Antigo astro do futebol chileno, Lobos era uma lenda viva. Era como ter David Beckham nos levando a Heathrow ou Mike Tyson ao JFK. Lobos, de 53 anos, era agora careca, com o rosto redondo e sereno. Suas aventuras da juventude faziam dele um contador de histórias nato, e oferecia aos passageiros relatos sobre seus dias de glória, quando era jogador do Cobresal. Muitos mineiros eram seus fãs devotos, tinham crescido vendo Lobos meter gol atrás de gol enquanto ele cimentava sua reputação nos campos de futebol.

Durante a carreira, de 1981 a 1995, Lobos chegou à elite do futebol chileno. Um semideus que fazia milagres nos pênaltis.

Mesmo antes de tocar a bola, todo o estádio ficava hipnotizado, imaginando a trajetória impossível que ela percorreria desafiando as leis da física. Os gols de Lobos eram tão precisos e inacreditáveis que a imprensa chilena o chamava de "Morteiro Mágico", um jogador capaz de atirar bombas do meio do campo que atingiam em cheio seu alvo. Mesmo Beckham teria aplaudido. Mas as estrelas do futebol no Chile têm uma carreira média de dez anos. Por volta dos 35, Lobos ficou sem emprego, perdeu o status de estrela, sem poder sequer viver dos dividendos da fama. Tentou a sorte como motorista de táxi, mas, com duas filhas na faculdade, ele precisava de dinheiro, e em Copiapó só havia uma coisa a ser feita: trabalhar na mina de cobre San José.

Era pouco mais da uma da tarde quando Lobos levava Jorge Galleguillos mina abaixo em seu caminhão de carga. No meio do caminho, pararam para conversar com Raúl "Guatón" [Gordo] Villegas, que dirigia um caminhão de lixo carregado de pedras e pedregulhos com traços de ouro e cobre. Foi nesse momento que a mina estalou.

"Enquanto descíamos, um pedaço de pedra caiu bem atrás de nós", escreveu Galleguillos mais tarde. "Caiu poucos segundos após nossa passagem. Depois disso ficamos presos numa avalanche de poeira e sujeira. Eu não podia ver minha mão na frente do rosto. O túnel desmoronava." Galleguillos mais tarde compararia a cena com o desmoronamento do World Trade Center. Camadas e mais camadas do túnel desabavam, como se fossem panquecas.

Quando a mina estalou, iniciou-se uma série de avalanches. Lobos não ousou acelerar, preferiu driblar os escombros que bloqueavam parcialmente o túnel. O desabamento se instalara na frente e atrás deles. Bateram contra um muro. Incapaz de ver qualquer coisa, Galleguillos saltou do caminhão, tentando guiar Lobos para baixo. Enquanto o teto continuava desabando, Galleguillos buscou refúgio no sotavento de um tanque de água. Finalmente conseguiram fazer uma curva e, mesmo com as pesadas nuvens de poeira, desceram devagar em direção a um refúgio seguro.

Quando Lobos alcançou seus colegas, eles se olharam em choque. Ninguém sabia dizer o que aconteceu. Mas todos sabiam que tinha sido algo diferente das pequenas avalanches habituais na mina San José.

De uma coisa eles tinham certeza: mesmo para o mineiro mais jovem, a mensagem era clara, "*El pistón*" estava chegando. Agachados nos cantos do refúgio, atrás de barreiras pouco maiores que um colchão, eles abraçavam os próprios corpos.

Quando uma mina desaba, o ar no interior explode por dentro dos túneis, como um pistão, gerando ventos tão fortes que podem fazer voar um trabalhador em direção à parede oposta, estraçalhando seus ossos e deixando-o sem fôlego. "Era como ter os ouvidos invadidos", disse Segovia. "Era como se invadisse a cabeça."

Avalanches pequenas na mina San José eram acontecimentos mensais, uma terrível e breve ruptura que invadia a solidão diária dos mineiros. Mesmo com fones de ouvido e o barulho intenso do reggae e da *cumbia* colombiana, eles nunca deixavam de ouvir o *craaaack!* Pedra contra pedra. Era sempre igual; em poucos segundos todos buscavam refúgio. Os minutos seguintes eram passados na espera de alguma possível consequência — no melhor dos casos, uma tempestade de poeira sufocante; no pior, a notícia de um amigo esmagado. Em geral, o episódio completo durava algumas poucas horas. Mas aquilo era diferente.

"O efeito pistão é como uma explosão. Um som profundo, como um búfalo galopando. Temos pouco tempo para reagir", explicou Miguel Fortt, um dos mais experientes especialistas chilenos em resgate de minas. "Não há muita coisa a ser feita."

"Pensei que meus olhos saltariam da cabeça", disse Omar Reygadas, mineiro de 56 anos, com décadas de experiência.

"Meus ouvidos explodiram." Mesmo com o capacete e a proteção de ouvidos, Reynagas sofreu muito. Ainda seria capaz de escutar? Ficou preocupado, pensando se estaria surdo.

A explosão fez Víctor Zamora sair voando. Sua dentadura foi atirada para longe, ficando perdida nos escombros. Seu rosto foi machucado quando ondas de ar comprimido, como minibombas sônicas, atingiram-no. O ar era uma espécie de tempestade, um tornado, com pedras e poeira descendo pelos túneis.

A pesada nuvem de poeira e escombros cegou, chocou e deixou todos os homens surdos, envolvendo-os numa camada de poeira de quase uma polegada de espessura enquanto lutavam para escapar da mina, caindo, agarrando-se, tentando subir. Como marinheiros num redemoinho, eles interpretaram a explosão energética da Mãe Natureza como um sinal de vingança da deusa invisível — uma senhora caprichosa e onisciente que detinha a palavra final naquele mundo precário. Alguns começaram a rezar.

A força do ar chegou ao topo da montanha, produzindo o que Araya e outros homens que estavam do lado de fora da mina descreveram como "um vulcão".

No fundo da mina, os homens encaravam uma tempestade de poeira que invadira seu mundo e ainda duraria seis horas. Quando o teto desmoronou, foram cegados por uma nuvem de pedras, sujeira e traços dos metais de prata e cobre altamente preciosos que, desde a abertura da mina San José, em 1889, atraíra seis gerações de mineiros àquele mundo perigoso. "Imaginei que meus ouvidos fossem explodir, e estávamos metidos num caminhão com as janelas fechadas", disse Franklin Lobos, descrevendo a pressão que acabou com a parte interna dos ouvidos do seu companheiro José Ojeda.

Dez minutos após o primeiro colapso, a mina voltou a rugir. Um sinal breve e sucinto de que milhares de toneladas de pedra e terra tinham novamente se movimentado. Fora da mina, o pânico se instalou.

Operadores e supervisores que escutaram o primeiro *crack* imaginaram que os mineiros "teriam queimado" — gíria para uma explosão de dinamites. Nada incomum por ali. Mas duas explosões em dez minutos? Impossível. O terceiro *craaaaack* foi terrível e inconfundível. Dentro e fora da mina, centenas de trabalhadores ficaram paralisados de medo. O que estaria acontecendo lá dentro? Os mineiros nunca detonavam cargas seguidas num espaço de tempo tão curto. A curiosidade misturou-se ao medo naquele canto isolado do deserto do Atacama.

Dentro da mina, um grupo de cerca de 15 homens batalhava contra a poeira e lutava para subir o túnel, em busca de segurança. Foram paralisados por uma enorme pedra que bloqueava a passagem. Entraram em pânico. "Estávamos amontoados como ovelhas", disse José Ojeda. "Ouvimos aquele som, eu não saberia descrever... Foi terrível, como se as pedras gritassem de dor... Tentamos avançar, mas não conseguimos, um muro de pedra nos bloqueou."

Quando Florencio Ávalos chegou, na picape, todos os homens subiram, como refugiados. No caminho para baixo bateram duas vezes, perdidos naquele caos escuro. Quando a picape balançou na estrada, um dos mineiros caiu. Alex Vega se esticou e trouxe de volta o corpo que voava, salvando-o. No meio do caos, ele nunca teve certeza de quem salvou. Ao fazer força para trazer o homem de volta à caçamba do caminhão, algo estalou na base de suas costas. Somente horas mais tarde, quando a adrenalina baixou, ele começou a sentir a terrível dor.

Dirigindo às cegas, atravessando as pesadas nuvens de poeira e dejetos, eles demoraram quase uma hora para alcançar o refúgio, uma caverna dentro da pedra. Assim que entraram, fecharam as portas de metal para bloquear a tempestade de poeira. Depois, os 33 homens começaram a tomar oxigênio de bombas que havia por ali.

O refúgio de cinquenta metros quadrados era pouco mais do que um buraco na parede com piso de cerâmica, teto reforçado, dois tanques de oxigênio, uma caixa com remédios havia muito vencidos e um pouco de comida. "Os caras costumavam ir ao abrigo de segurança com regularidade, então a gente nunca sabia o que restava por lá. Sempre roubavam chocolates e biscoitos", disse Araya, o paramédico que também cuidava do estoque — e da reposição — no refúgio de segurança. "Aqueles caras tiveram sorte, na verdade. Normalmente tínhamos apenas um tanque de oxigênio por lá, mas quando ficaram presos havia dois."

No interior da mina, Luis "Lucho" Urzúa tentou segurar as rédeas do grupo. Duas décadas como mineiro e uma temporada como treinador de futebol amador eram experiência suficiente para agir com liderança. Como capataz de turno, Urzúa era o líder oficial, mas o cartógrafo de fala mansa trabalhava havia menos de três meses naquela mina. Ele mal conhecia o pessoal. Esquadrinhando o refúgio, Urzúa viu quais eram as provisões: dez litros de água, uma lata de pêssegos, duas de pera, uma de salmão, 16 litros de leite — oito com gosto de banana, oito com gosto de morango — 18 litros de suco, vinte latas de atum, 96 pacotes de *cream-crackers* e quatro latas de feijão. Sob circunstâncias normais, a comida deveria satisfazer o apetite de dez mineiros por 48 horas. Mas havia ali 33 homens famintos. "Naquele dia, muitos tinham deixado seus almoços na entrada da mina", disse Mario Sepúlveda. "Havia menos comida que o usual."

Por volta das quatro da tarde, mais ou menos duas horas e meia após os primeiros sons do desabamento, a mina estava completamente desmoronada. "Era como um vulcão; a encosta cuspia dejetos para fora, e da boca da mina saía uma nuvem de poeira", disse Araya. Ele descreveu o som do lado de fora da mina San José quando uma área de 240 metros desmoronou. "Não foi um som longo... foi mais como um desmoronamento final. Um baque profundo."

O "baque" final descrito por Araya era na verdade o barulho de uma pedra de setecentas mil toneladas fechando por completo a única entrada do lugar. Os mineiros presos lá dentro sabiam que aquele último "baque" não foi nada comum, mesmo numa mina tão perigosa como a San José. A poeira, sozinha, quase os matou, deixando os homens tossindo, chorando e meio cegos. Seus olhos estavam tão cheios de areia que a maior parte deles rapidamente desenvolveu uma camada amarela que colou seus olhos e os mantinha fechados. Mesmo quando abriam os olhos, a escuridão era impenetrável, e água escorria das paredes.

Em vez das batalhas usuais contra a poeira, aqueles homens encaravam um mundo lamacento e escorregadio fora do refúgio. As quedas frequentes de pedras e pedregulhos ecoavam como se fosse um tambor nas mãos de um louco naquela caverna de pedra de quase dois quilômetros em que estavam presos. Davam guinadas desajeitadas na escuridão, desligando as lanternas num esforço de conservar a preciosa bateria.

O pesadelo havia começado.

Capítulo dois

Uma busca desesperada

Quinta-feira, 5 de agosto, 17h40

Mario Segura estava molhado e com frio ao voltar da delegacia de Copiapó, no Chile. Após horas de treinamento de resgate no gélido oceano Pacífico, aquele homem estava pronto para um banho quente e uma cerveja gelada com seu amigo José Ñancucheo. Segura e Ñancucheo são membros do GOPE, Grupo de Operações Especiais dos *carabineros* chilenos, unidade de elite da polícia treinada para todas as ocorrências, de desarme de bombas à descida ao interior de vulcões que coroam a cordilheira dos Andes — espinha dorsal que acompanha a paisagem chilena por uma extensão de quatro mil quilômetros. Quando uma expedição de turistas de aventura que explora um vulcão chileno cruza a tênue linha entre a adrenalina extrema e um escorregão repentino, são eles os homens que buscam o que restou dessas pessoas. Quando um anarquista joga uma bomba num homem de negócios (um evento corriqueiro em Santiago), eles também entram em cena.

Altamente treinados e respeitados em toda a América Latina como uma das unidades policiais mais profissionais da região, os membros do GOPE passam várias horas por dia fazendo exercícios físicos, praticando tiro ou desvendando cenários de desastre. No dia 5 de agosto, depois de horas de treinamento de resgate no fundo do mar, Segura e Ñancucheo chegavam ao final de seu turno quando o telefone tocou. "Aposto que é um resgate", brincou Segura ao sentar-se para um chá quente e sanduíches com seus amigos. Enquanto o companheiro escutava o chamado, Segura reconheceu a transformação instantânea daquele rosto relaxado de fim de dia que passara a estampar o indício de uma operação crítica. O chamado foi breve; e também os detalhes. Mais um acidente em mina. Dessa vez na mina San José, 43 quilômetros terra adentro.

"Eu olhei para o meu relógio quando saímos. Eram seis da tarde", disse Segura. "Falei para Mandez: 'Voltamos em três horas.' Os resgates sempre levam três horas. Eu disse: '*Compadre*, lanchamos na volta.' Desliguei a água, mas deixei o chá pronto para ser servido."

Os seis homens enfiaram cem metros de corda, luvas, material de escalada, caixas de grampos e capacetes com lanternas na picape Nissan 4x4. Uma mala laranja com um kit de luzes LED, similar às usadas por fotógrafos profissionais, também foi colocada no carro. Mas na pressa eles se esqueceram de uma peça-chave do equipamento: um tripé que permitia centrar a corda num buraco de resgate e ajudar os alpinistas a acelerar as subidas e as descidas dentro de uma mina. Um erro pelo qual mais tarde um homem pagaria caro.

Enquanto o sol desaparecia, a picape policial corria em direção à mina — piscavam o farol contra tudo que cruzava o seu caminho naquela hora de trânsito no deserto quase despovoado. Os homens falavam pouco enquanto em suas mentes repassavam os procedimentos de resgate. A viagem durou apenas 35 minutos, mas foi altamente arriscada. As curvas acentuadas e a neblina irregular que escondiam poças de água na estrada explicavam em parte porque os carros alugados na região normalmente incluíam não apenas barras duplas e dois pneus extra, mas também um completo kit de primeiros socorros.

Quando o grupo do GOPE chegou lá, um geólogo e um geofísico esperavam para entregar um esboço em que rascunharam a estrutura da mina e a posição estimada dos mineiros. Mapas precisos não estavam disponíveis num espaço de tempo tão curto, e as suposições eram um fator importante no plano de resgate. O geólogo estava sério e preocupado. "Esta é uma operação complicada", disse aos seis membros do GOPE. "Vai demorar." O geólogo apontou para a saída de ventilação no mapa precário e sugeriu que a polícia primeiro tentasse encontrá-la e, se possível, descer por ali em direção ao ventre da montanha. Havia milhares de túneis para vasculhar. Teriam os homens chegado ao abrigo de segurança no ponto mais profundo da mina? Ou estariam na oficina mecânica, mais acima? Com mais de meia dúzia de veículos dentro daqueles túneis sinuosos, os policiais se prepararam para a possibilidade de os homens estarem vivos, mas presos no interior de caminhões esmagados.

Os homens, se estivessem vivos, poderiam estar em qualquer ponto.

Num primeiro momento os administradores da mina San José pareciam não estar dispostos a reconhecer a dimensão do desastre. De acordo com Javier Castillo, representante da mina que alega ter sido o responsável pelo telefonema que alertou as autoridades, a direção inicialmente proibiu que os telefones da empresa fossem usados para pedidos de ajuda. Angelica Alvarez, esposa do mineiro Edison Peña, também preso no interior da montanha, contou algo similar: "Os mineiros queriam ligar lá de baixo, e como não havia cobertura de celular no topo da montanha, pediram uma linha telefônica fixa. (...) Eles proibiram estritamente que entrassem em contato com bombeiros, ambulância ou polícia. A empresa queria resolver tudo à sua maneira." Enquanto um crescente grupo de alpinistas, mineiros veteranos e homens do GOPE estudavam as opções para entrar na mina, familiares e cidadãos comuns de todo o Chile observavam as notícias em choque. A mina San José desmoronara, e os nomes dos mineiros que trabalhavam no momento do acidente eram exibidos na televisão:

1. Luis Alberto Urzúa Irribarren
2. Florencio Ávalos Silva
3. Renán Anselmo Ávalos Silva
4. Samuel Ávalos Acuña
5. Osmán Isidro Araya Araya
6. Carlos Bugueño Alfaro
7. Pedro Cortez Contreras
8. Carlos Alberto Barrios Contreras
9. Yonni Barrios Rojas
10. Víctor Segovia Rojas
11. Darío Arturo Segovia Rojo
12. Mario Sepúlveda Espinaze
13. Franklin Lobos Ramírez
14. Roberto López Bordones
15. Jorge Galleguillos Orellana
16. Víctor Zamora Bugueño
17. Jimmy Alejandro Sánchez Lagues
18. Omar Orlando Reygadas Rojas
19. Ariel Ticona Yáñez
20. Claudio Yáñez Lagos
21. Pablo Rojas Villacorta
22. Juan Carlos Águila Gaeta
23. Juan Andrés Illanes Palma
24. Richard Villarroel Godoy
25. Raúl Enrique Bustos Ibáñez
26. José Henríquez González

27. Edison Peña Villarroel
28. Alex Richard Vega Salazar
29. Daniel Herrera Campos
30. Mario Gómez Heredia
31. Carlos Mamani
32. José Ojeda
33. William Órdenes

Para muitas famílias, o anúncio na televisão havia sido a primeira indicação de que o desastre ocorrera. Os donos da mina não somente foram lentos ao avisar aos familiares, como também a lista divulgada estava repleta de erros. Dois mineiros não estavam nela: Esteban Rojas e Claudio Acuña. Suas famílias viveriam horas de angústia e choque ao saberem a verdade. O mesmo pode ser dito para as famílias de William Órdenes e Roberto López, listados como vítimas, mas que logo foram descobertos a salvo, do lado de fora da mina. A natureza informal do emprego, da segurança e dos registros mantidos na mina San José ficavam mais evidentes a cada minuto.

Parentes que ouviram as notícias sobre o desmoronamento na televisão começaram a chegar ao local e a clamar por ação.

COM A MAGNITUDE DA MISSÃO DE RESGATE que se apresentava, a equipe envolvida se deparou com novos desafios. Como fariam uma busca a setecentos metros de profundidade? Seria possível evacuar homens feridos a tal distância? A mina ainda era segura para que entrassem?

Simultaneamente, começaram a pensar em duas opções: encontrar os mineiros vivos ou encontrá-los mortos. Mesmo no pior dos cenários, os oficiais do governo imediatamente desenvolveram planos de contingência para evacuar os cadáveres, e um esforço enorme seria feito para levar os corpos às famílias consternadas. Após o conhecido drama chileno de

1973 a 1990, quando três mil cidadãos foram mortos e seus corpos "desapareceram" sob a ditadura militar de Augusto Pinochet, deixar os corpos enterrados na montanha e "desaparecidos" aos olhos de suas famílias simplesmente não era uma opção.

Nas horas que se seguiram ao desmoronamento, tentativas dos trabalhadores de entrarem na mina, primeiro usando um caminhão, depois a pé, foram inúteis. Faróis e holofotes não conseguiram penetrar o ar repleto de poeira. Grossas rachaduras — muitas delas com água vertente — ilustravam a força do colapso. As equipes de resgate não podiam enxergar quase nada além da nuvem de poeira. A contínua queda de pedaços de pedra e os rangidos horripilantes da montanha soavam como um monstro sendo estrangulado. Quando a montanha chora, os homens vertem as lágrimas. "Os mineiros sempre dizem que a montanha está viva, o que significa que ela se move", disse o lugar-tenente José Luis Villegas, comandante da unidade do GOPE dentro da mina. "Eles dizem isso porque as pedras fazem um som, como um rugido. Neste caso, toda a montanha rugia."

A entrada da mina San José é grosseiramente cavada, abrindo um buraco retangular quase duas vezes maior em altura que em largura, dando a impressão de uma boca aberta. A estrada rústica desce suavemente em direção ao abismo negro, como uma passagem a um mundo assombrado. Além da boca, o corpo da mina serpenteava, e por mais de seis quilômetros seguia embrenhando-se terra abaixo, como uma cobra escondida. Visto a partir de um corte transversal, a mina parecia uma jiboia — um corpo longo e encaroçado, com algumas saliências.

Ao lado da entrada havia uma desgastada placa verde com o nome da empresa — San Esteban Primera S.A. — e o grande desenho de um capacete e botas com seu slogan: "O trabalho dignifica, e trabalhar em segurança faz o esforço valer a pena."

A equipe de resgate passou pela placa ao entrar na mina, para logo encontrar o chão e o teto rachado, as paredes partidas. Não havia qualquer sinal de vida, mas, sim, uma abundante evidência de destruição.

Naquelas primeiras horas caóticas, quando a poeira continuava saindo da boca da mina, numa fria noite de inverno que deixava a todos congelados, Mario Segura foi um dos primeiros policiais a entrar. "Nós descemos na mina e seguimos o máximo possível, mas logo chegamos a um ponto em que a estrada estava bloqueada por dejetos e pedras. Normalmente, encontramos uma maneira de ultrapassar um desmoronamento. Mas aquela era uma pedra lisa, como uma porta que selava o poço", disse Segura. "Do modo como a montanha desmoronou, nem os especialistas em minas entendiam como tanta pedra desabou. Como uma montanha pôde vir abaixo daquela forma? Para eles, era inexplicável."

O maciço pedaço de pedra que caíra não tinha formato de cruz, como inicialmente se pensara, mas se parecia, na verdade, com um grande navio com mais de 90 metros de largura, 30 de espessura e 120 de altura. Estimativas posteriores diriam que a pedra caída pesava setecentas toneladas, quase o dobro do peso do Empire State Building ou, medindo pelo vocabulário de desastres, 150 vezes o peso do *Titanic*. Sem qualquer possibilidade de cavar tal rocha, os homens do GOPE exploraram até encontrar a saída de ventilação — conhecida como *chimenea* — e, usando equipamento para escalar em pedras, começaram a descer lentamente na montanha ainda em colapso, ainda gemendo.

Com quatro policiais de olho vivo no teto que desabava e nas linhas de ancoragem do resgate, dois outros desciam pelo poço circular de dois metros de diâmetro. Sem o tripé apropriado para guiar a corda e prevenir que puísse ao roçar contra as paredes afiadas do poço, os homens improvisaram. Fixaram as cordas ao para-choque de sua picape e davam puxões para que elas não arrastassem o tempo todo contra as paredes afiadas. "Havia uma chuva de pedras a cinco metros de nós. (...) Quando começou, soava como uma garoa. Depois ouvimos um barulho e todo o teto veio abaixo. Bem do nosso lado", disse Segura. "Quando esse tipo de chuva começa é preciso ter cuidado, nunca se sabe exatamente onde a rocha vai cair."

Segundo as leis da mineração chilena, todos os eixos de chaminés devem ter uma escada de fuga. Mas a mina San José nunca foi um lugar onde as exigências de segurança eram estritamente seguidas. Um mineiro, Ivan Toro, disse que quando começou a trabalhar na mina, em 1985, o sapato mais usado era tênis. Em setembro de 2001, Toro estava sentado esperando que um caminhão o levasse ao topo quando uma parte do teto desabou. "Nós podíamos ouvir as máquinas perfurando logo acima da gente quando, de repente, um pedaço de pedra caiu. Eu fui o mais afetado, pois caiu bem em cima da minha perna. Havia apenas alguns tendões intactos, e tiveram de amputá-la. Quando cheguei ao hospital, perdi a consciência", ele se lembrou. A empresa inicialmente se recusou a pagar porque Toro estava sentado no local de trabalho. No fim ele ganhou a disputa judicial, mas, na economia de livre mercado do Chile, o preço da perda de uma perna não é suficiente para aliviar qualquer trauma. O tribunal ofereceu a Toro 15 milhões de pesos (ajustando o valor à inflação, aproximadamente 45 mil dólares).

As vísceras da montanha ofereciam um jogo mortal: a promessa de ouro contra o risco da morte. À primeira vista, a mina parecia definitivamente perigosa, como o cenário de um filme de Indiana Jones, mas sem as cobras. Piscinas de águas fétidas. Grutas escondidas. O teto rachado em vários pontos, com malhas de metal presas a ele para segurar as pedras que caíam. O cheiro lá dentro era uma mistura de forte umidade com o fedor de explosivos de nitrato de amônia. Nuvens de fumaça de cigarro dos mineiros que fumavam como chaminés eram dificilmente perceptíveis; naquele lugar, a fantasia de viver o tempo suficiente para acabar morrendo de câncer de pulmão era risível.

Em vez de seguir as práticas normais para minas e montar pilares de reforço em câmaras escavadas, a mina San José parecia um enorme queijo suíço atacado por ratos ferozes. Não existe ciência perfeita capaz de explicar o desmoronamento de uma montanha, mas análises posteriores sugeriram que a extração desordenada de ouro e cobre arrancara sua vértebra essencial. "Eles chegaram a minar os pilares de apoio", disse Vincenot Tobar, ex-superintendente de segurança na mina San José. "Isso não existe. É preciso deixar pontos de apoio a cada cinquenta metros (...) São esses pilares que previnem um desmoronamento."

Sem os mecanismos certos, os policiais estavam no interior de um grande desabamento. E agora, sem as escadas de fuga exigidas por lei para descer, eles faziam um lento rapel em direção ao fundo da chaminé de 15 metros e terminaram na câmara principal. Os trabalhadores do resgate escanearam o cenário inacreditável que encontraram à sua frente. Observaram cuidadosamente o teto desnivelado, onde pedras estavam penduradas pelo que pareciam fios invisíveis. O túnel tinha quase cinco metros de altura por seis de largura, grande o suficiente para que um caminhão de dejetos transportasse os minérios. Sob temperatura constante de 32°C e carregando um combinado de 113 quilos de equipamentos, os homens suavam sem parar enquanto exploravam o túnel.

Segura e Villegas estavam acostumados a cenas abomináveis: vítimas de bombas, carros destruídos, corpos inchados boiando no mar. Mas aquilo tinha uma nova dimensão, como uma masmorra. A mina era um labirinto de trilhos subterrâneos, cada um levando a mistérios mais profundos. Os vastos espaços e túneis cavados davam a sensação de que algum tipo de vida estaria presente por trás de qualquer esquina, fora da vista. As redes de proteção nos tetos estavam cheias de pedras, numa lamentável tentativa de agarrar pedregulhos soltos que agora estavam atirados nas estradas acidentadas.

Eles estavam presos pela sensação de que morreriam, de que a mina era um monstro do tamanho do Godzilla, que poderia esmagá-los sem aviso prévio.

"Eu sabia que tínhamos de continuar procurando, mas o som daquela montanha era como pedras gritando e chorando", disse Segura, que, ao lado um companheiro, encontrou uma segunda *chimenea* e desceu mais um nível. No ponto mais baixo da segunda chaminé, enquanto realizavam as buscas, os dois pararam e gritaram: "Tem alguém aíiiii?" Queriam sinais de vida. A única resposta foi um esguicho de água caindo por túneis recém-abertos e o barulho de pedras ruindo. Depósitos de água parada ganharam rachaduras com o desmoronamento e a mina ficou então viva, com um gosto fresco de poeira e escombros misturados a 85 por cento de umidade do ar. No linguajar mineiro, a mina estava *asentando*, ainda se estabelecendo.

"Todas as chaminés têm redes de ferro para evitar que as pedras caiam", explicou Segura. "Mas aquele fora um desmoronamento gigante, e os escombros transbordaram pelas chaminés. Descíamos a última delas e, quase no ponto mais baixo, estava cheia de pedras."

"Estávamos todos muito ansiosos. Chegamos a um nível mais baixo e ficamos meio chateados ao ver que o túnel estava bloqueado, mas fomos em frente", disse o lugar-tenente Villegas. "Falamos: 'Não (...) o próximo estará aberto.' (...) E continuamos a descer, mas todos os níveis eram iguais — estavam interrompidos." Quando um segundo time de policiais tentava ultrapassar o poço de ventilação, a mina soltou uma chuvarada de pedras. O efeito foi como um cuspe na cara. "Enquanto eles desciam, um desmoronamento aconteceu, bloqueando o túnel de ventilação", disse Villegas. "Depois disso, a entrada ficou impraticável."

Enquanto os policiais exploravam a mina em busca dos homens presos, a notícia do acidente corria — um desmoronamento na San José, com 33 homens dentro. Os rumores cresciam, incluindo uma versão de que 22 mineiros foram esmagados e mortos. "Ouvi que tinham encontrado o caminhão do meu pai com sangue dentro e que ele estava morto. Chorei o dia inteiro", disse Carolina Lobos, de 25 anos, filha de Franklin Lobos. "Já não tinha mais lágrimas pra chorar, mas ainda assim continuava chorando."

O dr. Jorge Diaz, médico e diretor da Associación Chilena de Seguridad (ACHS), companhia de seguros que cobria os acidentes trabalhistas na mina San José, estava de plantão na clínica médica de Copiapó. Ao ouvir que a mina desmoronara, imediatamente deixou os leitos do hospital e reuniu sua equipe, preparando-se para receber os feridos. Mas ninguém chegou.

Após uma campanha infrutífera para convencer seu marido, Mario Gómez, a ficar na cama e não ir trabalhar naquela manhã fatídica, Lilian Ramírez esperava nervosa em casa. Às oito da noite, quando ouviu o som do caminhão que sempre deixava seu marido em casa, pôs o jantar no micro-ondas. "Era muito estranho que meu marido demorasse tanto para entrar. Então eu abri as cortinas e vi o patrão dele. (...) Que estranho. Coloquei as mãos no rosto e disse: 'Meu Deus, algo aconteceu.'" O chefe de Gómez pediu a Lillian Ramírez que o acompanhasse, pois acontecera um pequeno acidente que seria resolvido no dia seguinte. Ele se recusou a dar detalhes, provocando mais pânico na mulher, que imediatamente pegou sua sobrinha e seguiu para a mina. Só voltaria para casa meses depois.

Ao redor da entrada da mina San José, o deserto marrom-dourado estava enterrado; o que se via eram acres de dejetos cinzentos, pilhas de pedras afiadas conhecidas pelos mineiros como "material estéril". Como não guardavam qualquer sinal das ricas veias de ouro e cobre, tais pedras eram jogadas no deserto, formando décadas de detritos empilhados em ondas pela paisagem.

As pedras "estéreis" serviam agora de quebra-vento e refúgio para os crescentes clãs familiares que subiam a colina. Pequenos altares com uma única foto e velas eram acompanhados por cartazes que diziam, por exemplo, "Força, mineiros — Esperamos por vocês". O rosto de Jimmy Sánchez, uma foto carrancuda tirada de seu formulário de trabalho, encarava mudo, um grito silencioso. Numa pedra próxima, um capacete laranja de mineiro foi depositado com duas velas acesas ao lado.

Dezenas, depois centenas de familiares e amigos dos mineiros presos foram para a mina San José na tarde de 5 de agosto e no amanhecer da sexta-feira, dia 6. Levavam sacos de dormir, comida e cigarros, que consumiam incessantemente enquanto se reuniam, nervosos, próximos à boca da mina. "Eu sei que ele pode sobreviver a isso, já foi passageiro clandestino num navio de carga e passou 12 dias sem comer", disse Rossana Gómez, 28 anos, enquanto descrevia, orgulhosa, seu pai, Mario Gómez, o mais velho entre os homens presos na mina. "Ele sobreviveu a *el accidente*", disse ela, numa referência ao erro com a dinamite que anos antes destroçara a mão esquerda de seu pai, espalhando-a por um campo de mineração. "Estou enviando a ele tranquilidade e conforto", disse ela, confiante de que seu pai seria salvo e confortada por sua convicção de que seu antigo desejo de ser o mentor de um filho mais novo se cumpriria.

Gómez — com seus pulmões falhando e os sete dedos que demonstravam sua condição de veterano — era um sobrevivente que se adaptara à vida nas masmorras escuras e que poderia adotar os mineiros mais jovens e fracos. Ele poderia ensinar aos seus jovens pupilos a arte da sobrevivência naquele trabalho. Rossana orgulhosamente promovia seu pai, dizendo: "Ele oferece força ao seus colegas."

Se alguém ali precisava de apoio, era o boliviano de nascimento Carlos Mamani — o único não chileno do grupo. O dia 5 de agosto fora seu primeiro dia de trabalho, um turno único que conseguira como trabalhador noturno, um extra que ajudaria nos gastos com seu novo bebê, Emili, de 11 meses. Naquele momento, Mamani estava preso dentro da mina. Graças à animosidade secular entre Chile e Bolívia, estar preso num buraco de setecentos metros de profundidade, cercado por 32 chilenos, era, para um boliviano como ele, o mesmo que para um sérvio estar preso na toca de uma raposa croata.

Dos 33 homens, 24 viviam na cidade mais próxima, Copiapó, uma localidade mineira com população de 125 mil habitantes e taxa de aproximadamente setenta por cento de sua economia ligada às minas. A notícia do acidente surpreendeu poucos habitantes, a maioria pertencente a uma terceira geração de mineiros. O jornal local *El Atacameño* regularmente soltava manchetes sobre mineiros esmagados e desmembrados. Mas daquela vez tudo parecia diferente. A profundidade em que acontecera o desmoronamento era enorme, e o número de vítimas, notável, mesmo para uma comunidade acostumada às tragédias mineiras.

As montanhas do deserto e as planícies salgadas do norte do Chile são tão repletas de riquezas que pouco mais da metade dos ganhos com exportação do país provêm da mineração. Num bom mês, as exportações nacionais alcançam quase quatro bilhões de dólares com o cobre. Um terço do cobre mundial vem de lá, e a lenda do "ouro verde" esteve sempre presente nas últimas duas décadas de êxitos econômicos do país, *boom* que não incluiu as muitas comunidades da área mineira. Com o preço do cobre triplicando de 1,20 dólar por libra para bem mais do que três dólares entre 2006 e 2011, velhos campos e minas de segunda ordem foram reavaliados. Tudo aquilo que não valia a pena explorar frente aos 1,20 dólar por libra, poderia ser muito rentável caso a taxa seguisse acima dos 2,50 dólares por libra. Minas antigas abandonadas, com operações mais perigosas, foram repentinamente encaradas como valiosas e viáveis.

A região do Atacama é a casa das maiores operações mineiras do Chile, mas também tem a segunda maior taxa de desemprego do país. Enquanto as empresas de cobre chilenas tiveram aproximadamente vinte bilhões de dólares de lucro em 2009, estatísticas do governo demonstram que a área concentra os maiores aumentos em taxa de pobreza de todo o país. "Em outras palavras, uma das mais ricas regiões do país é, ao mesmo tempo, uma das mais pobres", concluiu um artigo do *The Clinic*, jornal alternativo semanal baseado em Santiago.

Ao se reunirem na mina, as diferentes famílias partilhavam uma raiva comum: o acidente fora previsto, já vinha tarde. Yessica Chilla, de 48 anos, companheira de Darío Segovia, um dos homens presos na mina, lembrou-se: "No dia anterior ao acidente, ele me disse que a mina estava a ponto de sofrer um ajuste, e que ele preferia não estar no turno em que o desmoronamento acontecesse. Mas precisávamos do dinheiro. Seu turno terminara, mas ofereceram horas extras. Ninguém recusa esse tipo de oferta, pois o pagamento é em dobro. Naquele dia ele ganharia nove mil pesos (175 dólares). Mas ele queria deixar o trabalho e montar um negócio de transporte em caminhões."

Elvira Katty Valdivia não ouviu nada sobre o acidente até algumas horas após o desmoronamento: "Uma amiga da faculdade me ligou. 'Katty, você sabe o que aconteceu? Parece que Mario é um dos homens listados entre os presos no interior da mina.' Ela pediu que eu ligasse a televisão e eu comecei a assistir, até que vi a lista. Lá estava Mario Sepúlveda." A pele escura de Valdivia, seus cabelos pretos e lisos e seu olhar penetrante destacavam uma beleza que mal podia ser percebida naquelas últimas semanas. Com seu laptop aberto numa tenda próxima, tentava atender os clientes de sua firma de contabilidade. Enquanto fazia os balanços, sua vida não poderia estar mais fora de equilíbrio. Um buraco aberto entre seus pés, com sorte precisa, abriria o túnel onde seu marido Mario lutava, batalhava e rezava em busca de sobrevivência. "Eu sinto muita pena dele. Eu aqui, ele lá embaixo, a setecentos metros de profundidade", disse ela, apontando para o chão. "Gostaria de estar com ele, de poder tocá-lo, de dizer o quanto o amo." Valdivia expressava amargura frente aos controladores da mina. "Eles nunca me disseram nada. Não dizem nada para ninguém. Não disseram que um membro de nossas famílias estava preso na mina."

O empregador de Valdivia — a empresa americana de contabilidade Pricewaterhouse — assegurou que seu salário seria pago integralmente enquanto ela mantivesse a vigília naquele local remoto, esperando novidades sobre o destino de seu marido. Com dois filhos adolescentes, Scarlette, de 18 anos, e Francisco, de 13, na cidade, Valdivia começou a organizar sua vida dentro da casa temporária ao lado da mina. Com os rumores de mortes e ciladas rondando sua mente, Valvidia via seu mundo desabar. "As pessoas corriam por todas as partes, gritando", disse ela. "Meu filho chorava, e eu tentava consolá-lo. Foi um momento difícil. (...) Eu não conseguia dormir. E perguntava a mim mesma: Por que eu? Por que eu? Por que isso está acontecendo com a gente?

O PRESIDENTE PIÑERA ESTAVA EM QUITO, no Equador, quando ouviu pela primeira vez sobre a tragédia na mina. Ele poderia ser desculpado caso pensasse o mesmo que Katty Valdivia: "Por que eu? Por que isso está acontecendo com a gente?" Era a segunda tragédia consecutiva de Piñera em seu curto período como presidente. Quando tomou posse, quatro meses antes, herdou uma nação estilhaçada pelo terremoto de 27 de fevereiro de 2010 que deixou centenas de milhares de desabrigados e outras centenas de mortos pelo tsunami que atingira a costa. A ambiciosa agenda política de Piñera também foi atingida pelo terremoto de 8,8 graus na escala Richter, o quinto maior registrado até então. Em vez de ressaltar e lançar novas ideias, o pessoal de Piñera lidava com centenas de estruturas desmoronadas, hospitais destruídos e escombros nos quase dois mil quilômetros das modernas estradas chilenas.

"Eu estava com o presidente Correa, no Equador", disse Piñera. "O diagnóstico naquela primeira tarde foi claro. Nós sabíamos que havia 33 homens. Que estavam presos a setecentos metros. E após um parecer da empresa a situação passou a ser vista como muito precária. Não havia possibilidade de que respondessem. A alternativa foi bem simples. O governo assumiria a responsabilidade pelo resgate, ou ninguém o faria. Foi bem mais simples do que o povo pensa."

Piñera dispensou o protocolo, cancelou uma reunião estratégica e importante com Juan Manuel Santos, o recém-eleito presidente colombiano, e correu de volta ao Chile. Ordenou que as melhores ajudas fossem enviadas à cena do desastre naquela mesma noite.

Num esforço ao mesmo tempo cuidadoso e de interesse próprio, a administração de Piñera enxergou na crise o cenário perfeito para iluminar a capacidade de superação do primeiro governo de direita eleito no país em mais de meio século. Piñera apostou seu capital político minguante no destino dos 33 mineiros desconhecidos. Foi um jogo que mais tarde reforçaria a reputação do homem de negócios bilionário como brilhante investidor a curto prazo.

Dia 2
Sábado, 7 de agosto

Os homens estavam enterrados na mina havia dois dias inteiros, sem qualquer sinal de vida. Medos básicos e primários começaram a assombrar os responsáveis pelo resgate. Os homens teriam oxigênio? Estariam machucados ou morrendo lentamente? Como comeriam?

Debaixo da terra, a equipe de resgate enfrentava um novo contratempo. Os homens tentavam encontrar uma passagem pelos poços de ventilação bloqueados, mas, como a mina ainda se movia, os poços começaram a desmoronar. Uma enorme pedra do tamanho de um navio de guerra escorregou, lançando novas pequenas avalanches. Nesse momento, os homens do GOPE deixaram de buscar os mineiros e passaram a evacuar o grupo de resgate, evitando uma segunda leva de presos no interior da mina. Sem o tripé para guiar a corda, a polícia teve de correr para retirar seus colegas, que estavam sendo bombardeados pelas pedras. Caso puxassem com muita força para um dos lados, arriscavam romper a corda e entregar um responsável pelo resgate à própria morte. Caso puxassem muito devagar, existia a crescente chance de uma pedra grande atingir alguns deles, deixando-os inconscientes.

"Fomos treinados para isso. Estudamos geologia, e parte de nosso currículo envolve resgates em minas", disse Hernan Puga, membro do GOPE, dizendo que as montanhas locais guardavam um número estimado de duas mil minas em menor escala. Ele comparou a descida e a subida vertical ao tipo de treinamento que a polícia recebia para operações especiais dentro de prisões.

Quando todos os homens envolvidos no resgate haviam sido evacuados, em vez de celebrar a fuga da morte, foram tomados pela frustração.

"Eles ficaram muito chateados", disse o comandante Villegas. "Nós ficamos frustrados, mas isso mudou quando entramos em contato com as famílias. A esperança e a fé que demonstravam nos encorajou."

O MINISTRO DA MINERAÇÃO CHILENO, Laurence Golborne, chegou a San José no sábado. Ele lutou para conseguir vaga num voo comercial de volta ao Chile, mas foi finalmente trazido de Lima, no Peru, pela Força Aérea Chilena. Assim que chegou, Golborne ficou chocado com a desordem. Claramente, os executivos da mineradora que controlava a San José estavam incapacitados e descapitalizados para realizar um grande esforço de resgate. Depois de perceber o que acontecia ali, o ministro ficou orgulhoso ao informar Piñera que organizara a chegada do primeiro equipamento de perfuração. O presidente não ficou muito impressionado. "Certo, muito bem. Mas agora quero que consiga não apenas um, mas dez equipamentos de perfuração", disse a Golborne. A obsessão do presidente em dispor de múltiplas opções de resgate seria uma marca registrada da Operação São Lourenço.

Os trabalhadores do resgate disseram a Golborne que mantinham a esperança de que os mineiros estivessem vivos. Apesar dos rumores, nenhuma evidência de veículos estraçalhados ou corpos destroçados poderia sustentar os temores de que os homens tivessem sido mortos imediatamente. A rotina diária dentro da mina era muito previsível, o que permitia deduzir que no momento do colapso os homens estariam em pontos mais baixos, e pelo menos parte do grupo poderia estar vivo entre os túneis bloqueados.

"Nós sabíamos que os mineiros tinham água suficiente, porque durante a perfuração eles precisavam de grandes tanques de água. O problema era o oxigênio", disse Golborne. "Quando o poço desmoronou, realmente sentimos raiva e impotência. Informamos aos parentes sobre o acontecido, e dissemos que não seríamos capazes de realizar um resgate tradicional (pela boca da mina). (...) Tentei não dar a eles falsas esperanças. E me comprometi a dizer somente a verdade. Não queria alimentar boatos. Nesse tipo de situação as pessoas falam muito. Algumas poderiam dizer que estavam mortos."

As palavras de Golborne às famílias foram brutalmente honestas. Ele contou que os esforços de resgate estavam suspensos. Não aguentou e chorou ao dizer a elas: "As notícias não são boas." Os encarregados pelo resgate pegaram suas coisas e começaram a ir embora. Bombeiros, alpinistas e membros do GOPE começaram a deixar o topo da montanha. Segura e Ñancucheo pareciam desencorajados e submissos. Antes, tinham certeza de que seriam capazes de resgatar aqueles homens.

"Quando vi o pessoal do GOPE indo embora, depois a equipe de resgate, pensei que era porque os mineiros estavam todos mortos", disse Carolina Lobos. "Eu chorei. Todos choramos."

"Eu me senti desamparada e desesperada", disse Lillian Ramírez. "Todos os parentes partiram para o ataque e queriam atingir os donos da mina com paus, como vândalos. Montamos uma corrente humana e dissemos que não permitiríamos que ninguém saísse da mina. A raiva e o desespero fizeram com que eu empurrasse um policial. (...) Depois notei que aquilo fora um erro, mas o desespero nos leva a fazer muitas coisas. E devemos reconhecer que isso é humano. Realmente não sabíamos o que estava acontecendo."

Pablo Ramírez protestou. Supervisor de turno da mina San José e um dos primeiros voluntários nas perigosas operações de resgate, ele insistia que tinham de seguir em frente, que deveriam continuar procurando os mineiros. Ramírez tinha certeza de que, numa de suas missões no fundo da mina, ouvira o som de uma buzina de caminhão. Seus colegas de resgate o ridicularizaram. "Ninguém acreditou em mim", ele disse. "Disseram que eram as almas dos mineiros mortos me assombrando."

Capítulo três

Presos no inferno

Quinta-feira, tarde do dia 5 de agosto

Pablo Rojas chegou à mina San José naquela manhã com tanta ressaca que, assim que seu grupo terminou de reforçar as paredes e o teto, foi se deitar na paz e tranquilidade de seu abrigo, a quase setecentos metros de profundidade, perto do fundo da mina. O pai de Rojas morrera dias antes, e mesmo antes da noitada sua cabeça já doía. O grande desmoronamento o despertou, mas ele estava muito lento para notar a magnitude do desastre.

Claudio Yáñez se preparava para montar cargas de dinamite quando os jorros de ar do desmoronamento o atingiram. Yáñez foi um dos primeiros a chegar ao abrigo e observava enquanto os demais lutavam para fazer o mesmo, com a mina arfando e se movendo. "Eles chegaram aos poucos", disse. "Os homens chegaram e tentaram usar o telefone, mas não funcionava. Olhamos uns para os outros pela primeira vez, desesperados. Não acreditávamos no que estava acontecendo."

Raúl Bustos trabalhava numa oficina mecânica logo acima do túnel que levava ao abrigo quando foi atingido pelo colapso. Numa carta que escreveu à esposa, ele descreveu a cena: "A sucção e o ar nos derrubaram."

Dentro do refúgio, amigos próximos e parentes tentavam descobrir quem sobrevivera. Florencio Ávalos, de 31 anos, encontrou seu irmão mais novo, Renán, de 27. Florencio se sentia paternalmente responsável. Ele havia encorajado seu irmão a trabalhar na San José. Nenhum deles encarava aquilo como uma carreira, mas comparado ao trabalho sazonal na colheita de uvas no pequeno povoado montanhoso onde moravam, próximo à fronteira argentina, aquilo era quase literalmente uma mina de ouro.

Esteban Rojas abraçou seus três primos — um gentil agradecimento por estarem vivos. Os amigos Pedro Cortés e Carlos Bugueño também festejaram a sobrevivência; vizinhos desde a infância, eram inseparáveis, e começaram a trabalhar na mina no mesmo dia.

Franklin Lobos, no entanto, estava consternado. Como motorista do último veículo a entrar na mina, Lobos havia passado o caminhão de Villegas para Raúl na subida da rampa. Calculando a hora do colapso e a posição estimada do veículo, Lobos temia o pior e, ao fechar os olhos, quase podia vê-lo esmagado. Dado o enorme tamanho da pedra, os homens praticamente não duvidavam que *la mina maldita*, a mina maldita, roubara a vida de mais um colega.

Lobos conhecia bem aquele refúgio. Uma de suas várias tarefas era estocar o abrigo de segurança. Nunca gostou de trabalhar lá. Numa experiência anterior, ficara preso numa nuvem de fumaça e fora forçado a voltar ao fundo da mina para evitar o sufocamento. Durante oito horas, com sua família reunida do lado de fora, Lobos e seus colegas imaginaram se teriam uma segunda chance de viver. Agora, Lobos buscava uma terceira.

Todos os 33 homens de alguma forma sobreviveram ao desmoronamento colossal. Vários estavam feridos e alguns sangravam, mas ninguém quebrara um osso. Ninguém estava desaparecido.

Dentro do abrigo, Luis Urzúa, o homem de posição mais alta, tentava controlar os demais. Como chefe de turno, Urzúa não fazia trabalhos que envolviam força física, mas organizava, incitava e motivava os homens sob seu comando. No hierárquico mundo da mineração chilena, o chefe era o líder absoluto, e sua palavra era seguida com disciplina militar. Questionar a ordem de um chefe de turno era razão suficiente para sofrer sanção por indisciplina ou ser demitido. "O mundo da seleção natural de funções é muito forte nesse ambiente", explicou o dr. Jaime Mañalich, ministro da Saúde chileno. "Para chegar ao posto de chefe de turno é preciso passar por muitos testes."

Urzúa era um homem vigoroso, com olhar suave e postura de líder, construída não por ele ser bruto, mas por normalmente ter razão. Com mais de duas décadas de experiência em minas, Lucho Urzúa sabia comandar suas tropas, mas era um recém-chegado na San José. Ter trabalhado ali por menos de três meses era um fator que pesava no ar tenso e empoeirado daquele refúgio. Os homens questionavam sua habilidade de coordenar a reação ao desastre. Por que ele deveria ser o líder? Ele conhecia a mina? Urzúa fez pouco para conquistar apoio ao sugerir que os homens permanecessem no refúgio, confiante de que uma operação de resgate os salvaria. Nas primeiras horas após o desmoronamento, discussões calorosas surgiram. Os temperamentos ficaram exaltados. Urzúa perdia o controle.

PRESO NO ABRIGO, SEPÚLVEDA ESTAVA calmo enquanto caminhava para cima e para baixo. Ele tinha praticamente previsto o colapso. Quantas vezes argumentara com inspetores trabalhistas e de segurança em Copiapó? Passara dias encorajando, arengando e repreendendo-os para que investigassem a mina San José por violações da segurança. Sepúlveda tentou formar entre seus companheiros um sindicato de trabalhadores, mas desistiu, frustrado, ao notar que os representantes da Central Unitaria de Trabajadores (CUT), o sindicato nacional, servia a seus próprios interesses. Sepúlveda e outros mineiros perderam a fé de que um sindicato conseguiria lutar por seus direitos.

Sepúlveda, homem baixinho e careca, com um sorriso largo em que faltavam vários dentes, era um alcoólatra que combinava trabalho físico com um espírito indestrutível. Para os colegas era tanto El Perry (gíria chilena para "o cara legal") como El Loco ("o louco"), e extraoficialmente era também o bobo da corte por ali. Lançava piadinhas sobre a direção da mina, mas sempre com um humor tão espontâneo que até os alvos de suas brincadeiras acabavam rindo com ele. No final de um típico dia de trabalho braçal, quando os mineiros começavam a viagem de 25 minutos num caminhão que serpenteava a dez quilômetros por hora, saindo do fundo da mina, Sepúlveda sempre mantinha uma audiência cativa: seus colegas exaustos. Eles se maravilhavam e sorriam com os monólogos e esquetes improvisados. Quem mais além de El Perry faria *pole dance* no ônibus enquanto os mineiros deixavam o trabalho? Mímico de nascimento e personagem carismático, Sepúlveda estava numa situação que sua natureza hiperativa achou opressora: estava enclausurado. E desesperado para encontrar uma saída.

Sepúlveda e Mario Gómez organizaram os mineiros em três missões distintas. Mesmo com a montanha rugindo e a poeira dançando ao redor deles, os homens começaram a buscar possíveis rotas de escape. Comida, ar e água limpa eram limitados, e a mina continuava a roncar e a enviar sinais de outro colapso monstruoso. Estava claro que todos morreriam caso não agissem rápido.

O poço principal da mina era um túnel maltratado com paredes irregulares que, quando atingidas pelos faróis dos veículos, lançavam sombras trêmulas. Parecia o interior de um mundo assombrado. Túneis laterais, cavernas e salas de armazenamento tinham sido cavados em pontos aparentemente aleatórios. Grandes tanques de água, contendo até quatro mil galões cada um, estavam dispersos pela montanha, para serem usados na operação das máquinas. Caso o homem pudesse ver um corte transversal da mina, ela parecia um formigueiro cheio de buracos.

Os níveis da mina eram medidos em metros abaixo do nível do mar. Como a entrada estava a oitocentos metros acima do mar, o fundo da mina era chamado nível 45. O abrigo onde eles se reuniam estava no nível 90. Os 33 homens estavam presos bem próximos ao fundo de uma vasta mina.

Confiantes em sua fé de que as equipes de resgate já estariam mobilizadas, os homens estavam desesperados para enviar uma mensagem de que continuavam vivos. Alguns mineiros começaram a reunir pneus de caminhão e filtros de óleo usados. Richard Villaroel, um mecânico de 27 anos que trabalhava como subcontratador na mina, foi enviado para cima num caminhão picape. Chegou ao nível 350, onde o túnel estava completamente interrompido por um bloco de pedra. Villaroel buscou rachaduras na pedra, depois encheu os buracos com tiras de borracha e filtros de óleo e colocou fogo. As pesadas nuvens negras tomaram conta do túnel, e ele esperava que fossem fortes o bastante para chegar lá em cima, alertando às equipes de resgate sobre sua localização.

Um segundo grupo de mineiros reuniu bananas de dinamite para detonar numa breve mas importante explosão que seria, eles esperavam, ouvida pela equipe de resgate. Outros homens começaram a esquadrinhar a nova configuração do lugar em busca de bolsões de ar.

Urzúa, topógrafo treinado, começou a desenhar um mapa, numa crua tentativa de descobrir as dimensões de sua nova realidade. Tomando uma picape branca como escritório, começou a preparar os mapas de forma séria.

Enquanto alguns homens ainda respeitavam sua liderança, havia notáveis exceções. Juan Illanes, subcontratador de 52 anos, encorajado por sua experiência como soldado na Patagônia, onde passara seus dois primeiros anos numa trincheira, considerava a si mesmo, e não Urzúa, o chefe de comando. Illanes e outros quatro trabalhadores contratados para manter e operar veículos dentro da mina não eram mineiros. Isso significa que, segundo as normas das minas chilenas, Illanes e seu grupo eram cidadãos de segunda classe. Uma tribo à parte.

Sem luz, não havia dia. Nem noite. Qualquer rotina estava destruída, eliminada ou radicalmente alterada. Quando as lanternas do capacete começaram a ficar com pouca bateria, passaram a usá-las poucas vezes. Entravam no frágil mundo da privação sensorial. Somando a sobrecarga emocional de uma experiência de quase morte, faz sentido os mineiros terem perdido totalmente a noção de tempo. Os veteranos logo entenderam os desafios técnicos de perfurações em centenas de metros de pedras sólidas. Para eles, o resgate, caso viesse, seria uma operação complicada e incerta.

Os psicólogos dizem que, sob tais circunstâncias, o instinto individual de sobrevivência vence o senso comum. A adrenalina inunda o cérebro, e processos químicos da sobrevivência tomam conta do corpo, encorajando incríveis aspectos da força física, além de uma obstinação que cega os mineiros da importância de parar por um minuto e esboçar um planejamento. Quando as primeiras horas se passaram, os 33 mineiros começaram a agir como um bando de animais famintos, evacuando e urinando por todos os pontos de seu reduzido mundo. Ignorando chamados à unidade do grupo, eles se reuniram em cavernas em cantos aleatórios do túnel. Poucos dormiram naquela primeira noite.

Dia 1
Sexta-feira, 6 de agosto

Reunidos durante a noite sobre tiras de papelão, numa tentativa de manter-se secos e evitar as rochas pontiagudas, os mineiros se levantaram suados e ansiosos. José Henríquez tentou começar o dia com uma dose de esperança: uma reza coletiva. O homem de 54 anos, com rosto redondo e sempre divertido, trabalhava na mina como *jumbero*, operador de máquinas pesadas, que estava entre os postos mais bem-pagos por ali. Mas aquele era o seu trabalho durante o dia. A paixão de Henríquez era pregar os poderes milagrosos de Jesus Cristo em sua congregação, na cidade de Talca, no sul do Chile. Reunindo os homens no refúgio, Henríquez fez uma breve oração — o suficiente, no entanto, para relaxar os homens e permitir que Lucho Urzúa e Mario Sepúlveda organizassem a missão. Claudio Yáñez tinha um relógio de pulso Casio, que permitiria aos homens organizar suas tarefas e seu dia. "Eu não precisava de um relógio lá embaixo", disse Sepúlveda. "Você sabe o que trabalha como um relógio? Meu estômago. Eu poderia dizer que horas eram pela minha fome. O seu corpo não reage do mesmo modo diante da ideia de comer um bife às sete da manhã ou às sete da noite."

Muitos mineiros estavam convencidos de que deveriam permanecer no abrigo e esperar o resgate. Sepúlveda opinou sobre a estratégia de forma clara, sucinta: aquilo era suicídio. Ele queria, precisava e exigia ação. Seu caráter era uma fonte de energia e de sobrevivência proativa. Desde a infância, sua vida sempre fora uma luta pela sobrevivência. Sua mãe morrera no parto, e depois fora abandonado pelo pai. O jovem Mario cresceu dividindo uma cama com seis irmãos. Houve um tempo em que ele dormia num celeiro, junto com animais de criação, e chegou a comer o alimento dos animais para sobreviver. "Eu era muito, muito pobre, e eles me tratavam pior do que os animais", disse Sepúlveda. Aquele homem de 39 anos que chegara à classe média sentia que escapar da mina era a missão para a qual sua vida o estava preparando desde o início.

Os mineiros se separaram em grupos. Um usava maquinaria pesada para fazer barulho. Apesar do enorme desmoronamento eles tinham à disposição uma pequena frota de veículos, de picapes a um Jumbo, um caminhão de nove metros de comprimento, com uma plataforma de perfuração na frente, usado para perfurar caminhos e abrir nichos para as dinamites. Eles moveram todos os veículos para a parte mais alta do túnel. Uma vez montado o bloqueio, começaram a criar uma cacofonia de sons. Buzinando. Explodindo dinamites. Batendo com pratos de metal contra a escavadeira. O barulho da dinamite e dos metais reverberavam pelo túnel, mas seriam escutados? Pelo menos um dos membros da equipe de resgate estaria alerta? Eles continuaram a bater no teto da mina com o Jumbo — como um pica-pau enlouquecido, a máquina martelava freneticamente, criando um barulho infernal.

"Usávamos os caminhões para bater contra as paredes", disse Samuel Ávalos. "Conectávamos as buzinas dos caminhões a tubos que seguiam à superfície, para sermos escutados lá em cima. E nos dividíamos para gritar nos tubos... Estávamos desesperados."

Alex Vega queria escalar a montanha seguindo uma série de rachaduras que, segundo ele, levariam à superfície. Estava convencido de que um caminho de escape seria possível, mas tinham pouca bateria em suas lanternas e não seria possível reservar água suficiente para uma expedição que poderia levar um dia inteiro. "Tínhamos medo de sermos atingidos por uma pedra", ele disse. "Existia a chance de ficarmos presos."

Um segundo grupo, liderados por Sepúlveda e Raúl Bustos, buscava uma rota de saída pelos dutos de ventilação. Aquela chaminé — uma das dezenas de dutos que deixavam o ar na mina razoavelmente respirável — subia verticalmente por 24 metros. "Começamos a buscar alternativas. Subimos trinta metros usando uma escada. Atingimos o nível 210 e vimos que também estava bloqueado", escreveu Bustos à sua mulher numa carta, mais tarde. "Existe outra chaminé, mas sem escadas."

Em muitas minas chilenas, todas as chaminés têm um círculo, que sobe ao nível superior como uma claraboia, junto a equipamentos de segurança, de escadas a luzes. Mais do que prover ar para dentro da mina, as chaminés são desenhadas para funcionar como uma segunda via de escape adequada em caso de desmoronamento dos túneis. Na mina San José, a segunda chaminé não tinha luzes e a escada era decrépita. Além do mais, a chaminé corria junto ao túnel principal, fazendo com que um único acidente destruísse simultaneamente as duas vias de escape. Uma falha básica que o sindicato dos mineiros, liderado por Javier Castillo, denunciara durante anos. Os mineiros presos agora finalmente entendiam sua lógica.

Sepúlveda esquadrinhou a chaminé e concluiu que subir seria arriscado, mas possível. Uma cascata de pedras ricocheteava pelo túnel, mas ele usaria um capacete. Ajustou a lâmpada a ele e começou a avançar, lentamente. A escada fora desenhada para um momento de emergência como aquele, mas as décadas de umidade constante deterioraram os degraus. Enquanto subia, notava que eles cediam. Alguns, de metal, estavam faltando. Como um alpinista desesperado, ele começou a improvisar. O túnel tinha 1,20m de largura, muito extenso pra poder apoiar uma perna de cada lado. Então, agarrado a um tubo plástico que corria ao longo da chaminé, tentava encontrar uma reentrância entre as pedras escorregadias. Enquanto isso, uma cascata interminável de cascalhos caía sobre sua cabeça. A montanha continuava chorando, partindo-se em pedaços. Determinado a encontrar uma saída, Sepúlveda ordenou que seus músculos lhe obedecessem. Ergueu as mãos para cima e começou a empurrar seu corpo ao escorregar. Uma pedra atingiu seu rosto, machucando seu lábio e quebrando um dente. Outra pedra, do tamanho de uma bola de tênis, passou bem perto. Sepúlveda escapara da morte por poucos centímetros. Quando ainda outra pedra caiu, interpretou isso como um presságio e um aviso para que recuasse.

"Eu me sentia como se tivesse 12 anos, tão forte, com tanta energia. Nunca me cansava. A única coisa que eu queria era sair dali", disse Sepúlveda, que descreveu sua experiência em termos místicos. "No meio da chaminé, senti que aquilo era divino (...), fiquei todo arrepiado. Algo me dizia: 'Estou com você.'"

Sepúlveda sentiu uma alegria esmagadora e muita confiança enquanto descia da chaminé. "Eu voltei e disse: 'Ninguém vai morrer aqui; depende de vocês acreditarem nessa verdade, mas, se acreditarem, segurem na mão de Deus e na minha, e a gente vai sair daqui."

A reação ao trauma que transformaria suas vidas envolvia peculiaridades individuais — dependia da personalidade de cada mineiro. Em experiências drásticas como a do desmoronamento na mina San José — que os psicólogos definem como "situação de confinamento extremo" — algumas vítimas esmorecem. Outras desabrocham. Para Mario Sepúlveda, toda a sua vida parecia um caminho em direção àquele enorme desafio.

Ele saboreava seu novo papel: o de líder do grupo.

Dia 2
Sábado, 7 de agosto

Sem qualquer comunicação com nenhum grupo de resgate, os mineiros enfrentaram mais uma noite agitada e temerosa.

Pela manhã, os homens concordaram em rezar mais uma vez com Henríquez. Uma espécie de rotina começou a se formar, pelo menos enquanto se reuniam para rezar juntos, mas o desespero começava a tomar conta. A comida estava acabando. Os dez litros de água engarrafada nem chegavam perto do necessário, e os homens começaram a beber dos enormes tanques de cinco mil litros normalmente reservados às máquinas de perfuração. A água dos tanques estava ali há meses, cheia de poeira e imundície. "Nós bebíamos, mas o gosto era de óleo", disse Richard Villarroel.

Claudio Yáñez bebia muita água dos tanques — quase sete litros por dia. O gosto lembrava óleo diesel misturado a poeira. Ele sabia que a água estava cheia de resíduos minerais e que ficara parada por quase meio ano, mas a sede era brutal. E por isso Yáñez continuava bebendo.

"A hierarquia foi perdida quase imediatamente", disse Alex Vega, que trabalhava como mecânico e conhecia a mina intimamente após quase uma década trabalhando lá. "Os 33 éramos um, e começamos um sistema democrático; a melhor ideia, a que fazia mais sentido, era a que prevalecia."

Os homens começaram a votar sobre quase todas as decisões importantes. Ao meio-dia se reuniam num grupo que combinava um debate democrático no estilo de uma cidade da Nova Inglaterra com o humor do Parlamento britânico. As ideias eram expostas e logo ridicularizadas ou debatidas abertamente. Todos tinham a mesma voz. As ideias eram medidas por seus valores intrínsecos, sem contar se vinham do chefe de turno ou do assistente em menor posição.

Os mineiros já tinham passado quase dois dias inteiros lá embaixo. As baterias das lanternas estavam cada vez mais fracas. Os telefones celulares, mortos. Embora nunca tenha existido cobertura no abrigo, os homens usavam os aparelhos como luz, relógio e alto-falante, escutando música para mitigar a dor do silêncio profundo.

Alguns dos mais jovens, menos experientes em minas, começaram a entrar em pânico. Jimmy Sánchez, de 19 anos, o mais jovem de todos, passou a ter alucinações. Ele imaginava sua mãe chegando para visitá-lo no interior da mina, e em seus sonhos ela trazia *empanadas* — uma torta de carne chilena que leva cebola e é adornada com uma única azeitona preta — recém-preparadas. Pouco mais do que um lanche, a *empanada* é, como grande parte da comida chilena, nada interessante. Mas para Jimmy e seus amigos, naquelas profundezas, mesmo a fresca lembrança de uma *empanada* se transformava numa iguaria divina.

Outros mineiros, incapazes de lidar com o impacto emocional, simplesmente paralisavam. "Ficavam na cama o dia inteiro; nunca se levantavam", disse Villarroel. O tempo passava incrivelmente lento para eles, e um silêncio pesado preenchia o vazio. Nada de perfuração. Nenhum som de dinamite. Nenhum som vindo de cima. Apenas o torturante barulho de água e de pedra caindo.

Os homens caminhavam repetidas vezes pelas centenas de metros até o final do túnel, sempre entrando em choque ao ver os enormes pedregulhos. Embora estivessem certos de que equipes de resgate os estavam buscando logo acima, o silêncio era aterrador, e um pensamento começou a ganhar força: será que realmente sairemos daqui?

Xingavam a pedra: *"Piedra maldita, concha de tu madre!"* [Pedra maldita, filha da puta!"] E outros mineiros reanimavam o entusiasmo com um breve *"Viva Chile"*, mas sempre voltavam ao refúgio com a mesma notícia: nada de novo.

Eles precisavam de um milagre... e de comida. Passados apenas dois dias, seus corpos começavam a murchar, e seus rostos ficaram abatidos quando a energia dava sinais de esgotamento. A barba começou a crescer e os cabelos ficaram sujos. Quando falavam cara a cara, a desintegração de seus traços civilizados era evidente. Cheiros de suor e de umidade humana começaram a ficar intensos; os homens abandonavam o abrigo e dormiam no chão rochoso do túnel.

Grupos foram formados. Estourou uma luta por papelão. Formaram-se subclãs quando parentes e velhos amigos se uniram na luta pela sobrevivência. Os líderes, incluindo Sepúlveda e Urzúa, postaram-se numa curva do túnel, 105 metros abaixo do nível do mar. Foi instantaneamente batizado de "Grupo 105" ou simplesmente "105". Eles tinham o melhor ar e um chão menos úmido, e uma sala os separava dos dois outros grupos. Mais abaixo, o segundo conjunto de homens se mudou para o refúgio de segurança e se autodenominou "*Refugio*". O chão duro de cerâmica transformava o sono numa tarefa complicada, mas o teto era reforçado com ferrolhos e uma estrutura de metal que segurava as pedras que caíam.

Um terceiro grupo teve basicamente de se virar sozinho. Os primos Esteban e Pablo Rojas, junto a Ariel Ticona, que se casara com uma mulher da família deles, formavam uma panelinha no local mais perigoso para dormir: bem do lado de fora do refúgio, na segunda estrada da mina, local que ficou conhecido como "a rampa" ou "*Rampa*". Esse local era menos claustrofóbico, pois existia uma leve circulação de ar pelo túnel. Mas os inconvenientes eram notáveis: a área estava molhada, por isso os homens tinham dificuldade para dormir, e de tempos em tempos tinham de construir refúgios em forma de canoa para manter a água corrente a distância.

O papelão não era suficiente para aguentar a umidade constante, por isso não conseguiam dormir nem se manter secos. Alguns homens começaram a ficar nas camas dos caminhões. "Não tínhamos muita esperança de um resgate rápido", disse Alex Vega, "e a dura espera começou em silêncio e sem qualquer certeza do que aconteceria conosco".

Dia 3
Domingo, 8 de agosto

Por volta das seis e meia da manhã do terceiro dia, os homens estavam acordados e prontos para rezar. Henríquez estava alegre e prometia que Deus responderia às suas preces. A cada dia, seus sermões e rezas pareciam uma tábua da salvação, algo em que se agarrar firme. O resgaste poderia ou não estar próximo, mas a fé dos mineiros os mantinha de pé. Eles começaram a se referir a Jesus como "o trigésimo quarto mineiro".

Após as rezas, Mario Sepúlveda emendava um encontro de grupo. Seu comportamento injetava nos homens o habitual entusiasmo sem macular a hierarquia mineira. Ele dizia a todos que deveriam respeitar Urzúa. Se o líder não quisesse governar, Sepúlveda tomaria seu posto, pois era um homem que gostava de bajular, ameaçar e motivar os homens com uma força positiva.

Em vez de matar as energias, as habilidades individuais começaram a se revelar. Raúl Bustos, o sobrevivente do grande terremoto, escolheu o jovem boliviano, Mamani, para o ajudar na construção de uma série de canais que facilitaria a drenagem da água que corria entre o acampamento. Edison Peña forjou um sistema de iluminação usando as baterias dos veículos, especialmente dos caminhões estilo escavadeira conhecidos como Scoop, que tinham uma saída de 220 volts no chassi. Em vez de se basear nos pisca-alertas e nos faróis baixos, o trabalho de Peña trouxe aos homens uma fonte constante de luz. Illanes também arquitetou um sistema para carregar as lanternas dos capacetes conectando-as às baterias dos carros. Para chá quente, eles ferviam a água ligando um dos automóveis e enterrando as garrafas de meio litro nos canos de descarga. Embora o plástico ficasse muito quente para ser tocado, ele não derretia, e a água quente, misturada a alguns sachês de chá, fornecia breves momentos de conforto aos homens. Eles também colocavam roupas e sapatos molhados em cima do motor e usavam o calor como secador.

Banhos improvisados eram tomados num poço de lama próximo. Não havia sabão, assim como itens básicos para higiene, como xampu e pasta de dente. Para ir ao banheiro, eles usavam uma lata de óleo vazia. Quando estava quase cheia, tapavam com lama e cascalhos o conteúdo malcheiroso e jogavam fora numa área abaixo do acampamento, cobrindo os restos com mais cascalho. Mas ainda assim o cheiro começou a subir em ondas nauseantes. Víctor Zamora não aguentou e se mudou do refúgio para dormir em *la rampa*. Para ele, aquela situação era "um pesadelo (...) não sabíamos se seríamos capazes de sair". Para escapar do horror cotidiano, Zamora iniciou um diário, um registro de sua experiência. Seus interesses literários surgiram quando começou a escrever poesia, em curtas frases de otimismo e sobrevivência que só eram interrompidas quando ficava sem tinta.

A comida do refúgio estava sob guarda ferrenha. Apenas Luis Urzúa e Mario Sepúlveda tinham acesso. Eles propuseram um programa de racionamento bem estrito, um plano rapidamente aceito após um simples exercício democrático: a votação. "Dezesseis mais um era maioria", explicou Urzúa. "Nós votávamos para tudo." Os homens concordaram em comer apenas uma vez ao dia, pouco mais que uma lasca de comida. "Uma colherada de atum, talvez metade de uma tampa de garrafa, essa era a nossa comida", disse Richard Villarroel. "Nossos corpos estavam começando a ser consumidos."

A pouca comida que havia no abrigo estava desaparecendo. Metade das caixas de leite já tinham vencido. O calor transformara tudo em coágulos com gosto de banana. Estava podre.

Claudio Acuña cheirou. "O cheiro é bom", ele pensou, e sem hesitar mastigou e engoliu um litro inteiro daquele leite espesso.

Samuel Ávalos esquadrinhou a montanha em busca de comida. "Revirei latas de lixo, procurei por todos os lados, mas estavam repletas de papéis, registros da mina." No fundo de seis garrafas de Coca-Cola encontrou um restinho da bebida. Achou também cascas de laranja, que comeu, feliz.

Mario Gómez, mineiro veterano e ex-marinheiro mercante, encorajou os homens a aguentar firme. Descreveu a jornada que fizera, ainda jovem, escondido num navio de carga brasileiro. Por 11 dias, o jovem Gómez viveu como um passageiro clandestino que sobrevivia tomando água da chuva e pouco mais. "Nós vamos sobreviver", dizia ele. Gómez carregava um inegável status de antiguidade. Trabalhara pela primeira vez na mina San José em 1964, antes de vários de seus colegas nascerem. Vira a mina crescer de uma pequena operação de picareta e carrinho de mão ao seu tamanho atual. Seus dedos perdidos faziam parte da lenda que ele era, e não se envergonhava disso. Para Mario, eram uma espécie de cicatriz por anos de combate contra a maldita mina. E considerava os dedos remanescentes uma prova de seu comprometimento. "São como medalhas", dizia.

"Nossa moral estava baixa, e de tempos em tempos os homens xingavam uns aos outros. Só queríamos sair dali", disse o mineiro Pablo Rojas, terceira geração de uma família de mineiros, homem conhecido por trabalhar duro e falar pouco. "Cada um tinha a sua personalidade." E muitos tinham seus vícios. Além do tabaco, alguns eram prodigiosos bebedores. Para aqueles homens, ficar preso ali também significava uma reabilitação forçada, com as alterações de humor e desespero que acompanham o processo piorando a situação.

Três dias tinham se passado. Os homens estavam presos por mais tempo do que qualquer um deles tinha permanecido dentro da mina antes. Mesmo com os esforços para atrair a atenção, continuavam sem qualquer contato com as equipes de resgate. A comida era pouca e a água terrível. O incessante barulho de pedras se movendo era seguido pelo silêncio — um lembrete de que estavam no fundo da barriga de um monstro, engolidos, presos, bem abaixo da civilização.

Os mineiros começaram a se desesperar. Embora tentassem evitar a pergunta, uma realidade começou a assombrá-los: vamos mesmo sair vivos daqui?

Capítulo quatro

Rapidez *versus* precisão

Dia 3
Domingo, 8 de agosto

Copiapó, no Chile, é uma cidade cercada por praias selvagens, um vasto deserto e montanhas com grandes depósitos de ouro, prata e cobre — que valem milhões e, em alguns casos, bilhões de dólares. Esses tesouros escondidos foram explorados pela primeira vez em 1707, quando a população de Copiapó era de 990 habitantes. Hoje a cidade ainda tem um tamanho modesto — 125 mil habitantes incluindo os arredores —, ainda que o aeroporto local seja agitadíssimo. São 14 voos de e para Santiago todos os dias, voos normalmente lotados de engenheiros de minas, geólogos e inspetores que chegam a Copiapó. Eles desembarcam do avião, descendo uma escadinha de metal, depois atravessam o asfalto sozinhos — algumas vezes seguindo por engano para a área de bagagens — em direção a um terminal em miniatura onde homens vendem ostras, patas de caranguejo e *locos* (abalones), delicioso fruto do mar local com carne branca e firme e delicado sabor de lagosta.

Os executivos são seguidos por um exército de empreendedores que tentam lucrar com o mais recente *boom* de cobre mundial, que começou em 2002 e que, em agosto de 2010, não demonstrava qualquer sinal de colapso. Com a indústria chinesa sustentando um aparentemente insaciável apetite por cobre e minerais, as operações mineiras no Chile continuam a expandir. Todos os dias o país exporta aproximadamente setenta milhões de dólares de cobre, e a cada mês um novo projeto multimilionário de mina é anunciado. Essa região no norte do país é também o lar de uma das maiores concentrações de alta tecnologia mineira do planeta: máquinas capazes de martelar, perfurar e triturar centenas de metros de rocha sólida.

Quatro dias após o desmoronamento, o presidente Piñera mobilizou uma vasta frota de aparelhagem mineira como se fosse um general do Exército. Rejeitando os conselhos para ter cautela, apostou que salvaria os homens, colocando sua cabeça como garantia de uma missão bem-sucedida. Provocou pânico no círculo mais íntimo de conselheiros, pois acreditavam que o presidente se lançava numa missão suicida, e num local em que até mesmo os mineiros que ousavam trabalhar lá se apelidavam de bravos.

Entre as primeiras medidas de Piñera estava encontrar um gerente para a operação de resgate. Tendo sempre preferido contratar jovens poliglotas com MBA para o seu círculo mais íntimo, Piñera estava afastado do mundo da mineração. O ministro da Mineração, Laurence Golborne, que Piñera nomeara em março de 2010, no início de seu mandato presidencial, também era uma figura alheia àquele mundo. Golborne fora nomeado para o principal posto da mineração chilena em reconhecimento às suas habilidades como chefe executivo da Cencosud, uma cadeia de lojas e supermercados sul-americana de alto nível, que fatura 11 bilhões de dólares ao ano. Os líderes da indústria de mineração do país não se impressionaram com o executivo arrojado que carregava rock jovem e explosivo em seu iPhone. Sua reação imatura às preocupações do setor não ajudaram a mudar o quadro. Em resposta à pergunta sobre como poderia vencer sua falta de experiência, Golborne brincou: "Aprendo rápido."

Piñera e Golborne tinham apenas uma noção superficial dos mecanismos da mineração subterrânea, e seus conhecimentos sobre como organizar um resgate de homens soterrados era ainda menor. Eles pediram ajuda à Codelco, conglomerado estatal de mineração que produz onze por cento do suprimento de cobre do mundo. No dia 9 de agosto, após vários telefonemas à cúpula da Codelco e do governo, Piñera encontrou seu gerente geral para o resgate. Mas ninguém se lembrou de avisar ao candidato.

Quando finalmente recebeu a ligação, na noite do dia 9, André Sougarret estava na cama, pronto para dormir. "A diretoria decidiu: você e um time ajudarão a equipe de resgate", disse seu chefe na Codelco. Sougarret, um engenheiro de 46 anos, tranquilo, sempre com a sugestão de um sorriso no rosto, ouviu atentamente, mas não ficou particularmente preocupado com a mensagem. Falou sobre a ligação com sua mulher, depois foi dormir em casa, em Rancagua, Chile.

Sougarret trabalhava na mineração desde os vinte e poucos anos, e teve sucesso ao fazer contatos que o ajudaram em sua consolidação no grupo que comanda a mineração chilena. Especialista em minas subterrâneas, era na época gerente de minas em El Teniente, a maior mina subterrânea do mundo, com 2.400 quilômetros de túneis e 15 mil trabalhadores. Em 2009, essa mina produziu quatrocentas mil toneladas de cobre. Se El Teniente fosse um país independente, estaria na décima segunda posição mundial entre os exportadores de cobre.

Sougarret soube do desmoronamento da mina San José, mas nunca considerou que fosse um assunto para o gigante da mineração estatal. O acidente acontecera numa mina privada, quase mil quilômetros ao norte — um desastre, claro, mas um desastre de outras pessoas.

Dia 4
Segunda-feira, 9 de agosto

Às dez da manhã, Sougarret recebeu outro telefonema, um chamado urgente: "Venha ao palácio presidencial imediatamente." "Eu pensei: só pode ser um engano. Por que eles *me* chamariam ao La Moneda, o palácio presidencial?" Sougarret pegou uma pequena mochila, seu capacete de minerador e dirigiu por noventa minutos. Passara por aquele edifício centenas de vezes, mas nunca havia entrado. Foi levado ao segundo andar — onde fica o gabinete do presidente e de seus estrategistas mais importantes — sem que ninguém lhe dissesse nada; pediram apenas que esperasse.

La Moneda estava repleto de história e, caso observasse, Sougarret teria notado as paredes com centenas de marcas de bala, um testamento vivo do dia 11 de setembro de 1973, data do golpe militar que arrancou o então presidente Salvador Allende do poder. Allende, médico aristocrata profundamente ligado à revolução socialista, resistiu ao ataque do Exército atirando de volta com uma arma da janela do segundo andar, arma, dizem, dada por Fidel Castro. O corpo de Allende foi encontrado após o cerco, com uma única bala na cabeça. Muitos historiadores concordam que se tratou de suicídio. Nos 17 anos seguintes o general Augusto Pinochet governou o Chile combinando técnicas de tortura da inquisição espanhola e uma reforma econômica altamente moderna. Três mil chilenos morreram nas mãos dos militares, mas o crescimento econômico colocou o país entre as economias mais estáveis da América Latina — uma justaposição que, depois de as décadas, fez crescer zelosos inimigos e fãs fanáticos do general agora morto.

Após o período de Pinochet, as memórias sangrentas de tortura e execução convenceram uma geração de chilenos a boicotar políticos de direita. De 1990 a 2009, o Chile foi governado por uma série de presidentes progressistas que combateram a pobreza, investiram em infraestrutura, promoveram as liberdades pessoais e assinaram tratados de livre-comércio com dezenas de países. A eleição de 2010, vencida por Piñera — político centrista da Renovación Nacional, partido de direita — enterrou o fantasma de Pinochet e lançou um novo estilo de governo: tecnocratas com algo a provar. O círculo mais íntimo de Piñera sabia que serem vistos como homens de direita no Chile significava estar permanentemente em prova — e se falhassem seria preciso mais uma geração antes que uma nova chance fosse posta em suas mãos.

Dentro de La Moneda, Sougarret se sentia desconfortável. Estava vestido de maneira informal, com calças jeans. Seu capacete de mineiro e sua mochila contrastavam com os ternos bem-cortados e as gravatas dos homens que por ali circulavam. Uma revoada de jornalistas lotava os corredores, confirmando que algo urgente estava acontecendo. Mas Sougarret estava ainda mais confuso: em quase duas horas, não lhe tinham dito praticamente nada.

Finalmente, chegou a mensagem: "Vamos", e Sougarret foi levado a uma garagem no porão, onde entrou na comitiva presidencial. Flanqueado por carros, todos com guarda-costas armados, Sougarret cruzou Santiago correndo. Ao entrar no aeroporto, o comboio ignorou os portões comerciais e seguiu diretamente para o Air Force Group 10, a base do jato presidencial. Sougarret ainda não ouvira nenhuma orientação, nenhuma palavra sobre sua missão ou destino. Já no avião, o presidente Piñera se reuniu com ele em seu gabinete privado, pegou um bloco de anotações e desenhou um esquema básico da mina e do refúgio de segurança, com uma ordem: "Tire-os de lá." Piñera disse ao engenheiro ainda em choque que deveria projetar o melhor plano de resgate possível. E enfatizou que a operação estava assegurada com pleno apoio e recursos do governo.

Só então Sougarret percebeu que fora designado para liderar a missão. Trinta e três vidas estavam em suas mãos, e ninguém perguntara se ele estava disponível, se queria ou se se sentia capaz de realizar tal incumbência. Mais tarde, Sougarret compararia esta experiência à de ser sequestrado.

Ao chegar ao acampamento escurecido, Sougarret ficou ainda mais desorientado. Nunca visitara a mina San José, e, de novo, sem qualquer aviso, suas responsabilidades cresciam. O presidente Piñera anunciou à imprensa ali reunida que trouxera um "especialista" responsável pelo resgate.

"'Certo', pensei, 'isso está ficando complicado'", disse Sougarret. "Depois seguimos alguns passos em direção ao acampamento das famílias. Fiquei chocado com aqueles rostos angustiados. Eram cinquenta pessoas. Notei muitas expressões preocupadas e, em alguns casos, desesperadas. E inquietas. Eu lembro que eles disseram algumas coisas desagradáveis ao presidente, porque ele fora primeiro à imprensa, depois aos parentes. Esse era um comprometimento que sempre cumprimos: falar primeiro com os familiares, depois com os jornalistas. Aquilo ficou na minha cabeça. Depois o presidente explicou que trouxera especialistas que tentariam resolver o problema e que lançaria mão de todos os recursos possíveis. Foi um momento-chave pra mim, o início de tudo", disse Sougarret em entrevista ao jornal chileno *El Mercurio*. "Eu percebi que comandaria a operação. O presidente foi embora e eu fiquei ali, sozinho."

Sougarret não precisava de familiares nervosos para sentir as consequências do desastre na mina. El Teniente, onde era diretor, fora cenário do acidente mineiro mais mortal da história do país, conhecido como "Tragedia del Humo" ["Tragédia da fumaça"], em 1945, iniciada com um incêndio num local de armazenamento. Labaredas de óleo queimado rapidamente prenderam mais de mil mineiros atrás de uma cortina de fumaça impenetrável. A fumaça tomou conta de todas as reentrâncias e esquinas do Túnel C. Por horas, os mineiros mantiveram roupas molhadas junto aos seus rostos, saída grosseira que logo se provou ineficaz, pois eles sucumbiram. Os sistemas de segurança das minas eram precários e saídas de emergência não eram claramente sinalizadas.

Enquanto nuvens de fumaça preta saíam da mina, um corajoso plano de resgate foi arquitetado. Mineiros correram em direção às chamas, marchando para o inferno e carregando os colegas já meio inconscientes à superfície. Seiscentos homens foram salvos, mas 355 faleceram.

A Tragédia da Fumaça provocou um debate nacional sobre a segurança nas minas e levou à criação do Departamento de Segurança da Mineração. O conceito de prevenção de riscos foi introduzido nas decisões gerenciais e os planos foram implementados com tanto sucesso que El Teniente ganharia prêmios internacionais de segurança durante 14 anos consecutivos. Não foi coincidência os assistentes do presidente Piñera, notando que os donos da San José não estavam preparados para uma operação sofisticada de resgate, mobilizarem o time mais profissional ligado à segurança do Chile — os homens de El Teniente, com Sougarret no comando.

O PRIMEIRO DESAFIO DE SOUGARRET foi coordenar as perfurações. Nos quatro dias após o colapso a comunidade mineira do Chile mobilizara e enviara comboios de equipamentos ao cenário do desastre — escavadeiras pesadas, caminhões de água, guindastes e máquinas de perfuração, o que poderia ajudá-los a avançar por centenas de metros de pedras, criando orifícios chamados de "furos de sondagem". Os engenheiros presentes no local logo decidiram que um resgate pela boca da mina seria extremamente perigoso e que os furos de sondagem seriam a opção mais confiável para entrar em contato com os homens lá dentro.

As máquinas usadas para executar os furos de sondagem foram agrupadas, num conjunto fumegante, formando torres que pareciam uma operação em campo de petróleo, tudo entremeado por bandeiras chilenas ondulantes. Aquelas engenhocas portáteis de perfuração não eram modernas; desde os anos 1950 foram compradas, enviadas e transportadas a todos os cantos do planeta para perfurar os níveis mais profundos da crosta terrestre.

Estas máquinas ajudaram a localizar as matérias-primas utilizadas em meio século de frenesi industrial — de aquíferos a depósitos de zinco. As brocas estavam agora reunidas numa missão de prospecção comum, uma ousada operação de busca e resgate. Uma broca de noventa milímetros de largura foi apontada em direção aos túneis espiralados a quase um quilômetro de profundidade: uma agulha que percorreria setecentos metros em busca de um eixo da mina.

Quando Sougarret chegou, seis furadeiras tinham tentado penetrar em vão, criando um caos. "Estavam fazendo vários furos, mas não havia estratégia", disse Sougarret sobre o cenário que herdara. "Decidimos aplicar três técnicas diferentes de perfuração, três planos paralelos com conceitos distintos: um seria rápido, os outros precisos. Estávamos lutando contra o tempo. Se quiséssemos ser acurados, o trabalho seria mais lento. Se quiséssemos ser rápidos, as coisas poderiam desviar." Sougarret calculou que as brocas poderiam avançar cem metros por dia. Para alcançar a precisão necessária das brocas e assim se aproximar dos homens presos demorariam, no mínimo, uma semana inteira.

Com esboços dos mapas da mina, as furadeiras foram forçadas a estimar a localização exata do abrigo de segurança subterrâneo — o possível local onde os mineiros sobreviventes estariam reunidos. Será que os homens tinham mesmo conseguido alcançar o abrigo? A oficina mecânica? Ou estariam enterrados no cascalho? Como acontecera com os homens de resgate que procuraram os poços manualmente, o trabalho era assustadoramente inconstante para engenheiros acostumados a instruções precisas.

Em geral, uma perfuração tem como objetivo um enorme poço de petróleo ou um aquífero subterrâneo. Ali o alvo era minúsculo: o abrigo de segurança era do tamanho de uma piscina caseira. Se os engenheiros calculassem mal, ainda que por poucos centímetros, quando chegassem aos setecentos metros subterrâneos teriam, na verdade, desviado centenas de metros. "Quando chegamos à mina, disseram que perfurássemos logo acima do refúgio", disse Eduardo Hurtado, supervisor de perfurações da Terraservice, empresa chilena especializada nesse tipo de trabalho. "A escavadeira começou a planar a área da plataforma para o equipamento de perfuração e o topógrafo tomava medidas. Então, José Toro, geólogo da mina El Salvador, chegou. Ele conhecia bem a área e nos disse que deveríamos mover a máquina; tinham medo de que a montanha viesse abaixo por completo."

Dia 5
Terça-feira, 10 de agosto

Mesmo frente ao enorme desafio de encontrar aqueles homens, o som da furadeira foi interpretado por todos no acampamento Esperanza como um sinal positivo. Se algum deles estivesse vivo, o barulho distante alertaria que os esforços de resgate tinham começado. "Eu sei que eles sentem cada movimento da máquina que está perfurando a pedra, levando a eles o que é fundamental: oxigênio, comida e água", disse o presidente Piñera. "Espero que as seis perfuradoras que estão trabalhando incansavelmente permitam um final feliz. Mas também gostaria de dizer que isso não é fácil; a situação é muito complexa, e a mina continua a desmoronar, pois existe uma falha geológica. Como dizem os mineiros, a mina está viva e isso deixa o resgate tremendamente complicado." Quando o presidente e sua equipe calcularam a complexidade do plano de resgate, centenas de moradores correram para a mina.

Dez de agosto é o Dia del Minero — Dia do Mineiro — no Chile, e familiares, amigos e colegas dos homens presos se reuniram na mina San José para prestar uma triste cerimônia. Sob circunstâncias normais, o Dia do Mineiro segue uma tradição festiva que inclui *asados* comunais (um piquenique com churrasco), danças, bênçãos religiosas e reconhecimento da profissão que catapultou o Chile à economia mundial e ajudou a manter a relativa riqueza da nação.

Em 2010, todas as festas foram canceladas. Na mina San José, uma sombria procissão foi organizada. Cerca de duas mil pessoas formaram uma breve e dolorosa peregrinação. A Televisão Nacional chilena, TVN, transmitiu ao vivo imagens da remota região. O país assistia enquanto familiares marchavam lentamente, com lágrimas rolando nos rostos. Um grupo de homens fazia grande esforço ao carregar uma imagem de são Lourenço, padroeiro dos mineiros que emprestara seu nome à operação de resgate. Outros acomodaram em seus ombros a Virgem da Candelária, símbolo de proteção mantido num altar na vizinha mina La Candelaria. Depois de um apelo dos familiares, o retorno da virgem à La Candelaria foi cancelado: seus poderes eram requeridos ali. Num altar improvisado na caçamba de um caminhão, o bispo Gaspar Quintana pediu às famílias que se mantivessem firmes, repreendeu o governo pela pouca segurança nos locais de trabalho e pediu a Deus o envio de boas notícias sobre os homens. "Nos envie um sinal", suplicou. "Rapidamente."

A governadora local, Ximena Matas, tomou conhecimento da tristeza coletiva e relatou tudo ao time de psicólogos que os oficiais do governo havia reunido. O grupo era formado por profissionais convocados no Departamento Antidrogas e também trazidos de Santiago para aconselhar as famílias. "Sabemos que, sem dúvida, esses têm sido dias e noites brutais para todos vocês. Nós vimos como é difícil viver essa situação, mas também vimos o apoio ao redor de vocês e a força que demonstraram na espera por seus entes queridos", disse Matas, que destacou a importância de compartilhar tais sentimentos com os profissionais de saúde mental trazidos pelo governo.

Dia 6
Quarta-feira, 11 de agosto

Os duzentos familiares acordavam para outra surpresa no deserto: uma chuva forte. Uma tempestade incomum atingiu o Atacama, transformando a cidade coberta de poeira num campo pantanoso, frio e escorregadio. Algumas famílias passaram o dia dentro dos carros, com o aquecedor ligado e as janelas fechadas. "Não vamos abandonar meu irmão", disse Jeanette Vega, irmã de Alex, preso na mina. "Enquanto ele não sair, ninguém sairá daqui, apesar da chuva, do frio ou do sol." Durante todo o dia, familiares se esconderam em sacos de dormir, tomaram chá e café de garrafas térmicas e usaram plástico para proteger suas tendas da chuva. Tropas do Exército chegaram e começaram a montar um abrigo, uma área mais protegida para as várias tendas, onde as famílias estariam mais isoladas do constante fluxo de caminhões e veículos. À noite, a temperatura caiu para 2°C e as famílias se reuniram ao redor de fogueiras. Produtores de vinho locais doaram madeira de vinhas antigas; a madeira dura e curtida queimava lentamente, e suas labaredas seguiram acesas até o amanhecer, aquecendo as pessoas. Dormir já não era parte da rotina.

Dia 7
Quinta-feira, 12 de agosto

Uma semana se passara sem qualquer sinal de vida dos mineiros. Os trabalhadores de resgate viam suas opções diminuindo à medida que a mina continuava a ser perfurada, chegando aos túneis de ventilação e queimando esperanças de um resgate iminente. A comunidade mineira do Chile correu para enviar times de resgate, ferramentas de busca de alta tecnologia e quantas furadeiras fossem necessárias, mas nada se sabia ainda sobre os desaparecidos.

"Não é o momento de ficarmos desanimados. Meus colegas provavelmente podem ouvir o som da furadeira, e isso lhes dará mais força", disse Gino Cortés, trabalhador da San José que, cinco semanas antes, perdera sua perna ao ser atingido por uma pedra na mesma mina. "São mineiros fortes", disse Cortés. "Nós temos consciência dos perigos a que estamos expostos, por isso há certo nível de aceitação."

Às duas da tarde (hora estimada do colapso, uma semana antes), sirenes e buzinas foram tocadas e sinos de igrejas dobraram, mas o silêncio imediatamente posterior foi ainda mais comovente. Um semana e nenhuma notícia. Familiares continuavam a chegar à montanha, decorando a colina com fotografias e pedras pintadas com os nomes dos entes queridos desaparecidos. Eles se instalavam ali, abrindo tendas e pedindo à equipe de resgate que nunca desistisse de encontrar os soterrados. O acampamento Esperanza se transformou num santuário brilhante e vivo.

O acampamento evocava o sentimento instantâneo de comunidade — o que não surpreendia, já que grande parte dos mineiros eram residentes locais, vizinhos, primos e, no caso de Renán e Florencio Ávalos, irmãos. Os mineiros vinham de famílias com seis, oito, dez filhos, e algumas vezes com vários pais. Jorge Galleguillos e Darío Segovia vinham de uma família com 13 irmãos. Com mais ou menos oito irmãos cada um, os mineiros tinham famílias duas ou três vezes maiores que a média chilena, uma realidade refletida na quantidade de gente ali acampada.

Em resposta à crescente população do acampamento, o Exército chileno mobilizou a entrega de banheiros químicos e comida. Uma cozinha foi instalada ali, servindo refeições quatro vezes ao dia — a quarta, *once,* às seis da tarde, era a versão chilena do chá inglês. Ivan Viveros Aranas, policial que trabalhava no acampamento, ficou assombrado com a ajuda que chegava. "O país demonstrou uma unidade, independente de religião ou classe social", disse Aranas, que já não patrulhava o campo, mas passava grande parte do tempo conversando com familiares ou jogando futebol com a crescente turma de crianças que havia por ali. "Vemos pessoas chegando aqui como voluntárias, sem qualquer relação com os mineiros."

Com a expansão da operação de Sougarret, a colina ao redor da boca da mina San José ficou repleta de estruturas improvisadas: contêineres de barco convertidos em escritórios, toldos crus usados para proteger os engenheiros do escaldante sol do deserto, dois trailers utilizados como casa para o pequeno, mas crescente, grupo de jornalistas. Dezenas de homens com capacetes e jalecos refletores esperavam instruções. Uma caravana de caminhões de fogo, escavadeiras e ambulâncias chegaram ao local. Caminhões com trailers e tratores venciam as últimas curvas, num incessante desfile de equipamentos de alta tecnologia que respondia aos diferentes times de engenheiros que tentavam chegar a uma solução. Apesar dos terríveis prognósticos, o acampamento estava vivo e com espírito de sobrevivência, e de tempos em tempos uma buzina distante anunciava a chegada de mais um carregamento de suprimentos gratuitos ou de equipes de resgate.

Um estrondo tedioso tornou-se o pano de fundo do acampamento Esperanza. Como se fosse o trânsito de uma metrópole, o barulho das máquinas movidas a diesel começou a soar natural, como o vento e as marés. Acima do campo, um céu brilhante oferecia raios e estrelas, evidência irrefutável de que os principais astrônomos do mundo escolheram bem ao investirem bilhões em observatórios nessa parte da América do Sul. Os estudiosos das estrelas consideram a região do Atacama um dos melhores locais do planeta para explorar outros mundos. Para os que moravam ali, as rezas se dirigiam aos céus, mas as preocupações seguiam diretamente às profundezas, para dentro da terra.

O ministro Laurence Golborne encontrava no sono um companheiro fugidio. O duro político respondia à torrente de ordens do presidente Piñera, abandonando a esposa e os seis filhos por uma única obsessão: o destino dos 33. Mas uma semana entre os esforços de resgate deixou Golborne consternado. Estudos internos feitos pelo governo eram pessimistas; um deles limitava a probabilidade de os homens saírem vivos a dois por cento. Desesperado, Golborne secretamente resolveu consultar uma médium. Ela disse ao ministro que tivera uma visão dos homens: 16 estavam vivos e um deles tinha uma perna muito machucada. Após ouvir isso, Golborne não sabia o que era mais inacreditável: a possibilidade de os homens estarem vivos ou o fato de um ministro do governo ter recorrido a uma vidente.

As propostas invadiam o escritório de Golborne — assim como ideias, doações e teorias. Uma empresa propôs que usassem o buraco para injetar mil ratos nas cavernas. Os ratos levariam um botão de pânico preso às costas. Uma vez soltos, entrariam pela montanha, permitindo aos mineiros que os encontrassem pressionarem o botão. Ao ouvir o alarme, os homens do resgate poderiam ter certeza de que existiam sobreviventes.

No dia 12 de agosto, Golborne revelou ao público suas dúvidas: "As chances de encontrá-los vivos são baixas", sendo inundado por uma onda de críticas. Familiares ficaram devastados; manter a fé era um dos pilares de sua estabilidade emocional. Dúvidas eram como uma traição. No dia seguinte, o presidente Piñera foi forçado a entrar na briga. Ele disse: "As esperanças do governo estão mais vivas do que nunca." O otimismo de Piñera vinha de um fato: o trabalho avançava duas vezes mais rápido do que o esperado. Em menos de dois dias, uma das furadeiras alcançara quase trezentos metros. Com esse ritmo, em 48 horas o contato poderia ser feito, por volta do dia 14 de agosto. Mas ainda que o furo chegasse à oficina, ao túnel ou ao refúgio, ele não seria maior que uma maçã, e o que aconteceria depois?

Dia 8
Sexta-feira, 13 de agosto

Engenheiros da Codelco buscavam em todo o mundo tecnologias para melhorar a perfuração e, caso os mineiros fossem encontrados vivos, lhes oferecer comida e remédios. A solução veio de um professor de física local, Miguel Fortt, da Universidad del Mar, em Copiapó. Em 12 operações de resgate anteriores, no Chile e em outros países, Fortt estivera na linha de frente de desastres como aquele. Como ex-mineiro, ele reunia conhecimento prático da vida dentro de uma mina com a experiência técnica adquirida em operações de resgate. Usando tubos de PVC de três metros, desenhou um sistema para levar comida e água engarrafada através deles, descendo-os com cordas às profundezas da mina. Era um plano audacioso e otimista. Os testes começaram imediatamente. A invenção chilena foi chamada de *"paloma mensajero"* — pombo-correio —, e mais tarde reduzida simplesmente a *"la paloma"*. O invento de Fortt logo seria mostrado a uma audiência global.

Enquanto o governo tentava reunir ferramentas e profissionais necessários ao complexo resgate, duas vozes eram ausências notáveis: os donos da mina. Desde o dia do desmoronamento, em que falharam ao alertar às famílias, até a falta de habilidade para prover mapas precisos, a atitude de Marcelo Kemeny e Alejandro Bohn foi largamente criticada.

Para os familiares, a recusa de Kemeny e Bohn em assumir a responsabilidade de dar a notícia do acidente foi criminosa. A prisão dos dois passou a ser considerada uma punição muito branda. De acordo com familiares do acampamento Esperanza, a única forma de puni-los era sentenciando-os a uma "prisão na mina". Surgiu o rumor de que na China um operador de mina culpado por negligência foi sentenciado a servir no subterrâneo, dentro da mina, consertando os problemas de segurança que levaram os mineiros à morte.

Mesmo antes do acidente, os donos da San José deviam ao governo chileno mais de dois milhões de dólares. A empresa passava por uma instabilidade financeira, cambaleando entre pilhas de dívidas e um registro de segurança igualmente precário. Apesar de produzir aproximadamente seis mil libras de cobre diárias (num valor total de 22 mil dólares) e com reservas em ouro estimadas em cerca de 17 mil toneladas (a preço de 2010: quase um bilhão de dólares), os donos estavam muito desesperados. O balanço anual de 2009 fora concluído com letras maiúsculas:

SITUAÇÃO
PROBLEMAS PARA MANTER A MINA.
FECHAR A MINA.
VENDER.

A justiça chilena é normalmente lenta e sabotada por moções processuais expedidas por advogados. No entanto, a enorme atenção da mídia ao desastre em San José desencadeou pelo menos três investigações independentes: uma do Congresso, outra dos promotores do governo e, finalmente, a de um time de advogados particulares trabalhando em nome das famílias. O presidente Piñera avisou "Não haverá imunidade para os responsáveis" e destituiu a liderança do Sernageomin, a agência de segurança mineira do governo, demitindo três oficiais de destaque. Documentos confiscados nos escritórios da San Esteban Primera, a empresa dona da San José, bem como investigações do governo, imediatamente levaram a questionamentos sobre como a mina conseguira voltar à ativa após numerosos acidentes fatais. Suspeitando de que pelo menos alguns dos mineiros estariam mortos, os procuradores do governo elaboraram uma estratégia de julgamento que incluía acusações de homicídio.

Dia 9
Sábado, 14 de agosto

Sougarret, temendo ser o responsável por um "resgate" que terminaria com uma contagem de corpos, ordenou uma alteração na tecnologia. As duas perfuradoras mais modernas foram detidas e o equipamento, desmontado. Como ele temia, a precisão era inimiga da velocidade, e os buracos feitos às pressas se desviaram do caminho. Com novas máquinas vindas dos Estados Unidos e da Austrália, Sougarret estava confiante de que as perfurações seriam mantidas no trajeto — embora numa velocidade mais lenta. Recalibradas e reconfiguradas com as novas tecnologias, as perfuradoras novamente voltariam a operar.

Na colina, uma rivalidade saudável nasceu entre as nove diferentes equipes de perfuração. Os homens eram veteranos do mesmo exército, um grupo de trabalhadores itinerantes que vagavam pelo norte do Chile oferecendo serviços à Anglo American, à Codelco e a outras empresas bilionárias. As condições na San José, frente ao estágio da mineração moderna, eram praticamente pré-industriais. Enquanto comiam juntos, a tenda se transformava numa espécie de intercâmbio de informações empresariais; estavam conscientes da natureza histórica e única de sua missão. O que funcionava na busca de petróleo, gás e água era quase inútil na busca por homens presos no fundo da montanha. "Quando procuramos minerais, sabemos que há o risco de a perfuradora se desviar até sete por cento, o que é normal e quase esperado", disse Eduardo Hurtado, da Terraservice, empresa de perfuração que doou equipamento e pessoal ao resgate dos mineiros.

Dia 12
Terça-feira, 17 de agosto

Pela primeira vez, a sonda ultrapassou a marca dos seiscentos metros, embora perdesse força por conta de um grande vazamento de óleo. "Essa perfuradora não pode ser corrigida, está direcionada a três túneis", disse o ministro Golborne à mídia. "Pode atingir um túnel ou passar entre eles. Há três chances de atingi-los, pode atingir ou não." Como um tiro de golfe a longa distância, as brocas eram lançadas em parábolas regulares. O objetivo era perfurar um dos túneis na rota. Perguntado sobre a responsabilidade dos donos da mina, Golborne disse que tais questões poderiam esperar. "Aqui estamos focados no objetivo mais importante: fazer contato com os homens. Nossa prioridade é encontrá-los.

Temos muitos voluntários, trabalhando intensamente. Vamos nos concentrar no lado positivo", disse Golborne. "Os custos e as responsabilidades têm tempo. Nossos *compañeros* soterrados, não."

Dia 13
Quarta-feira, 18 de agosto

Os temores de Golborne se confirmaram. A broca mais próxima da possível localização dos homens passou pelos três túneis sem alcançar nenhum deles. Como observavam os engenheiros, desnorteados, a broca mantinha um ritmo regular. Atingir uma caverna aberta teria sido evidente — ainda que continuassem a vencer a pedra. A 730 metros a operação foi suspensa. Os planos de contato antecipado foram cancelados. Em vez disso, o desespero tomou conta quando Sougarret informou às famílias. "Esta mina não tem padrões sobre os quais podemos basear o trabalho de engenharia", ele disse. "Uma mina deve registrar os avanços mensais para ter plantas das áreas de trabalho, e nada disso existe aqui. É por isso que as plantas não coincidem com a realidade; a informação topográfica não é precisa."

Para Sougarret, era duro encarar as esposas consternadas. Ele sabia que as mulheres que lhe imploravam por soluções estavam a ponto de se tornarem viúvas. Salvar 33 homens a setecentos metros era algo sem precedente. Tal resgate nunca fora montado antes. Os desafios diários incluíam invenções, execuções e improvisações. Muitos mineiros pensavam que a perfuração não era necessária; eles propunham resgatar seus colegas usando a antiga técnica de invasão e implosão, dinamitando o caminho pelo túnel bloqueado. As explicações do governo sobre o tamanho e a dureza da rocha que bloqueava a boca da mina não foram suficientes para dissuadi-los.

Encorajados por familiares impacientes, um grupo de mineiros locais — homens corajosos dispostos a empunhar uma picareta o dia inteiro — protestou. "Deixe-nos tentar", eles insistiam. As famílias apoiaram o novo plano. Frustrados pelos atrasos e pelo crescente desespero, até uma ideia meio louca parecia válida. Mas Golborne não concordava. Os mineiros rebeldes se reuniram e começaram a seguir em direção à boca da mina, mas um contingente policial bloqueou a passagem. Com medo de problemas, mais trinta policiais entraram na operação. Eles trouxeram reforços, incluindo um caminhão usado para lançar gás lacrimogêneo e fortes jatos de água de uma mangueira ajustável presa ao teto. Apelidado de "El Guanaco", em homenagem a um animal parecido com a lhama que habita o deserto do Atacama e se destaca por sua capacidade de cuspir, o veículo é um velho conhecido dos chilenos. A força da água poderia atirar um adulto ao chão, e o gás era capaz de sufocar crianças. Os lados do caminhão estavam marcados por cicatrizes de batalhas anteriores.

Os oficiais do governo pressionavam Sougarret para deixar o grupo que protestava entrar, fosse abertamente ou fazendo vista grossa para uma tentativa clandestina. Sougarret manteve-se firme: qualquer opção que incluísse a probabilidade de um homem envolvido no resgate ficar preso ou morrer era suficiente para fazer com que ele desistisse. Um mineiro mais velho se aproximou dele. Explicou que seu filho estava preso na mina. Se ele estava disposto a arriscar sua vida para salvar o filho, não conseguia enxergar qual era o problema.

"Ele veio a mim e perguntou o que eu faria se fosse o meu filho", disse Sougarret. "Fiquei arrasado. Eu não conseguia tirar aquela frase da minha cabeça."

Capítulo cinco

17 dias de silêncio

Dia 4
Segunda-feira, 9 de agosto

Como qualquer comandante de pelotão, Mario Sepúlveda sabia que a lealdade de uma tropa se ganha no estômago, e depois migra para os recantos mais conscientes da mente. Vendo seus *compañeros* famintos, estressados e divididos, Sepúlveda foi à luta. Pegou a tampa de um filtro de óleo, abriu e *voilà*! Uma panela para cozinhar. Usando atum em lata e adicionando água, ele inventou uma sopa. Mal podia ser chamada de refeição, mas ainda assim deu aos mineiros o gosto de peixe e a lembrança de comida. Os homens comeram juntos, rezaram, tiraram fotos com o celular de José Henríquez (o último que ainda funcionava) e descansaram. Era um breve respiro naquela loucura. Vários mineiros, mais tarde, apontaram este como um momento-chave na ascensão de Sepúlveda a "macho alfa".

Passados quatro dias a poeira assentou, e com suas mentes ainda revoltas os mineiros começaram a explorar todos os cantos da mina. Buscavam rotas de escape e analisavam a água armazenada. Meses se passaram desde que os tanques foram cheios, e José Ojeda, homem rechonchudo e careca, com um complicado caso de diabetes, descreveu o líquido poluído como algo tão repulsivo que ele começou a preferir outra alternativa: beber a própria urina. "Eu bebia a minha urina. Contei aos demais e eles me chamaram de louco. Eu sabia que Los Uruguayos tinham feito o mesmo."

Quando os mineiros citavam "Los Uruguayos" eles falavam em código para evitar um confronto direto com seu maior medo: o de logo serem forçados a comer uns aos outros. Em 1972, num voo de Montevidéu, no Uruguai, a Santiago, no Chile, para um jogo de rúgbi, um grupo de jovens uruguaios milagrosamente sobreviveu a um acidente que fez seu avião pousar numa área remota dos Andes, na fronteira entre Chile e Argentina. Depois de dias passando fome, eles começaram a comer os companheiros mortos no acidente e na subsequente avalanche — inicialmente mastigando pedaços endurecidos de carne, depois descongelando corpos para cozinhar a carne em pedaços aquecidos da fuselagem do avião. Nando Parrado e Roberto Canessa, dois dos sobreviventes, exploraram as montanhas durante semanas até serem encontrados por um fazendeiro chileno. A história chocou o mundo. Para os chilenos, a história de Los Uruguayos não era apenas uma anomalia, mas uma terrível realidade. Dentro da mina, o fantasma do canibalismo assombrava os homens a partir dos primeiros dias de fome.

Desde o primeiro momento preso na mina, Víctor Zamora, homem de cabelos compridos, Bob Marley na cabeça e uma folha de maconha tatuada na parte interna do braço, teve a certeza de ter pousado no inferno. Sem nunca ter sido religioso, Zamora se adaptou ao novo mundo abandonando seu destino a Deus, lançando piadas constantes e pedindo apenas que, se aquilo fosse o fim, que fosse pacífico. "Nossas únicas opções eram esperar pelo resgate ou morrer", ele disse.

Enquanto trabalhava longas horas para organizar as tarefas diárias, o chefe de turno Urzúa também era passivo em sua aceitação do destino, dizendo aos mineiros: "Caso nos encontrem, ótimo; se não, é isso." Os modos educados e a voz doce de Urzúa não refletiam sua posição nem eram características típicas de um comandante de campo. Seu estilo contrastava fortemente com a liderança hiperproativa de Sepúlveda.

Sepúlveda e Urzúa logo alcançaram a maior autoridade possível: o controle sobre o rapidamente devastado suprimento de comida. Deduzindo corretamente que ficariam presos por dias, os homens a princípio comeram pequenas porções a cada 12 horas. Mas antes de a primeira semana terminar, Sepúlveda e Urzúa reduziram as refeições a uma a cada 24 horas. O estoque de comida foi dividido em mínimas porções: uma colher de atum acompanhada de meio copo de leite ou suco e biscoito. Reunidos, os homens esperavam todos os 33 serem servidos e finalmente consumiam a "refeição" juntos.

As decisões não eram ditadas por Urzúa, Sepúlveda ou Mario Gómez — embora o último fosse muito respeitado tanto pelos conselhos sensíveis como pela experiência. Com o passar dos dias, os mineiros continuaram debatendo e votando as decisões, chegando a consensos ou concordando após ouvir as opiniões e buscar soluções. Sepúlveda era o moderador extraoficial. Garantindo seu espaço como constante interlocutor, afinou seu relacionamento com os indivíduos e o grupo. "Eu me mantive forte diante dos outros homens", disse Sepúlveda, "mas quando eles dormiam, eu chorava. Queria ter poderes mágicos e fazer aparecer uma cama ou comida".

Com o advento do sistema democrático, os mineiros estabeleceram um rudimentar sentido de ordem, organizando rotinas e tarefas diárias. Sepúlveda começou a ditar tarefas específicas a cada um. Com mecânicos, eletricistas, engenheiros e máquinas pesadas por ali, Sepúlveda sabia como explorar essa riqueza de conhecimentos. "Eu disse a Ariel Ticona e Pedro Cortés: vocês tomarão conta da tecnologia. E determinei um papel para cada um deles. Isso foi ideia minha."

Mesmo com a liderança de Sepúlveda, os mineiros dedicavam a Urzúa o respeito reservado a um superior, nunca destronando o chefe de turno — um reflexo de que a ordem se mantinha. "Para um mineiro, o chefe de turno é sagrado. Eles nunca pensariam em substituí-lo. Isso estava incrustado nas pedras; é um dos mandamentos da vida dos mineiros", disse o doutor Andrés Llarena, oficial da Marinha. "[Urzúa] é um líder em seu campo, e tem sido assim há décadas. Ele é reconhecido por seus pares."

Os homens sobreviveram seguindo um rigoroso regime de atividades diárias, como rezas e encontros de grupo, e reduzindo o esforço físico ao mínimo, a menos que fosse absolutamente necessário. Um trabalho visto como essencial era *acunar* o teto, o que envolvia um grupo de mineiros recolhendo pedras soltas no teto e deixando que caíssem no chão da mina, diminuindo a chance de um colega ser inadvertidamente "passado a ferro" por uma pedra. Quanto mais trabalhavam, mais civilizados ficavam, pois se uniam. Com a iluminação básica providenciada por Edison Peña e com as lanternas do capacete carregadas, os homens conseguiam simular o dia e a noite acendendo as luzes a cada 12 horas. A luz tornava sua existência menos severa e oferecia uma mínima semelhança à normalidade do mundo lá fora. As luzes também permitiam que os homens se reunissem como um grupo, incluindo o encontro da uma da tarde, quando tomavam suas decisões em conjunto.

Depois da "prefeitura" à uma da tarde, eles rezavam. Católicos, evangélicos e ateus unidos numa única visão de esperança, liderados por José Henríquez, que os homens logo batizaram de "Pastor". Os sermões evangélicos de Henríquez foram anotados por Víctor Segovia, designado "cronista" das atividades diárias dos homens e de seus desafios épicos. "Eu era operador de escavadeira e dentro do compartimento do motorista havia papel e caneta, que permaneceram secos. Foi por isso que me tornei o escritor", explicou Segovia, que alguns anos antes fora quase esmagado por um bloco de pedra. O acidente o deixou com o corpo engessado por semanas. Agora o caderno de anotações de Segovia era uma agenda das atividades diárias dos mineiros, como o livro de registros de um navio.

"Aqueles homens estavam presos em seu 'escritório'; não eram turistas visitando a mina. Eles conheciam os movimentos, sabiam como caminhar por ali", disse o doutor Llarena. "Eles regularmente passavam de 10 a 12 horas lá embaixo, no calor e na umidade, e era o que faziam agora. Tratava-se de um turno longo, um turno muito longo, mas ainda assim um turno."

Miguel Fortt enfatizava que os mineiros estavam organizados em grupos antes do desmoronamento. "É similar a um naufrágio", disse Fortt. "Os mineiros tinham que se organizar de um modo que promovesse a sobrevivência do maior número de pessoas; é algo que temos em nossa genética. O instinto de sobrevivência é incrivelmente forte."

Com um vasto suprimento de água e um limitado mas suficiente ar, a primeira preocupação dos mineiros foi com a comida. As porções mínimas diárias — estimadas em 25 calorias de atum e 75 de leite — constituíam uma dieta insustentável. Graças ao quase ilimitado suprimento de água, eles tinham uma expectativa de vida de quatro a seis semanas — talvez menos, já que os homens costumam morrer antes de infecções, que tendem a tirar vantagens de corpos enfraquecidos. O calor incessante os forçava a queimar calorias, numa tentativa de manterem-se refrigerados, e ao mesmo tempo drenava o corpo de eletrodos com o suor constante.

Muitos mineiros estavam acima do peso — uma vantagem quando o corpo é forçado a transformar cada grama de gordura em aproximadamente 3.600 calorias. Os homens mais corpulentos eram como focas em temporada de caça: seu organismo se alimentava da gordura armazenada. Mas os primeiros dias foram bastante desconfortáveis, porque a fome lhes destroçava o estômago. Para os mais magros, o processo de transformar gordura em caloria foi logo substituído por outra ótima fonte de energia: a massa muscular.

Enquanto os corpos ficavam cada vez mais franzinos, os homens notavam transformações estranhas: manchas surgiram sob a pele, no peito e nos pés. O calor sufocante e a umidade constante eram ideais para a procriação de bolores que germinavam e depois se espalhavam por seus corpos. Aftas e feridas começaram a brotar na boca deles, indicando que aquele ambiente — insuportável para os humanos — era propício a infecções.

Yonni "Chico Yonni" Barrios transformou-se no médico do grupo. Baixinho e com aspecto frágil, passara anos estudando textos médicos e pintando aquarelas. Barrios não deveria estar na mina no dia do desmoronamento. Ele tinha terminado seu turno de sete dias e teria um livre, mas trocou a folga quando lhe ofereceram o dobro do pagamento diário para continuar trabalhando. Lá dentro, Barrios teve pouco tempo para lamentar sua sorte; era consultado sobre alimentos com frequência.

"Ele sempre quis ser médico. Lia muito e realmente sabia tudo sobre medicina", disse Marta Salinas, sua esposa. "Aplicava injeções em sua mãe e estava sempre se informando." Ao examinar os homens, fez recomendações e tentou manter os ânimos em alta, e os mineiros deram a Barrios um novo apelido. Dentro da mina, ele era conhecido como "doutor House".

Nem todos os homens estavam prontos para assumir tarefas. Após passar o primeiro dia recuperando-se de uma terrível ressaca, Pablo Rojas estava ocupado lutando contra os demônios que habitavam sua cabeça. Rojas, homem de rosto redondo, trato dócil e que emanava tranquilidade, cuidara do pai alcoólatra e doente por uma década, até uma semana antes do colapso, quando o pai falecera. Ele não apenas estava de luto pelo pai — mineiro durante toda a vida —, mas tinha os papéis do *post-mortem* ainda por terminar. Nada conseguiria tirar a imagem do pai da sua cabeça. Para Rojas, estar preso ali era uma tortura.

Rojas esquadrinhou o lugar atrás de algo para comer. "Não havia insetos nem ratos na mina", ele disse. "Caso contrário, teríamos comido, sem dúvida." Rojas nunca se sentira seguro lá. Sempre pressentia uma tragédia iminente. Em 2005, deixou o trabalho na mina San José, quando tais preocupações se tornaram insustentáveis. Mas retornara em 2010, atraído pelo alto salário. Agora estava indignado — com os donos da mina, com a mina e consigo mesmo. Como aquilo foi acontecer? Quando o acidente que ele sempre previra aconteceu, por que foi bobo o suficiente para ficar lá dentro?

Dia 5
Terça-feira, 10 de agosto

No quinto dia de confinamento, um ruído surdo enviou vibrações para os homens.

Aquele eco distante era um som que todos os mineiros reconheciam: uma broca estava se aproximando. Alguns homens escreveram mais tarde que isso aconteceu no terceiro dia, 8 de agosto; outros insistiram que fora no dia 9. Com quase todos os pontos de referência, incluindo o sol e as estrelas, tapados por quase oitocentos metros de rocha sólida, a noção de tempo dos mineiros era menos do que inexata, era quase insignificante se comparada à incessante sensação de esperança trazida com o som da broca distante.

Alex Vega segurou uma vara de bambu oco contra a parede, amplificando o som e deixando claro que uma furadeira estava apontada na direção deles. Mas o entusiasmo de Vega diminuiu ao descobrir que, de qualquer ponto dos dois quilômetros de túneis, o bambu posto junto à parede proveria a mesma sensação de proximidade. Apenas dois dos homens tinham trabalhado com máquinas de perfuração e ambos sabiam que o processo podia falhar. "Eu disse a eles que os primeiros cinquenta metros seriam rápidos, mas após isso a velocidade diminuía", disse Jorge Galleguillos, que, assim como José Ojeda, conhecia em primeira mão os procedimentos de perfurações em longas distâncias.

Com as palavras de parcimônia de Galleguillos ecoando mais alto que a própria broca, o som se transformou em algo ao mesmo tempo animador e assustador. Uma tentativa de resgate começara, mas o som era fraco e distante, e os homens perceberam que, a setecentos metros de profundidade, qualquer túnel demandaria semanas de trabalho para que eles enfim fossem encontrados. Mesmo em pedras mais brandas, as máquinas raramente avançavam mais de setenta e poucos metros ao dia, e os mineiros sabiam que aquela montanha estava repleta da rocha mais dura que tinham visto na vida — duas vezes mais dura que granito. Eles ficaram entusiasmados por um breve tempo, mas a fome e o medo não foram vencidos pelo som de uma furadeira que parecia estar em outro planeta.

À noite, vários deles saltavam da cama e começavam a gritar às brocas. "Venham, idiotas, quando chegarão aqui? Malditas idiotas!" E voltavam a dormir, mas, passadas algumas horas, acordavam novamente e soltavam novos xingamentos às pedras.

No nono dia, as porções de comida foram novamente racionadas. Em vez de a cada 24 horas, os homens resolveram comer apenas uma vez a cada 36 horas — uma pequena ingestão de comida para enganar o corpo, para dizer que ele estava sendo alimentado. Fome e fadiga reduziram os mineiros a movimentos mínimos. Eles passavam o dia dormindo sobre papelões, conservando a pouca energia que lhes sobrava. A comida era tão pouca que os intestinos encolhiam.

"Deus me deu forças para combater a ansiedade e a fome que sofríamos", escreveu mais tarde Raúl Bustos à sua mulher, Carolina. "Aqui embaixo a gente quase desmaiou. Eu rezava e pedia por todos nós, caso a morte chegasse, que reagíssemos bem."

NO DÉCIMO PRIMEIRO DIA, SEPÚLVEDA DESMAIOU. As pressões e o estresse da enorme responsabilidade que carregava sobre os ombros pesaram. Ele chorou. Ficou deitado na cama. O capitão da missão estava em ruínas no seu próprio leito.

Os companheiros correram para ajudá-lo. Trazer Sepúlveda de volta era primordial para a sobrevivência do grupo.

"Você não pode nos deixar, Mario. Sem você não vamos conseguir", disse Víctor Zamora.

"Nós éramos uma família", disse Samuel Ávalos. "Quando alguém caía, nós o levantávamos. Mas ele estava desistindo. Simplesmente perdeu as forças, jogou a toalha. Como grupo, entendíamos a pressão que sofria, mas também o fizemos compreender que ele não poderia abandonar o barco. Nós tínhamos oferecido a liderança a ele."

O grupo fez com que Sepúlveda renascesse. Zamora lhe contava piadas. Ávalos começou a fazer grandes caminhadas com ele. "Eu lhe disse: 'Não sacaneia a gente, Perry. Precisamos sair daqui.'"

Quando Sepúlveda voltou à vida, o grupo se uniu. Mais do que nunca, eles apreciavam seu líder excêntrico. Alex Vega disse: "Mesmo com a sua loucura, Mario nos salvou."

OS 33 MINEIROS PRESOS NO INTERIOR de uma mina desmoronada se transformaram, sem querer, no objeto de um experimento cruel, um desafio psicológico único vivido por poucos humanos. Excluídos do mundo, eles habitavam um túnel sem luz natural e — excetuando o som da água — também sem barulhos naturais. Em vez disso, estavam expostos a uma trilha sonora imprevisível, mas contínua, que incluía gritos agudos, gemidos e desprendimentos de pedras. Assim como a própria mina, os homens viviam sob um tremendo estresse.

"O que aconteceu no fundo da mina foram vários fatores que, reunidos, equivalem a uma tortura. Os homens estavam presos lá embaixo. Primeiro, no escuro; em segundo lugar, sem comida; depois, com água ruim. (...) Individualmente podem ser fatores insignificantes, mas juntando tudo temos a receita ideal para um colapso psicológico", disse Dominic Streatfeild, autor de *Brainwash*, um longo estudo sobre o controle da mente e técnicas de interrogatório. "O responsável por um interrogatório deve basear seu diagnóstico na incerteza, no medo da morte iminente, na perda da noção do tempo, na privação sensorial, na falta de rotina. Tudo isso tira o norte dos seres humanos e os deixam sem crenças, e muitos desses fatores estavam presentes na mina."

O jovem Jimmy Sánchez continuava tendo alucinações e sofrendo com pesadelos. Ele imaginava fantasmas de mineiros mortos assombrando as cavernas. Alucinações são tão frequentes entre marinheiros solitários, exploradores perdidos e pescadores isolados que elas se perpetuam, transformadas em lendas ou mitos. A visão lasciva de uma sereia no mar é uma solução fantástica para um desejo profundo. Fantasmas de mineiros mortos também poderiam ser parte de um mesmo estado de consciência. À medida que o calor drenava os líquidos e a energia de seus corpos, muitos homens começaram a buscar Deus.

Mario Sepúlveda teve uma conversa com o Demônio. "Eu costumava rezar num lugar bem isolado, o mesmo local onde Gino Cortés perdera a perna. Numa dessas vezes, eu rezava bem alto quando uma grande pedra desabou do meu lado. Eu sabia que não tinha sido Deus, mas o Demônio. Ele fora até lá por mim. Todos os pelos do meu corpo ficaram eriçados." Sepúlveda começou a gritar para a pedra: "Quanto tempo será preciso até que você entenda? Você também é filho de Deus, seja humilde." Após a confrontação, o Demônio deixou Sepúlveda em paz.

Por todos os cantos da mina os homens viam sombras, figuras e seres que mais tarde desapareceriam. Eles chamavam as aparições de *mineros chicos*, ou "pequenos mineiros". "Havia muita paranormalidade no interior daquela mina", disse Sepúlveda com a convicção de quem acredita no assunto. Em vez de se referirem a si mesmos como os 33 homens, começaram a falar em 34, pois Deus estava com eles, o trigésimo quarto mineiro. Mesmo os não crentes passaram a rezar.

Víctor Zamora começou a descrever saborosas refeições que só poderia degustar em seus sonhos: filés com tomate e cerveja. Apenas Alex Vega conseguiu arranjar algum conforto, como um dos poucos com cama, pois desmantelara o assento de um caminhão, transformando-o numa das melhores coisas para se dormir dentro da caverna. Outro homem confeccionou um jogo de dominó cortando o triângulo de segurança que encontrou num dos veículos. Os mineiros se reuniam em pequenos grupos, em que confessavam seus medos e contavam seus sonhos uns aos outros, além de darem longas caminhadas, como casais, pela escuridão.

Ariel Ticona sofria em agonia íntima. Ele estava para se tornar pai. Sua primeira filha, Carolina, estaria a ponto de nascer, ou já teria nascido? Teria sido um parto saudável? E como estaria a mãe? Enquanto os demais homens viviam esperando o dia do resgate que finalmente os tiraria daquele buraco, Ariel Ticona vivia um calendário diferente. Sua vida estava reduzida a uma única data: 20 de setembro, o dia marcado para o nascimento de sua filha. "Eu estava bem em viver 15 dias sem comida, com água suficiente para encher o estômago", ele disse. "Eu estava preparado para mais um mês, para seguir em frente."

"Eu me entreguei à morte", disse Richard Villarroel, que também estava a menos de um mês de se tornar pai. "Perdi 12 quilos e tinha medo de nunca ver meu bebê. Estávamos tão magros. Eu olhava em volta e via os meus *compañeros*, que pareciam tão mal; aquilo me deixava assustado."

Ainda assim, Villarroel lutou para salvar seus amigos. "Não sei de onde tirei forças. Minha cabeça estava bem, mas eu me levantei da cama e tudo rodava. Estava muito tonto. Eu ia para frente e para trás... mas desceria até o nível noventa, buscaria restos de tubulação, depois subiria a outros níveis e colocaria óleo nos tubos, queimando-os, tentando enviar sinais de fumaça."

Nos pontos mais altos da mina, Villarroel viu rústicas mensagens nas paredes que diziam *"Los 33"* e uma seta laranja com a palavra *"Refugio"*. Nos primeiros e desesperados dias, quando os homens imaginavam que equipes de resgate estariam chegando, usaram tinta spray para indicar a localização do abrigo. Mas, naquele momento, as mensagens pareciam hieróglifos de outras eras.

Enquanto deitavam-se no chão, falando sem parar e morrendo aos poucos, Sepúlveda começou a notar que os homens viviam um sonho coletivo, uma visão utópica de como seria se Deus e os perfuradores colaborassem e providenciassem uma segunda chance às suas vidas. O som da perfuradora estava cada vez mais próximo, mas o delírio tornava difícil sustentar o sonho.

"Tivemos muitos momentos bons, com piadas, alegrias", disse Sepúlveda. "Em certo momento, dissemos: 'Quando sairmos daqui, eles vão nos convidar para uma viagem de avião. O avião vai cair e nós vamos sobreviver. Os 33 mineiros vão sobreviver novamente.' E sempre ríamos disso."

Unido aos amigos mineiros como vítimas de uma profunda injustiça, Franklin Lobos, o jogador de futebol, começou a falar em criar uma fundação sem fins lucrativos, uma expressão tangível de sua visão coletiva, onde poderiam reunir os conhecimentos e promover aumento de salários, além de condições de trabalho dignas para homens e mulheres de todo o planeta. Eles sonhavam com um pacto eterno, os 33 mosqueteiros — um por todos e todos por um.

O fenômeno de situações extremas que geram atitudes positivas e alteram o modo de ver a vida é há muito conhecido pelos líderes religiosos que se abstêm de comida deliberadamente. Para os mineiros, sonhos coletivos de paz e união chegaram facilmente, mas a realidade era muito mais frágil. Laços de família formaram várias panelinhas de mineiros, como tios, primos e irmãos, homens ligados por sangue e tradição. Vinte e cinco deles viviam a duas horas da mina, e compartilhavam a linguagem comum do deserto — um código duro ligado à sobrevivência, muito presente no vocabulário, no sotaque e nos valores, criando uma barreira cultural entre eles e os de fora.

Quando os 33 se reuniam para tomar uma decisão, para rezar ou para comer, um subgrupo de cinco mineiros — todos subcontratados, não oficialmente empregados dos donos da mina — eram deixados de lado. "Tratados como cidadãos de segunda classe", disse um oficial do governo. Os mineiros veteranos tinham pouco em comum, cultural ou verbalmente, com os recém-chegados.

Embora o refúgio fosse um local seguro para dormir, era também incrivelmente quente e cheirava a vestiários lotados de toalhas sujas. O odor era tão forte que Omar Reygadas pegou um trator pesado e começou a demolir a porta principal. O que antes protegia os homens da poeira e da sujeira já não era necessário. Reygadas derrubou toda a parede frontal e atirou os escombros para longe, túnel abaixo. O refúgio continuava com o cheiro de dez homens sujos e suados, mas agora uma corrente de ar ocasional o deixava habitável. Para Franklin Lobos, o ar se transformara em doce perfume.

Dia 14
Quinta-feira, 19 de agosto

Cada grupo de mineiros começou a inventar regras autônomas e também regras para a vida em comum. No entanto, em momentos de crise, essas diferenças eram vencidas por um instinto de sobrevivência ainda mais forte. No décimo quarto dia, os mineiros estavam certos de que a perfuração os alcançaria — mas chegaria a tempo? Os homens elaboraram um intrincado plano de ação: quando a perfuradora estivesse a ponto de surgir no teto, eles se dispersariam por todos os cantos do túnel, cada um deles com uma nota escrita à mão e instruções claras de prendê-las à broca. Os mineiros estavam armados com latas de spray laranja — normalmente usadas por topógrafos — para pintar a perfuradora e alertar a equipe de resgate, dizendo que em algum ponto bem profundo, preso como um animal, pelo menos um dos homens estava vivo. Prepararam equipamentos pesados. Eles usariam a própria perfuradora, conhecida como Jumbo, alargando o túnel para alcançar a perfuradora da equipe de resgate, se necessário. A escavadeira conhecida como Scoop estava pronta para limpar os escombros.

Quando a perfuradora se aproximou mais alguns centímetros, o entusiasmo tomou conta da mina.

Os homens adoraram ouvir o som da máquina. Há 24 horas eles comentavam, animados, os bilhetes que tinham escrito e os planos para alertar os responsáveis do resgate. Sentiam a percussão martelando, logo acima deles. A salvação havia chegado. Até que, nervosos, notaram algo estranho.

A perfuração continuava, mas abaixo deles. A haste fora enterrada a setecentos metros, na direção dos homens, mas errara o alvo. Ao notar que a máquina atingira um nível inferior, eles reviveram toda a agitação e o desespero. A 25 metros abaixo deles, o veículo parou. Acima e abaixo do solo o silêncio era ensurdecedor. Os homens entraram em pânico quando a mais barulhenta das várias brocas estancou de repente. O silêncio era aterrador. Edison Peña começou a gritar que todos morreriam. José Henríquez pediu aos homens que confiassem em Deus.

"Eles começaram a perder a noção do tempo; o desespero se instalou. Homens como Claudio Yáñez não faziam nada além de dormir. Eu comecei a sentir que mais da metade dos homens estavam tomados por tal sentimento. E chorei, muito, mas nunca deixei que me vissem. O círculo estava se fechando: o círculo da morte", disse Samuel Ávalos. "Eu ficava arrasado ao ver Richard Villarroel, cuja esposa estava grávida. Osmán Araya tinha filhos pequenos. E pensei que, embora eu ainda tivesse um filho pequeno, os outros já eram maiores. Imaginava que nunca mais veria o lado de fora. Estava mais preocupado com os meus companheiros. Eles tinham bebês, mulheres grávidas. Aquilo acabava comigo... Ver meus *compañeros* chorando sem parar. Isso era muito difícil. Qualquer um desmoronaria vendo isso, qualquer um."

"Foi o pior momento quando fomos ao nível mais baixo da mina e notamos que a perfuradora tinha ido embora", disse Alex Vega. "Muitos homens decidiram morrer. Começaram a escrever cartas de despedida. Víctor Zamora foi o primeiro, depois Víctor Segovia e Mario Sepúlveda."

"Estávamos na antessala da morte. Eu esperava por ela e estava tranquilo. Sabia que a qualquer momento as luzes se apagariam e seria uma morte digna", disse Sepúlveda. "Preparei meu capacete, minhas coisas, vesti o cinto e arrumei as botas. Queria morrer como um mineiro. Caso me encontrassem, o fariam dignamente, com a cabeça erguida."

Para Claudio Yáñez, a ideia da morte iminente não lhe trazia tanta paz. Há vários dias, seus companheiros tinham começado a insinuar que chegara o momento de tomar medidas drásticas, que chegara o momento de comer a carne do magricelo recém-chegado que aparecera na mina apenas três dias antes do desmoronamento. Algumas vezes Yáñez achava que estavam de brincadeira, mas nunca a ponto de livrar-se por completo do gosto amargo da verdade: o primeiro homem a morrer seria provavelmente cozinhado a fogo lento e transformado em comida para os demais.

Daniel Sanderson, jovem que trabalhava na San José, mas não fazia parte daquele turno desafortunado, foi mais tarde confidente de vários mineiros, que lhe escreveram cartas contando sobre a possibilidade de inanição. "Eles imaginaram que teriam de comer uns aos outros", disse Daniel.

No dia 15 de agosto os homens comeram o que restava dos alimentos. O pregador José Henríquez pediu a todos que dessem as mãos e rezassem para que as duas latas de atum se duplicassem. Os homens obedeceram e juntaram as mãos sobre a caixa de comida. Eles tinham pouco a perder, e todos concordavam que Henríquez fora um salvador e unificara suas forças. Alguns homens sorriam e faziam brincadeiras enquanto rezavam a Deus para que produzisse atum.

Em 21 de agosto, décimo sexto dia, Mario Sepúlveda estava certo de que morreria.

Sem comer há dois dias, ele vomitava a água contaminada. Escreveu uma carta de despedida, oferecendo conselhos ao filho de 13 anos, Francisco: "Lembre-se de Coração Valente, o guerreiro que protegeu seu povo. É isso o que você deve fazer, cuidar e proteger sua mãe, sua irmã... Agora você é o homem da casa."

Capítulo seis

Bonança no fundo da mina

Dia 16
Sábado, 21 de agosto

Oitocentos metros acima da boca da mina San José, numa encosta desolada e cheia de pedras, Eduardo Hurtado e sua equipe de seis homens perfuravam incansavelmente. Do ponto de perfuração eles podiam ver os escritórios abandonados da mina, dois simples barracões de madeira que, como uma cidade fantasma, representavam com perfeição aquele instante de abandono — gavetas abertas e alguns documentos sobre as mesas. Abandonado desde o acidente, o piso estava repleto de poeira do deserto e as janelas de madeira batiam lentamente, movimentadas pelo vento — que não era nem de longe suficiente para refrescar Hurtado e seus homens, que fritavam sob o sol do Atacama. A brisa revigorante chegava à noite, quando o céu ficava repleto de estrelas e a temperatura, abaixo de zero. Ao amanhecer, uma língua de névoa espessa lambia o vale, trazida do oceano Pacífico, criando uma nova camada de frio. Ninguém reclamava. A temperatura era a última de suas preocupações enquanto tentavam colocar uma perfuradora no ângulo certo, em direção ao seu alvo, setecentos metros abaixo.

A equipe de perfuração mantinha a operação viva 24 horas por dia, parando apenas para manutenção às oito da manhã e às oito da noite, a fim de abastecer as engrenagens de óleo e checar o fluido hidráulico. Aquela era uma das nove operações de perfuração que abriam poços distintos, sempre em direção aos mineiros presos no interior da mina, e todas coordenadas por André Sougarret. Cada poço tinha uma equipe de sete pessoas, mas com variações nas técnicas e brocas utilizadas. Sougarret contava com diferentes tecnologias de perfuração. O furo de sondagem 10B era alimentado por uma tecnologia conhecida como *reverse air*, capaz de perfurar 240 metros por dia, mas difícil de ser reorientada em caso de desvio. Já a tecnologia mais lenta, porém mais precisa, conhecida como perfuração diamante, permitia correções na rota.

Como raios de luz, os nove furos de sondagem eram angulados desde cima, lançados em poços profundos e diagonais, na tentativa de atingir um túnel, uma oficina ou mesmo o próprio refúgio. Mapas da mina San José repetidas vezes enganaram os engenheiros, mostrando estruturas inexistentes ou falhando ao destacar reforços de metal que numa fração de segundo podiam destruir uma broca e acabar com uma semana de trabalho. Numa operação normal de perfuração a setecentos metros, quando a velocidade não importa, as perfuradoras têm um raio de operação que pode variar sete por cento, ou seja, oitenta metros de distância do alvo. Nesse caso, o alvo era um mero refúgio com não mais de dez metros de largura e apenas 160 metros quadrados no total.

O tempo para comer era escasso, e a parada num refeitório seria uma interrupção desnecessária. A cada poucos dias, era entregue uma caixa com centenas de sanduíches e água engarrafada, tudo doado pelos donos da Santa Fé, uma mina de ferro próxima. Os trabalhadores do resgate ofereciam os restos a um lagarto azul e verde que vivia entre as pedras vizinhas. "Normalmente, grelhávamos ou cozinhávamos carne ou frango", disse Hurtado. "Mas não era tempo para churrasco, a angústia era grande demais."

Hurtado, aos 53 anos e com quase duas décadas de experiência em operações de perfuração, estava obcecado com o tempo. Enquanto lutava para manter as brocas ativas, os dias voavam. Tinham se passado cinco dias desde que começaram a cavar o último poço? Ou seriam sete? Como a contagem regressiva de uma bomba-relógio, cada segundo deixava os mineiros — caso algum deles ainda estivesse vivo — mais próximos da morte. Para vários trabalhadores do resgate, a mecânica de perfurar um tubo de setecentos metros era desencorajadora e incompreensível. A equipe de Hurtado tinha um conhecimento preciso do desafio; eles chegaram ali 48 horas após o acidente e mal dormiram nas semanas seguintes. "Todos nós tínhamos uma relação obsessiva e mesmo violenta com o tempo", disse ele. "Eu achava que se não chegássemos aos mineiros em um ou dois dias, encontraríamos todos mortos."

Dia 16
Dentro da mina

Com apenas duas latas de atum restantes, os mineiros tomaram mais uma decisão dolorosa. Em vez de uma única porção de comida a cada 48 horas, eles a redividiram para uma porção a cada três dias. Estavam tão exaustos que mesmo uma caminhada até o banheiro, a meros trinta metros da rampa, era uma odisseia. Os mineiros, homens que normalmente trabalhavam em turnos de 12 horas suando, fumando e embrenhando-se na montanha, estavam apáticos, com o espírito de sobrevivência destruído pela fome e pela sensação de abandono. Conservar energia é uma função essencial do corpo humano. Alex Vega, deitado no piso úmido e pedregoso, olhava à sua volta: seus *compañeros* estavam deitados, conversavam, mas raramente se levantavam. "Nós ficávamos apenas deitados", disse ele. "Caminhar era um esforço muito grande."

A saúde dos mineiros se deteriorava muito rápido, estavam a ponto de entrar numa queda livre conhecida como espiral da morte, segundo o doutor Jean Romagnoli, médico chileno que monitorou a condição física e a nutrição dos mineiros. "Se a saúde deles estava aqui", disse, com a mão no alto, "em dois dias cairia até aqui", e desceu a mão rapidamente, como uma guilhotina. Uma simples infecção que causasse diarreia era uma potencial sentença de morte. "Não vou conseguir viver muito mais", escreveu Víctor Zamora, numa carta de despedida com data de 21 de agosto. "A única coisa que posso dizer à minha mulher e aos meus filhos é que sinto muito."

O som das múltiplas brocas perfurando na direção deles era constante. Mas os ecos e os enganos acústicos da mina não permitiam que os mineiros notassem a localização exata do poço que se aproximava. O que soava como um ruído vindo na direção deles poderia estar a dezenas de metros de distância. Após várias tentativas equivocadas, quando as brocas pareciam estar a ponto de atingir o alvo, mas logo se desviavam, o otimismo fora perdido. Porém, ainda assim, eles estavam em alerta, sabiam o que deveriam fazer — tinham ensaiado e montado várias estratégias. Por duas vezes os mineiros se mobilizaram. Agora, eles se perguntavam: teriam uma última chance?

Dia 16
A operação de resgate

Na tarde de sábado, 21 de agosto, o furo de sondagem 10B atingiu 640 metros, menos de sessenta metros do alvo. Que as brocas estivessem tão perto era um tributo às dimensões da operação. Em vários resgates, perfurar sessenta metros de rocha sólida seria um desafio, mas naquele caso era simplesmente o estágio final. Hurtado e sua equipe sabiam que em mais 12 horas de perfuração a sonda 10B atingiria o alvo. Também sabiam que a broca estava um pouco fora de prumo.

Nelson Flores, operador-chefe, lutava para manter a precisão da broca com uma série de coordenadas de GPS vindas de um programa de computador chamado Vulcan, ferramenta usada em todo o mundo, que a partir de mapas digitais precisos monitora a trajetória da perfuradora. Ao projetar a curvatura da parábola da broca, o Vulcan permite que engenheiros guiem a sonda de perfuração em direção ao alvo final. Flores também pedia ajuda ao céu. Todos os dias, quando chegava à perfuradora, metia a mão cuidadosamente no bolso e retirava dali um rosário, que pendurava nos controles com delicadeza. O rosário pertencera à filha de 16 anos, morta um ano antes. Enquanto perfurava, o rosário se agitava levemente.

Agora Sougarret precisava de um milagre híbrido. O grupo liderado por Hurtado mantivera a broca avançando com rapidez, quase chegando ao alvo. O desvio era pequeno, mas projeções para os metros restantes indicavam que a sonda de perfuração poderia perder as coordenadas do alvo. "Não tínhamos muita fé que alcançaria. (...) Precisávamos que descesse mais verticalmente e mudasse de direção. E foi o que aconteceu no trecho final, o mais difícil", disse Sougarret.

Dia 17
Do lado de fora

Ao atingir 660 metros, Flores diminuiu a velocidade da perfuração. Em vez das normais vinte rotações por minuto, ela caiu para cinco. O objetivo não era romper as paredes do túnel, mas abrir um buraco com calma. Operando à velocidade total, a broca poderia lançar pedaços de pedra em todas as direções, que se transformariam em mísseis capazes de ferir ou mesmo matar um mineiro.

Por volta das quatro da manhã, uma pequena multidão se postara ao redor da sonda de perfuração 10B. A noite estava tranquila, o vento e a névoa tão comuns por ali não tinham aparecido. Apesar das recentes falhas com outras brocas, o estado de ânimo era elétrico. Refletores iluminavam a cena como um set de cinema, lançando grandes sombras nas pilhas de pedra amontoadas ao redor. O barulho da máquina de perfuração em funcionamento era interrompido por frequentes pausas.

Como uma linha de pesca dançando na água, o ângulo de perfuração naqueles últimos metros foi levemente alterado. Após duas semanas com a natureza frustrando todos os seus esforços, Sougarret e Hurtado eram recompensados com uma surpresa positiva. A broca, de alguma forma, corrigira o curso. "Em perfurações, acontecem coisas que não têm lógica na engenharia. E eu acho que algo aconteceu", disse Sougarret, ao tentar explicar a correção do último minuto. Perguntado se poderia se tratar de um milagre, ele foi cauteloso. "Nós tivemos sorte... ou ajuda."

Às 5h50, quando a broca ultrapassava os 688 metros, Flores sentiu que entrara numa breve queda livre. Já não havia resistência, tinham atingido um espaço aberto de quase quatro metros de profundidade.

Dia 17
Dentro da mina

Praticamente sem qualquer vestígio de energia, os mineiros havia um bom tempo tinham abandonado a ideia de permanecerem acordados durante a noite, esperando a chegada de uma broca. Dormir nunca fora fácil. O ar úmido, o chão molhado e o ambiente tenso sempre conspiraram contra o sono profundo. Partidas de dominó que viravam a noite ajudavam a lidar melhor com a insônia e a combater o terror de morrerem de fome.

Às 5h50, o som de uma broca ativa, quebrando rochas e levantando um ruído cada vez mais intenso, quebrou a calma dentro do túnel molhado e escorregadio. "Eu estava acordado, jogando dominó", disse Richard Villarroel, que estava no refúgio. "Quando a broca chegou, foi o momento mais maravilhoso para todos nós. Olhávamos para ela deslumbrados. Ainda levamos alguns instantes para entender a importância do que acontecera. Aí, sim, começamos a nos abraçar e a festejar. Finalmente compreendemos a realidade: eles iriam nos salvar." O caos alastrou-se. "Foi uma loucura. As pessoas corriam para todos os lados", disse Villarroel. "Eu buscava algo para bater no tubo."

Dia 17
A operação de resgate

Sob a luz do amanhecer, na base de operações do lado de fora, os trabalhadores saltavam, se abraçavam e gritavam, esperando instruções de Hurtado. Flores imediatamente desligou a broca.

Com todos reunidos em volta do poço, em silêncio, Gabriel Diaz, um assistente da operação, estava pronto, com um martelo de sete quilos nas mãos. Ele bateu três vezes no tubo. Imediatamente, Hurtado colou seu ouvido ao tubo. Ele ouviu batidas fracas e ritmadas vindas lá de dentro. "Era como se alguém batesse no tubo com uma colher", disse Hurtado. Pouco tempo depois, uma série de sons metálicos surgiu lá de baixo, dando sinais indiscutíveis de vida.

Os ecos que vinham do interior da mina eram óbvios: como poderia restar dúvida de que lá nas profundezas alguém batia no tubo? Mas Hurtado e sua equipe estavam receosos. Uma semana antes, outra broca usada para perfurar a San José causara a mesma impressão: após atingir quinhentos metros de profundidade, os perfuradores escutaram percussões rítmicas. Então, uma câmera de vídeo foi posta no interior da mina e os homens não acreditaram no que viram: nenhum sinal de vida. Nenhum mineiro. Teriam imaginado vida lá embaixo? A mina brincava com eles?

O ministro Golborne e Sougarret correram à sonda de perfuração. Como um médico em busca do pulso do paciente, Sougarret usou um estetoscópio para amplificar os ruídos distantes. Alguém dava golpes no tubo. Golborne começou a abraçar a equipe de resgate, depois, maravilhado, tirou o capacete e começou a descer a encosta, determinado a ser o primeiro a informar às famílias. Tenda a tenda, o ministro espalhou uma mensagem cautelosa: "Teremos novidades hoje. Fiquem atentos." Todo o acampamento se agitou, ansioso. Jornalistas cercaram o ministro em busca de respostas. Ele permaneceu enigmático, dizendo apenas que o presidente chegaria ali. Os familiares deixaram de lado sua letargia, agitando bandeiras do Chile e cantando: "*Viva Chile!*"

Dia 17
Dentro da mina

De todas as direções, mineiros correram para ver a broca, com latas de tinta em spray nas mãos, determinados a pintá-la. "Tínhamos medo de que fosse embora. Precisávamos ser rápidos", disse Alex Vega, que relatou como os homens se esqueceram do protocolo tantas vezes ensaiado: "Nós deveríamos primeiro estabilizar a área, fazer com que as pedras soltas no teto caíssem no chão, depois prender as mensagens, mas tudo aconteceu tão rápido que fizemos ao contrário: partimos para cima da broca com o teto ainda em perigo."

Usando uma chave inglesa pesada, do tamanho de um taco de beisebol, Villarroel começou a bater no tubo. Um barulho ecoou no interior do túnel. Mas teria chegado lá em cima? Villarroel trocou por um tubo de ferro de uma das máquinas da mina. Ferro contra ferro, a combinação soava como um gongo. Os mineiros se revezavam batendo na haste da broca.

Com pedaços de pedra vacilantes sobre suas cabeças, eles amarraram cartas e notas à haste da perfuradora. Mario Gómez e José Ojeda prenderam suas mensagens — à esposa e à equipe de resgate, respectivamente. Outros homens amarraram suas notas à então parada broca. Mario Sepúlveda tirou sua cueca e arrancou o elástico, que usou para prender as mensagens à haste da perfuradora.

Durante uma hora, os homens bateram no tubo. Depois o pintaram até que os sprays acabassem. E só então, lentamente, a broca começou a subir. De novo os homens estavam sozinhos. Naquele momento, a atmosfera dentro dos túneis se transformou, com um misterioso sentimento de ressurreição tomando conta de tudo. Após estarem na iminência da inanição, do canibalismo e de uma morte tortuosa e lenta, os homens de repente estavam a poucas horas de receber uma resposta divina às suas rezas: comida.

Dia 17
A operação de resgate

De volta ao furo de sondagem 10B, Hurtado e sua equipe deram início à árdua tarefa de retirar os 114 tubos que, unidos, formavam os quase setecentos metros daquele poço de metal. Desmontar o poço, dividido em segmentos de seis metros, com cada um deles pesando 180 quilos, era tarefa para seis horas.

Pela manhã, enquanto os assistentes o mantinham atualizado, o presidente Piñera estava tomado por outro assunto urgente: seu sogro, Eduardo Morel Chaigneau, de 87 anos, estava morrendo. Junto à esposa, Cecilia Morel, Piñera estava ao lado do leito de Chaigneau, dizendo ao homem à beira da morte que os mineiros enviavam sinais de vida. Oficiais da Força Aérea preparavam o avião do presidente. Ao meio-dia, Morel parou de respirar. Uma hora mais tarde, Piñera correu ao aeroporto de Santiago e, num pequeno avião, acompanhado do ministro do Interior, Rodrigo Hinzpeter, voou para Copiapó.

Ainda antes da chegada de Piñera, a última parte da perfuradora foi removida. Eduardo Hurtado olhou para a tubulação lamacenta e notou uma mancha laranja na haste, logo acima da broca. Seria uma mensagem? Para limpar a sujeira, Hurtado pegou um galão de água e jogou sobre a broca, ensopando Golborne. "Sinto muito, ministro", disse Hurtado, enquanto limpava a haste, revelando uma mancha laranja bruta. "Esta marca não é nossa", disse Hurtado. "Ministro, isto é um sinal de vida."

Às duas da tarde, Golborne inspecionou o tubo. Ter ouvido um ressoar distante encorajara o ministro, mas ali estava uma evidência pintada pelos próprios sobreviventes. Segundos mais tarde, quando a broca saiu por completo do poço, os homens encontraram uma bolsa de plástico amarela atada à ponta. Estava presa com cabos e o elástico da cueca de Sepúlveda. A equipe removeu os cabos e limpou as camadas de sujeira do embrulho empapado. Golborne abriu os pequenos pedaços de papel como se fossem presentes delicados. Começou a ler em voz alta as páginas arrancadas de um caderno. Uma mensagem das profundezas. "A broca chegou no [nível] 44 (...) num canto do teto, do lado direito (...) um pouco de água escorreu. Nós estamos no abrigo (...) que Deus os ilumine. Atenciosamente, Mario Gómez."

Do outro lado havia mais escritos. Golborne mais uma vez leu em voz alta para a multidão silenciosa. "Querida Lily, tenha paciência, eu quero sair logo daqui (...)" E continuou a ler em silêncio, depois disse: "Isso é pessoal." Golborne cuidadosamente reuniu o que restava da carta e, junto a Sougarret, os dois se prepararam para subir numa picape e descer a encosta. O protocolo pesava para os dois homens, estavam determinados a contar tudo às famílias antes que a notícia vazasse.

Francisco Poyanco, técnico dos equipamentos de perfuração, era o responsável por empilhar os canos de metal que subiam do poço. E o último tubo, no qual Golborne encontrara o bilhete, estava repleto de sujeira e terra vindas do interior da mina. Poyanco começou a reunir as bolsas de nylon e os cabos que prendiam o bilhete de Gómez. Semienterrada naquela imundície, surgiu uma massa de cadarços. Poyanco a pegou e descobriu outro pequeno pacote amarrado — um novo bilhete dos homens soterrados. Ele ficou agitado, pensando que seria uma lembrança que poderia levar para casa. Ao abrir o bilhete, no entanto, sentiu calafrios: *"Estamos bien en el refugio los 33."* ["Estamos bem no refúgio os 33."] Em claras letras vermelhas, equilibradamente espaçadas e escritas com calma, estava a prova da salvação: os homens estavam vivos.

Poyanco correu em direção a Golborne, carregando o pedaço de papel que encontrara no meio da lama. Ele começou a gritar que todos os homens estavam vivos. Hurtado o ouviu. Golborne ficou parado, depois, vendo que Poyanco tinha um bilhete nas mãos, pediu que o lesse em voz alta. O assistente de 33 anos abriu a nota e leu as sete palavras: *"Estamos bien en el refugio los 33."* O campo de perfuração explodiu. Como espectadores de um jogo de futebol após um gol espetacular, os engenheiros, ainda de capacetes, atiraram os braços para cima, pulando e se abraçando.

A reação de Cristian Gonzalez, de 22 anos, técnico mineiro que trabalhava para o pai na mina San José, foi instantânea. Ele desceu correndo em direção ao acampamento Esperanza, gritando: "Eles estão vivos! Eles estão vivos! Mandaram uma mensagem dizendo que estão bem, mas não podem nos dizer mais nada!" Mais tarde, Gonzalez defendeu sua quebra de protocolo. "Eu conhecia aqueles mineiros. Trabalhei sete meses naquela mina e sou muito amigo de Claudio Acuña e de José Ojeda", disse ele. "Prometi às suas famílias que, assim que tivesse notícias, contaria."

Dia 17
Dentro da mina

Quando a perfuradora foi embora, Zamora tomou à frente no trabalho de reforço do teto. Era exatamente a mesma missão que completara nas estressantes últimas horas do dia 5 de agosto, quando já havia notado que o desmoronamento era iminente, mas recebera ordens para continuar a trabalhar. Zamora limpou os escombros do teto com uma paixão renovada — sua salvação dependia da integridade daquele único poço. Um terremoto poderia isolá-los novamente. Todos os homens dentro do túnel e todos os envolvidos no resgate entenderam que os mineiros ainda estavam longe de serem resgatados. Naquele momento, a missão mais urgente era fazer chegar nutrientes e remédios ao fundo da mina.

Dia 17
A operação de resgate

Às 14h30, o presidente Piñera chegou ao acampamento Esperanza, aumentando o nível de urgência e expectativa do já frenético cenário. Após um breve encontro com os familiares, Piñera se aproximou de uma horda de jornalistas. Flanqueado pelos parentes e pela senadora Isabel Allende, filha do ex-presidente Salvador Allende, Piñera segurou uma bolsa de plástico com o bilhete escrito pelo mineiro José Ojeda, lendo-o em voz alta:

"*Estamos bien en el refugio los 33.*" "Isto surgiu hoje, do fundo da montanha, o ponto mais profundo da mina", disse o presidente, mal podendo abrir os olhos sob o forte sol do deserto. "É uma mensagem dos mineiros dizendo que estão vivos, unidos e desejosos de ver a luz do dia, de abraçar suas famílias."

Carolina Lobos, que passara 17 dias dormindo abraçada à camiseta Nike preta e branca do pai, disse: "Eu chorei quando escutei que estavam bem. (...) Todos gritavam: 'Eles estão vivos! Eles estão vivos!' Eu fiquei em choque. Liguei para minha mãe e disse: 'Mãe, eles estão vivos! Tchau!' (...) Eu chorei de alegria. Abracei Kristian Jahn [funcionário do governo que supervisionava os psicólogos]. Ele foi o lenço que enxugou as minhas lágrimas."

O acampamento Esperanza se transformou numa cena delirante de lágrimas, sorrisos, abraços e bandeiras ondulantes. Num movimento espontâneo, centenas de familiares subiram a encosta para estar ao lado das 33 bandeiras que há tempos simbolizavam sua vigília de fé. Cada uma tinha o nome de um mineiro escrito à mão. Cada mastro estava repleto de cera de vela derretida. Enquanto cantavam alto o hino nacional, o presidente Piñera — parte da multidão — se juntou a eles.

Em poucos minutos a mensagem se espalhou pelo país. Estranhos se abraçavam no metrô e nas ruas. Os mineiros estavam vivos! Todos eles! Motoristas tocaram suas buzinas. Centenas de pessoas correram às ruas de Santiago e seguiram à Plaza Italia, onde normalmente são festejadas as vitórias do futebol. Agiam como se a nação tivesse ganhado a Copa do Mundo — era um levante de felicidade, um levante patriótico.

Enquanto o país festejava, o grupo de resgate reuniu-se para desenhar as prioridades a longo prazo. Ninguém estava satisfeito com apenas uma *paloma* chegando aos mineiros. Eles precisariam de três poços distintos. Talvez mais. Um terremoto ou um deslizamento poderiam destruir a frágil conexão que mantinham naquele momento — um desastre que os levaria de volta ao Dia

1 e faria com que os mineiros quase certamente morressem, já que não contavam com reserva de alimentos. *Paloma 1* foi rapidamente designada para o envio de comida e água. O segundo poço enviaria oxigênio enriquecido, água e eletricidade. A linha de oxigênio fora desenhada para injetar ar frio na caverna, numa tentativa de baixar a temperatura sufocante. E o mesmo poço também estabeleceria uma conexão permanente em fibra ótica, permitindo aos homens se comunicarem com seus familiares cara a cara. O terceiro deveria chegar a um ponto mais distante do local onde os homens viviam. Seria usado para o eventual resgate. Embora não estivesse claro como os mineiros sairiam de lá, uma teoria dizia que os responsáveis pelo resgate deveriam abrir um furo de sondagem e depois aumentá-lo, até que fosse grande o suficiente para que os homens subissem espremidos através dele. Tal opção foi deliberadamente distanciada de outra, mais ligada às funções diárias. Para o poço de resgate, a equipe deveria ter como alvo uma oficina mecânica quatrocentos metros acima do local onde viviam os homens. Era um alvo maior que proporcionava um bom cenário para o resgate final. Apesar dos planos a longo prazo, todos sabiam que estavam longe daquele momento fantástico. Naquele instante, os homens precisavam de remédios, comida e um plano de sobrevivência.

Se os mineiros presos fossem da geração anterior, a comunicação se restringiria a cartas escritas à mão e telefone. Agora, cuidadosamente, os engenheiros desceram ao fundo da mina uma câmera de vídeo para reunir dados sobre a condição dos mineiros.

Dia 17
Dentro da mina

Enquanto esperavam sinais vindos de cima, os mineiros observavam o poço. As lanternas iluminavam um túnel úmido que rapidamente engolia a luz. Depois de nove metros eles não viam nada. Água escorria entre eles enquanto se reuniam por ali, olhando para cima sem parar. Uma corrente de ar frio desceu pelo tubo, sendo a segunda coisa bem-vinda a chegar por ali. Todos os homens se uniram. Abraçando-se e limpando o suor, já estavam distantes da sensação de pânico e terror dos dias anteriores. A comida não havia chegado, mas a fome aplacara, a ponto de desaparecer. Agora eles estavam tomados por uma excitação, uma resposta às suas rezas, uma renovada fé de que ganhariam uma segunda vida.

Começaram a especular: o que seria enviado primeiro? Uma refeição quente? Sabonete e xampu? Escovas de dente limpas? Manual de instruções para a sobrevivência? Cada um deixou sua imaginação correr livre. Até a habilidade de fantasiar sobre simples prazeres, presentinhos e entregas vindas lá de cima alimentavam o espírito coletivo.

Três horas mais tarde, uma luz tímida começou a descer: um pequeno objeto estava sendo entregue. Os homens se reuniram ao redor do poço, olhando para cima e imaginando, em voz alta, o que seria aquela primeira e histórica entrega. "Primeiro eu imaginei que fosse um chuveiro", disse Pablo Rojas, descrevendo um tubo com uma estrutura em forma de bulbo na ponta. Quando o objeto surgiu no teto, via-se claramente um aparelho de alta tecnologia, embora nenhum deles jamais tenha visto algo parecido. A minicâmera foi imediatamente posta no chão. Como se fosse um inseto robotizado, uma lente se abriu e a câmera começou a girar e se erguer — era uma câmera de vídeo com controle remoto, mas e o som? Aquela máquina seria capaz de ouvir?

Pablo Rojas se aproximou da câmera. "O que é essa droga?", pensou, aproximando o rosto para inspecionar a câmera que girava e se erguia. Luis Urzúa, chefe de turno, começou a falar com a máquina: "Se você pode me ouvir, levante a câmera", pediu.

Os homens esperaram. A câmera desceu. Todos sorriram, tontos com aquela mistura de adrenalina e excitação. Durante vinte minutos a câmera rodopiou e gravou, depois começou a subir, lentamente. Pablo Rojas observou a câmera desaparecer no buraco. "Eu quis me agarrar a ela, fazendo com que me levasse para fora, mas eu não caberia ali."

Dia 17
A operação de resgate acima do solo

Enquanto o mundo era despertado para as notícias dos chilenos, os engenheiros tentavam furiosamente consertar o áudio da câmera de vídeo. A delicada máquina fora danificada pelo contato com a água. O áudio se perdera.

As imagens enviadas ao escritório de comunicações eram misteriosas e complicadas de serem decifradas. Luzes turvas se acendiam ao fundo, obviamente as lanternas dos capacetes dos mineiros que se reuniram próximos à câmera. Mas as baixas condições de iluminação deixaram a resolução da imagem tão granulada que a equipe de resgate mal podia intuir os rostos que viam. Mesmo frustrados com a falta de áudio, os homens pareciam estar de pé e se movimentavam. Para cada pergunta respondida surgia uma dúzia de novas: quais eram os danos? Algum dos homens tinha sido gravemente ferido? Após 17 dias com tão pouca comida, teriam desenvolvido doenças que ameaçariam suas vidas?

Duas horas mais tarde, o vídeo foi mostrado aos familiares no acampamento Esperanza, projetado na lateral de uma tenda. As imagens em preto e branco eram quase irreconhecíveis. Num ângulo ruim, com apenas uma fração dos rostos à mostra, um par de olhos pôde ser visto. Os olhos curiosos e assombrados de Florencio Ávalos. Ou seriam de Luis Urzúa? Ou de Esteban Rojas? Vários familiares afirmaram serem os olhos de um parente seu. Mas, na verdade, as imagens escuras e embaçadas eram tão pouco nítidas que permitiam a todos a certeza de que seus entes queridos estavam vivos. Um verdadeiro teste de Rorschach[1] a setecentos metros.

Com a angústia e o desespero temporariamente amenizados por uma sensação de poder, o acampamento Esperanza se transformou num altar aos vivos.

Com fogueiras crepitando e música tocando, o acampamento ressurgiu à vida, com bailes até depois de meia-noite. Às duas da manhã, enquanto as famílias festejavam na rochosa pista de dança, voluntários lhes ofereceram ovos cozidos, salsichas e frango grelhado. Paul Vásquez, humorista nacionalmente conhecido como El Flaco [O Magro], fez uma performance, enquanto Juan Barraza, padre local, oferecia uma sessão de rezas numa tenda adjacente.

Barraza foi encorajado pelo cenário. "Saber que estavam vivos permitiu a todos expressar muitas emoções que vinham suprimindo. Foi como abrir uma panela de pressão. Naquele momento todos diziam: 'Não voltaremos para casa sem eles.'"

1 Teste projetivo psicológico que visa analisar a personalidade da pessoa através da interpretação de desenhos abstratos. (N. do E.)

A mina San José está localizada num ponto remoto do Deserto do Atacama, ao norte do Chile, como mostra a fotografia da NASA (abaixo). Ela era tão desconhecida que placas de estrada feitas à mão foram postas para os trabalhadores do resgate. Entre elas esta indicando "Força".

Este ponto do deserto permaneceu praticamente desconhecido de todo o mundo até o dia cinco de agosto de 2010, quando a mina de ouro e cobre desmoronou. As perigosas condições da estrada são sinalizadas por pequenos altares (à esquerda) conhecidos como "animatas", que guiam as almas das vítimas de acidentes.

ima: A boca da mina San José era tão assustadora que os mineiros stumavam rezar, pedindo para sobreviver aos seus turnos.

RICHARD VILLARROEL · ALEX VEGA · ARIEL TICONA · CARLOS BARRIOS
SAMUEL ÁVALOS · DANIEL HERRERA · DARÍO SEGOVIA · EDISON PEÑA
JOSÉ HENRÍQUEZ · JOSÉ OJEDA · JUAN ÁGUILA
MARIO SEPÚLVEDA · OMAR REYGADAS · OSMÁN ARAYA

Os 33 mineiros, cujas idades variavam dos 19 anos de Jimmy Sánchez aos 64 de Mario Gómez. O chefe de turno Luis Urzúa era o encarregado no dia do desmoronamento, mas Mario Sepúlveda, líder carismático e bem humorado, logo tomou as rédeas do poder. Yonni Barrios ficou famoso por ter a esposa e a amante à espera do resgate, e se manteve ocupado como médico não oficial enquanto todos estavam presos no interior da mina. Eles se salvaram ao se reunirem num pequeno refúgio (placa do refúgio, abaixo).

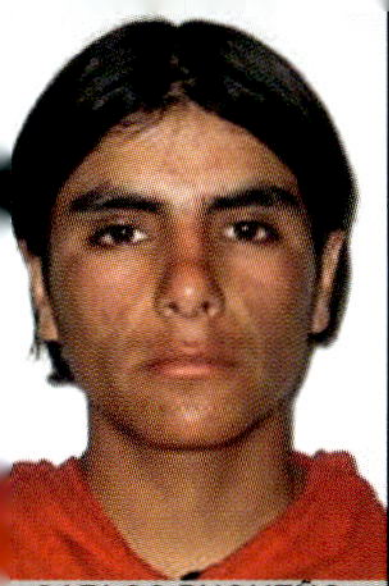
CARLOS BUGUEÑO

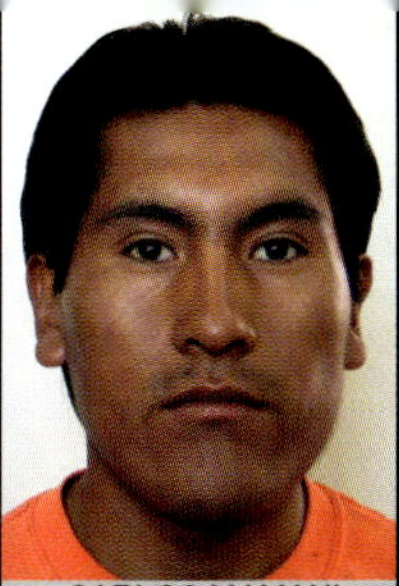
CARLOS MAMANI

CLAUDIO ACUÑA

CLAUDIO YAÑEZ

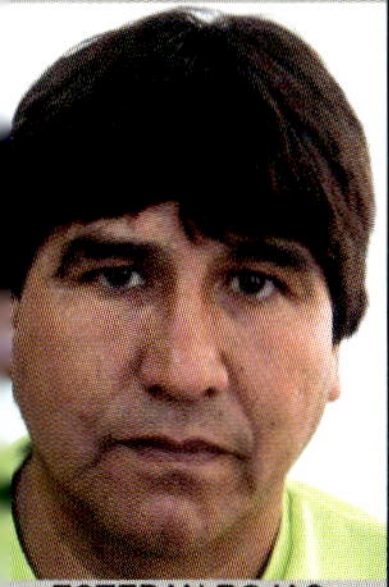
ESTEBAN ROJAS

FLORENCIO ÁVALOS

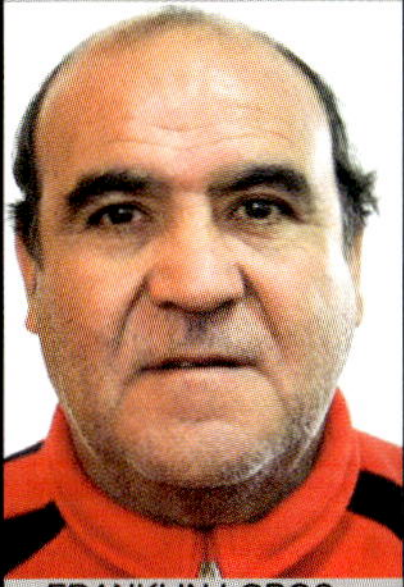
FRANKLIN LOBOS

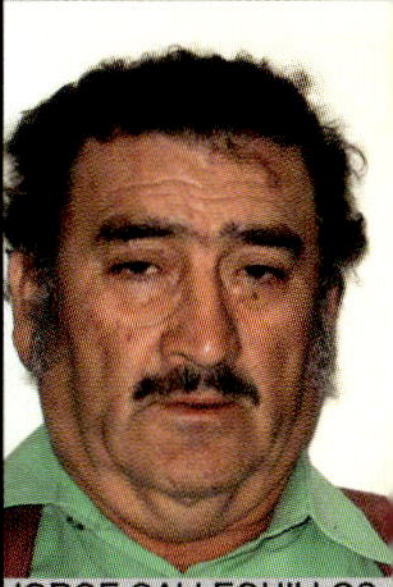
JORGE GALLEGUILLOS

JUAN ILLANES

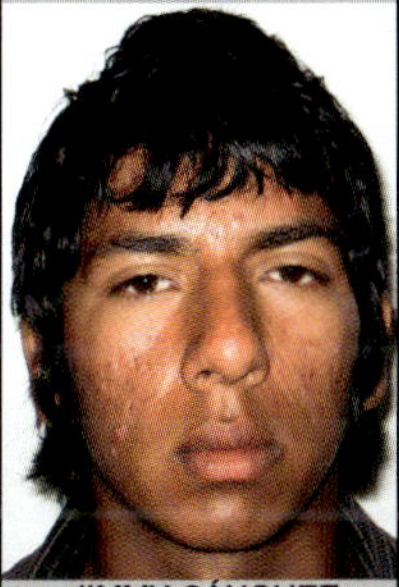
JIMMY SÁNCHEZ

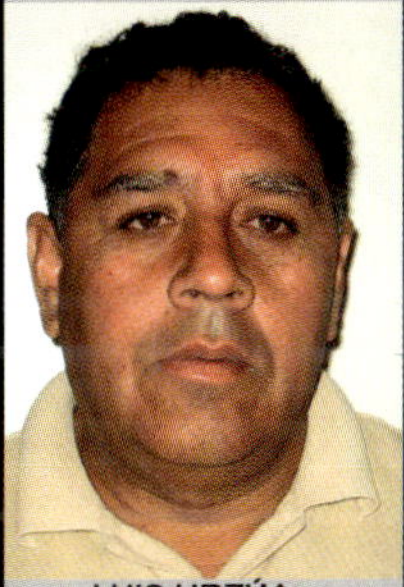
LUIS URZÚA

MARIO GÓMEZ

PABLO ROJAS

PEDRO CORTEZ

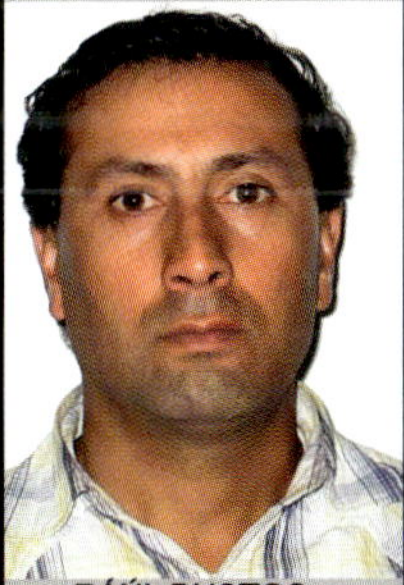
RÁUL BUSTOS

RENAN ÁVALOS

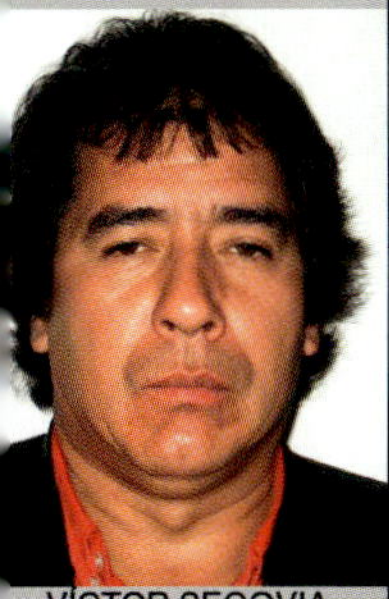
VÍCTOR SEGOVIA

VÍCTOR ZAMORA

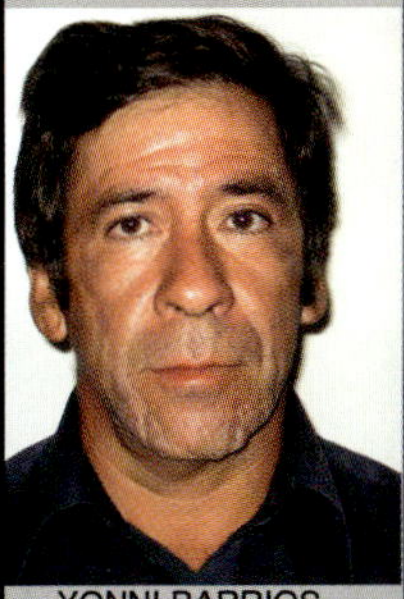
YONNI BARRIOS

Canto superior esquerdo: Poucas horas após o desmoronamento da mina San José, no dia cinco de agosto, familiares dos trabalhadores, preocupados, correram para o remoto local. Pedro Simonovic, um dos principais administradores da mina, repassa as últimas notícias aos familiares.

Canto superior direito: O ministro da mineração, Laurence Golborne, recebeu muitos elogios por seus encontros honestos e imediatos com as famílias.

Direita: O terreno estéril onde ficava a mina não passava de uma pilha de pedras, onde as famílias eram recebiam alimentos das autoridades locais enquanto esperavam notícias.

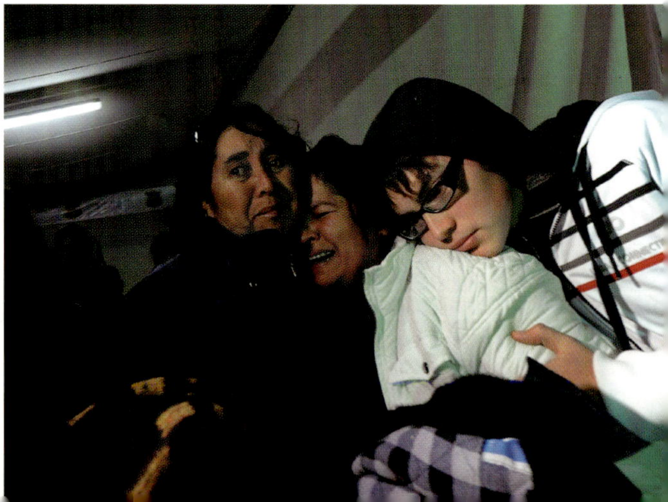

Direita: Frente às primeiras notícias sugerindo que o trabalho de resgate seria complicado, se não impossível, os familiares choravam enquanto se acostumavam à ideia.

Acima: Para encontrar os mineiros, os primeiros esforços de resgate buscaram cavar ou construir túneis entre os escombros. No entanto, devido aos constantes desmoronamentos, os trabalhadores do salvamento foram obrigados a esperar do lado de fora da mina, impotentes.

Acima, à direita: Inicialmente, o campo de resgate não tinha qualquer infraestrutura, o que forçou as escavadoras a aplanar as áreas onde seriam instaladas as perfuradoras.

Abaixo: No dia 10 de agosto, uma missa reuniu centenas de amigos e familiares dos mineiros. Religiosa mesmo antes do acidente, a comunidade mineira tornou-se extremamente devota, convencida de que sua fé os salvaria.

Por quase duas semanas do mês de agosto, os homens do resgate trabalharam todas as noites do frio inverno em busca dos mineiros, perfurando mais de uma dúzia de buracos de resgate. O som da perfuração era reconfortante tanto para os mineiros presos sob a terra quanto para os familiares, sendo um símbolo de que o salvamento estava a caminho.

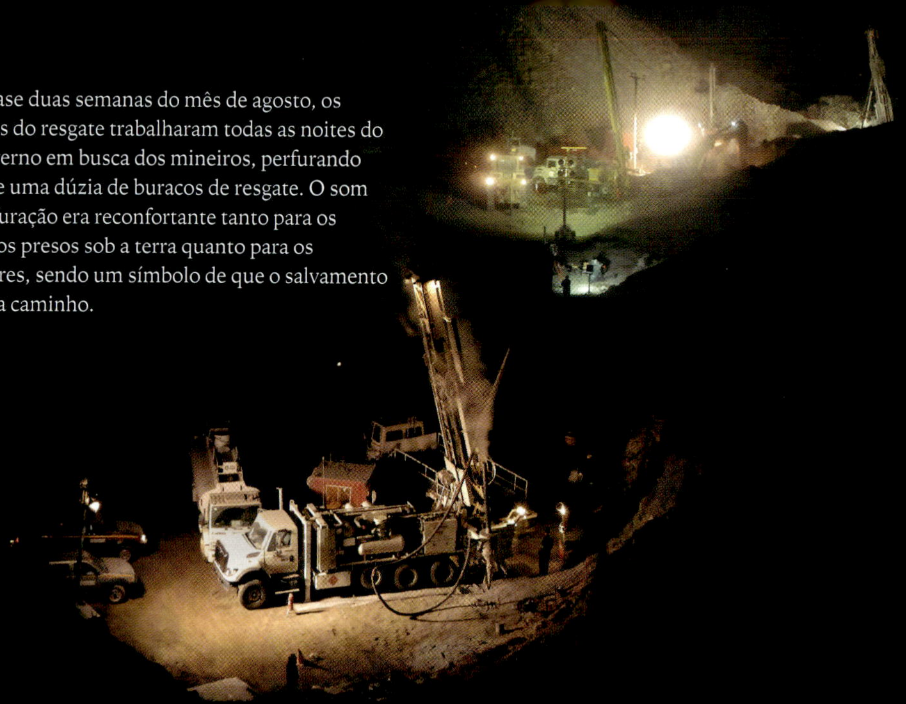

Abaixo: Com velas para iluminar o caminho à mina, familiares nunca deixaram de lado a esperança de que as brocas poderiam encontrar seus queridos desaparecidos.

No dia 22 de agosto, após 17 dias sem notícias, o acampamento Esperanza explodiu em abraços e felicidade (*boxe*) quando o presidente do Chile, Sebastian Piñera, anunciou que os mineiros tinham enviado um bilhete dizendo: "Estamos bem no refúgio, os 33."

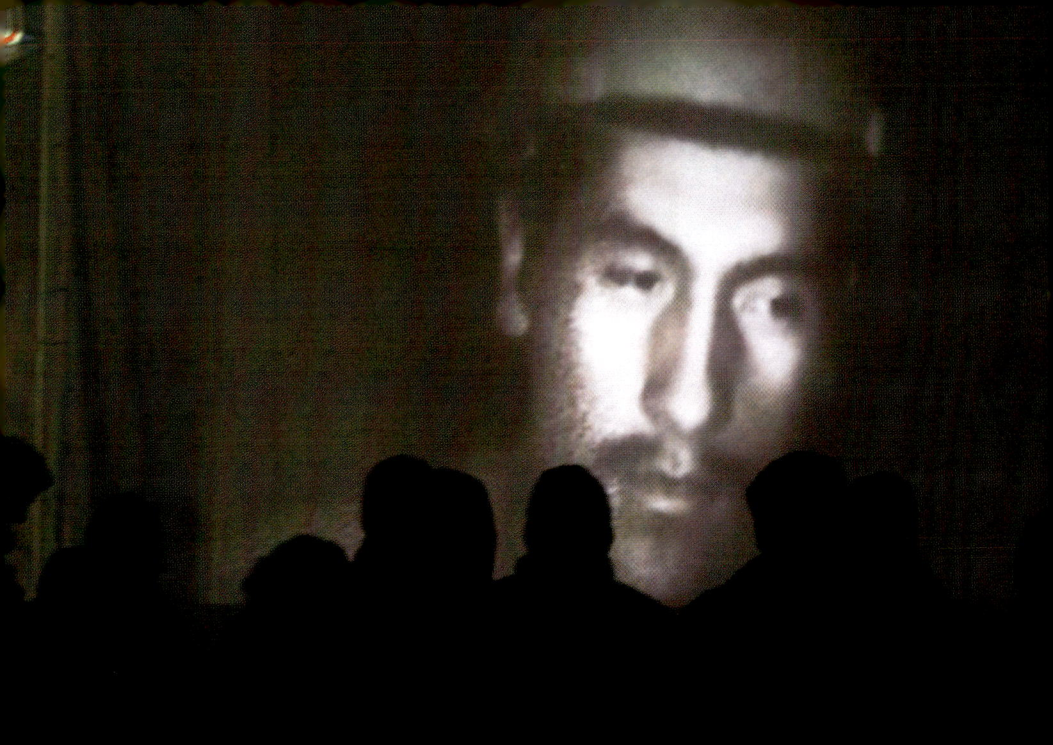

Acima: As famílias se reuniram para ver o primeiro vídeo dos mineiros. Após semanas de desespero, as notícias eram incrivelmente positivas — nenhum deles estava gravemente ferido.

Centro: Mesmo com as terríveis condições e a espera, que poderia ser de meses, os mineiros demonstraram bravura e união nos vídeos enviados para o lado de fora. Funcionários do governo censuraram com mão de ferro as imagens chegados do interior da mina.

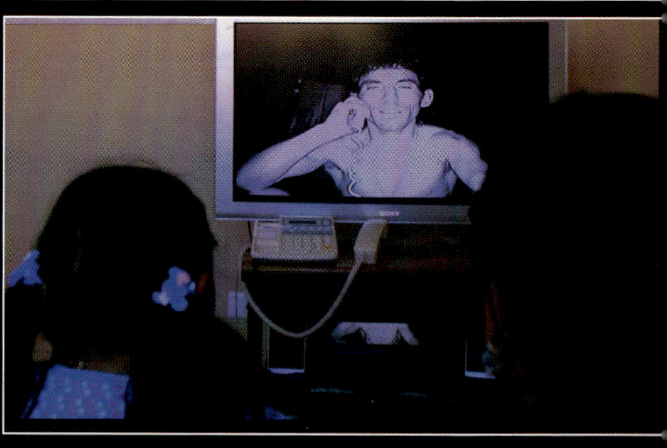

Abaixo: Por volta do início de setembro, o governo montou um sistema de videoconferência que permitiu aos mineiros e seus familiares manter contato audiovisual.

ramática história dos mineiros cativou o mundo, levando cerca de
s mil jornalistas à mina San José.

Boxe: Lisette e Bastian Gallardo, netos de Mario Gómez, um dos 33 mineiros, brincam entre as bandeiras postas na colina acima do acampamento Esperanza.

Sentido horário a partir do canto superior esquerdo: Jonathan Franklin, autor deste livro, teve acesso à primeira linha da operação de resgate e observou o procedimento de envio de comida e remédios aos mineiros. Usando pequenos tubos, os técnicos, incluindo o ministro Golborne (acima, à direita), conseguiram mantê-los vivos por semanas, enquanto se desenhava um plano de resgate. Cartas foram enviadas nos dois sentidos em pequenos frascos de plástico (ao centro, à direita), ao mesmo tempo em que escrevê-las (abaixo, à direita) transformou-se numa paixão para muitos familiares. (Abaixo, à direita) Trinta e três velas para os mineiros, um altar singular construído na encosta rochosa. Verônica Quispe segura uma foto do seu marido, o boliviano Carlos Mamani (abaixo), do lado de fora da mina San José.

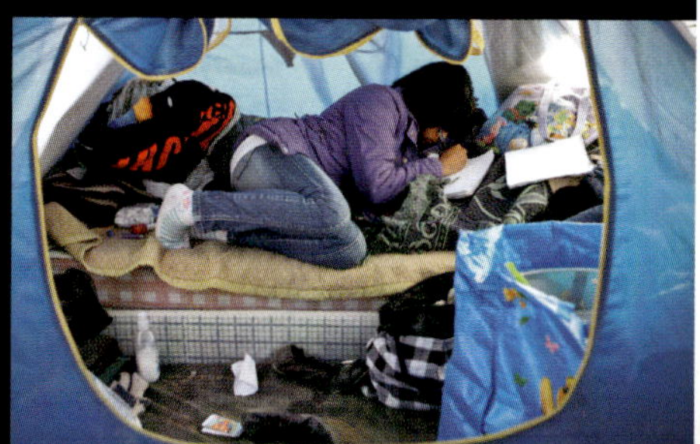

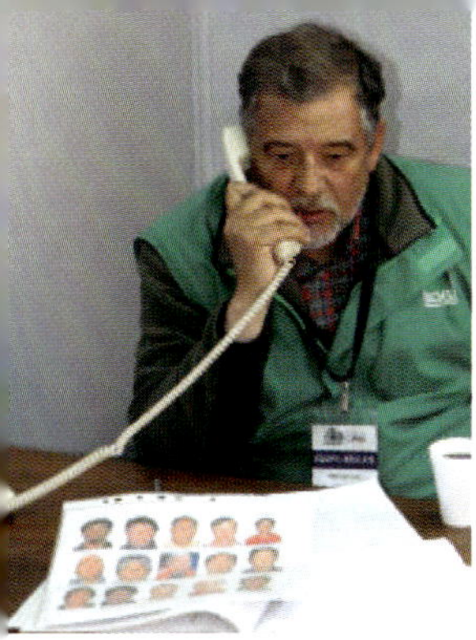

:anto superior esquerdo: O
:abalho do psicólogo Alberto
:urra era quase missão
npossível: manter os 33 mineiros
nidos durante os dias que
assaram presos.

:anto superior direito: André Sougarret,
ngenheiro líder na operação de resgate,
ncontrou-se diariamente com a imprensa,
xplicando os desafios de perfurar um poço de
esgate com setecentos metros de profundidade.

)ireita: Jonathan Franklin conversando com o
residente Piñera.

baixo: A neblina matinal transformando o
campamento da mídia num mundo de sombras e
nistérios.

Canto superior esquerdo: A perfuradora Strata 950 avançava lentamente durante o primeiro mês. No início de setembro, o governo começou a levar em consideração outras opções que poderiam alcançar os mineiros mais rapidamente.

Canto superior direito: Um comboio de caminhões leva novos equipamentos de perfuração à mina San José, incluindo a altíssima broca petrolífera que ficou conhecida como Plano C.

Centro, à esquerda: Enormes pontas de broca usadas para penetrar centenas de metros de rocha sólida.

Centro, à direita: Jonathan Franklin, em primeiro plano, enquanto o perfurador Jeff Hart termina o primeiro túnel que chegou aos mineiros, no início de outubro.

Acima: O perfurador Jeff Hart, trazido do Afeganistão para encontrar os mineiros, festeja a finalização do poço de resgate.

Esquerda: No início de outubro, o governo chileno mantinha três operações de perfuração distintas, todas empenhadas em alcançar os mineiros.

Acima, à esquerda: A entrada à área de resgate da mina San José estava guardada pela polícia chilena. Jonathan Franklin recebeu um passe especial para observar a operação na linha de frente.

Acima, à direita: O ministro Golborne (à esquerda) explicando ao presidente Piñera (ao centro) e ao engenheiro-chefe André Sougarret os planos para o procedimento de resgate.

Direita: Vista a partir do topo da cápsula enquanto ela descia em direção ao mineiros.

Abaixo, à direita: O dr. Jorge Diaz tira as medidas do dr. Jean Romagnoli, para ver se caberia na cápsula.

Abaixo: A cápsula Phoenix chega entre uma multidão de trabalhadores do resgate e funcionários do governo.

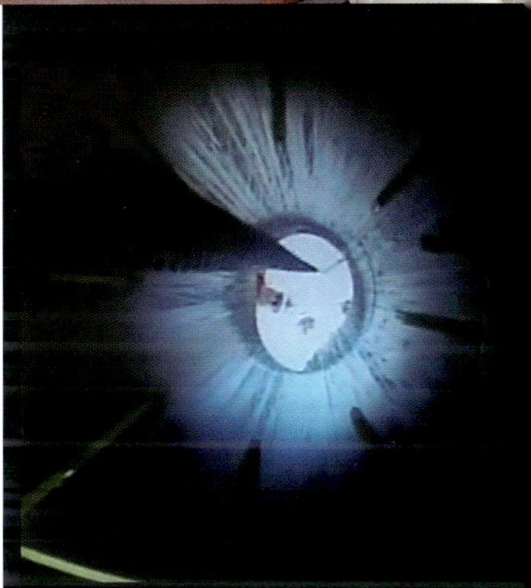

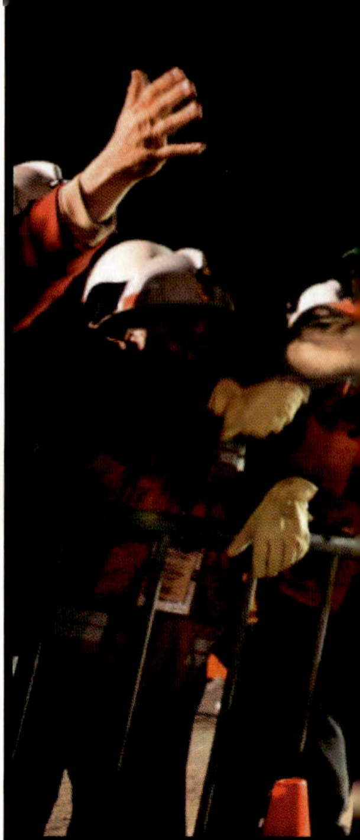

Acima: Familiares de Mario Gómez e Darío Segovia festejam a fase final da operação de resgate.

Esquerda: Emoções levadas ao limite enquanto os trabalhadores do resgate seguiam em busca dos mineiros.

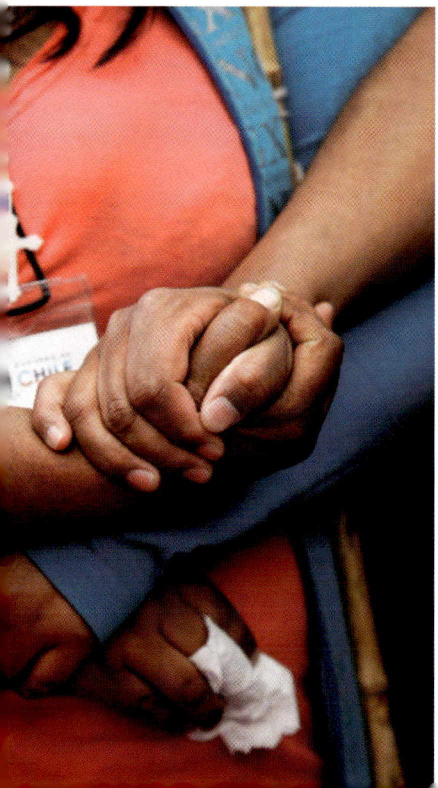

Esquerda: Solidariedade no acampamento Esperanza quando familiares se reuniram para ajudar os trabalhadores do resgate, dando-lhes força para não desistirem nunca.

Direita: Mario Gómez, o mais velho dos mineiros, festeja seu último turno após 51 anos trabalhando em minas.

Direita: O mineiro Franklin Lobos, antiga estrela do futebol, abraça sua filha Carolina segundos após ser resgatado.

Esquerda: Mario Sepúlveda comemorando sua saída da cápsula e entrada nos corações de todo o mundo. Ele ficou conhecido como "Super Mario".

Abaixo: O mineiro Richard Villarroel abre um sorriso enquanto é levado a um hospital provisório minutos após ser resgatado.

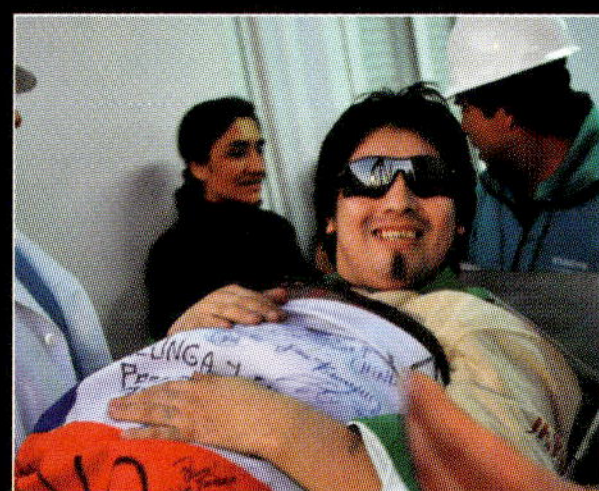

Acima: José Henríquez, que conduzia as rezas no interior da mina, cumprimenta o mundo minutos após ter sido resgatado da San José.

Direita: Luis Urzúa, o último mineiro resgatado, festeja com o presidente Piñera ao seu lado. Urzúa era o chefe de turno no dia do desmoronamento.

Abaixo: No hospital, mineiros sorriem e brincam com o presidente Piñera.

Após 69 dias de espera, familiares explodem em comemoração quando o último mineiro, Luis Urzúa, foi resgatado.

Esquerda: No seu primeiro dia de liberdade, Ma Sepúlveda reza numa praia próxima a Copiapó.

Capítulo sete

Engatinhando de volta à vida

Dia 18
Segunda-feira, 23 de agosto

Passada a agitação do primeiro contato, os homens se prepararam para comer. Após dias de brincadeiras sobre carnes suculentas, alucinações com *empanadas* de carne fresca e visões de banquetes, estavam prontos para uma comilança. Mas as doses iniciais de líquidos eram intencionalmente minúsculas, para que seus corpos aos poucos voltassem para um estado saudável. "Eles nos enviaram pequenos copos de plástico com glicose", disse Vega, "com a quantidade de líquido que entregamos a um médico para um exame de urina".

Para os mais magros, como Claudio Yáñez, 17 dias sem comida o deixaram com a aparência de um esqueleto envolto numa camada estirada de músculos, com o rosto macilento.

"Esperávamos comida, mas era apenas líquido", disse Claudio Acuña, descrevendo a surpresa dos homens ao saber que nas primeiras 48 horas não seria permitido que comessem nada sólido. Eles seguiam as ordens, tomando os remédios e ingerindo lentamente glicose e água engarrafada, em intervalos regulares.

Sepúlveda vivia num estranho limbo. Seu corpo ainda estava estilhaçado e os efeitos da fome pioravam. Estava frágil emocionalmente, abalado pela mistura de sensações que o primeiro contato trouxe: a vontade de falar com Katty, sua esposa, e a alegria absoluta por uma perfuradora finalmente ter chegado ali. Sepúlveda desenvolvera tanta familiaridade com o mundo subterrâneo que o "cheiro de lama e de pele humana transformara-se em algo agradável, parte da minha vida". E o contato com o lado de fora não fizera nada para facilitar a convivência com a umidade constante. "Nossas roupas estavam molhadas. Andávamos por ali vestindo cuecas", disse. À noite, todos dormiam juntos, lado a lado, no chão.

Os homens prontamente admitiram que dormiam juntos no chão do túnel, o que gerou questionamentos sobre a atividade sexual. O modo comunitário como os mineiros dormiam levantou férteis hipóteses para aqueles que duvidavam que os 33 homens — independente de todo o estresse e sofrimento — fossem capazes de viver tantas semanas sem sexo. Sepúlveda negou rumores de atividade sexual durante os 17 dias de solidão, insistindo que o nível de energia dos mineiros mal era suficiente para caminhar e conversar. O sexo, disse ele, passava bem longe de suas mentes.

Operador de um trator pesado conhecido como "scoop", Sepúlveda precisava ativar seus pedais, e por isso suas botas eram diferentes das que os mineiros usam normalmente. Eram mais grossas, deixando os pés envoltos em umidade constante, o que lhe causou uma forte infecção por fungos. O peito e as costas de Sepúlveda estavam tomados por pequenos pontos vermelhos. Como uma doença, os fungos se espalharam pelo corpo. Algumas vezes os pontos se enchiam de líquido e estouravam, deixando pequenas feridas. A taxa de umidade de 95% era perfeita para a proliferação dos fungos, o que quase o levou à loucura. A água suja e a umidade constante causaram infecções também no interior de sua boca. Como a maioria dos mineiros, seu hálito era rançoso. Ele sentia falta de centenas de pequenas facilidades do lado de fora, mas seu pedido principal era simples: uma escova de dentes.

Dia 18
Acima do solo

Pedro Gallo rezava para que sua invenção funcionasse. Após duas semanas de testes, Gallo, dono da Bellcom, empresa de telecomunicações que administrava sozinho, construíra um pequeno telefone que poderia entrar nos limitados noventa milímetros de espessura do tubo *paloma*. Golborne e outros da equipe de resgate de início ignoraram o insistente empreendedor e seu "Gallophone", mas como as soluções de alta tecnologia continuavam falhando, ele acabou por ter sua oportunidade. O ministro fora escolhido para conversar com os mineiros, e seus assistentes começavam a imaginar o escândalo que seria caso não houvesse uma linha telefônica no local.

Após ser ignorado e ver sua geringonça ser ridicularizada, Gallo foi chamado e lhe pediram que apresentasse o telefone imediatamente. Ele correu à sua picape e pegou a rústica invenção. "Eles me deram cerca de duas horas", disse Gallo. O telefone foi posto com cuidado no interior da *paloma* e, junto com um cabo de fibra ótica de oitocentos metros doado por uma empresa japonesa, desceu em direção aos homens ansiosos. Gallo pairava ao redor de um barato telefone de plástico amarelo, colocado sobre uma frágil mesa na encosta da montanha, com os assessores presidenciais e engenheiros por perto, esperando, até o momento em que, lá embaixo, Ariel Ticona e Carlos Bugueño ataram o telefone aos cabos japoneses. De repente, Gallo ouviu vozes do interior da mina, ecoando e sendo transmitidas à superfície. Sua invenção, que custara menos de dez dólares, passou a ser o elemento-chave nas comunicações com os mineiros. Gallo ficou maravilhado.

Menos de uma hora depois, Golborne chegou e pegou o fone.

"Alô", disse ele. "Sim, eu te escuto!" E uma onda de felicitações e aplausos surgiu entre a equipe de resgate, que rapidamente se calou para ouvir no viva voz.

Uma voz calma e clara foi escutada: "Aqui é o chefe de turno Luis Urzúa. (...) Estamos esperando o resgate."

"Estamos começando a abrir túneis e..." A voz de Golborne foi instantaneamente abafada por uma nova onda de celebrações, desta vez vinda dos mineiros presos. A conversa seguiu com os mineiros perguntando desesperadamente pelo destino de Raúl "Guatón" [Gordo] Villegas, que subia a rampa no momento do desmoronamento. "Estão todos vivos, eles conseguiram sair", disse Golborne, e um coro de choro e gritos frenéticos tomou conta da caverna, ressoando em direção aos homens do resgate. Por semanas, enquanto o mundo chorava pelos mineiros, eles sofriam por Gordo.

O psicólogo-chefe da missão de resgate, Alberto Iturra, escutava atentamente logo atrás de Golborne. Vestindo uma roupa verde refletora e capacete de segurança, com seu rosto estoico emoldurado por um bigode cinza aparado, Iturra não sorriu nem festejou. A literatura médica está repleta de tratamentos para claustrofobia e ataques de pânico, e até exemplos de homens confinados durante dias em espaços mínimos. Mas presos por meses? Iturra soube exatamente o que deveria fazer. Por anos, ele manteve uma rede de contatos profissionais em que se incluía um grupo de renomados psicólogos. Agora ele iria ao grupo. Ele próprio, Iturra, pedia ajuda.

Tratar dos mineiros à beira do abismo era uma tarefa delicada. A inanição havia alterado sua química corporal. Além de consumir gordura e músculos para ganhar energia, o corpo humano, quando desprovido de comida, desenvolve uma hierarquia química que prioriza pulmões, coração e cérebro acima das outras funções, que passam a ser consideradas secundárias.

O DR. MAÑALICH, GORDO E EFUSIVO ministro da Saúde, enviou um questionário de uma página aos mineiros. Estavam morrendo? Não. Sofriam de inanição e perda de massa muscular? Claramente. Quanto peso os homens haviam perdido era um mistério. Em meio ao frenesi para estabelecer um nível de conforto básico para os mineiros, dias se passariam até uma balança ser enviada aos homens, que seriam então pendurados como peixes num mercado, com os pés suspensos na balança. Quando os formulários preenchidos foram devolvidos, as respostas revelavam fragmentos da dura experiência daqueles homens. Mario Sepúlveda perdera dentes ao escalar a chaminé. Víctor Segovia tinha dor de ouvido por conta dos efeitos do êmbolo de explosão. Mario "Mocho" Gómez tinha dificuldades para respirar, com a poeira penetrando em seus já debilitados pulmões.

Condições preexistentes, como a diabetes de José Ojeda, eram uma preocupação constante. Na falta de raios ultravioleta, infecções e bactérias poderiam se espalhar pelo grupo em questão de dias, ou mesmo horas. Um plano de vacinação de emergência foi desenvolvido para proteger os homens contra difteria e pneumonia. Um dente infectado poderia matar. O dr. Mañalich começou a pesquisar registros médicos. "Começamos a buscar nos velhos textos medicinais", disse ele. "Como os médicos tratavam infecções internas, como apendicite, antes da cirurgia moderna?"

O dr. Jorge Díaz, diretor da ACHS, disse: "Tínhamos esperança de que estariam vivos, mas imaginávamos que tivessem sofrido sérios danos e que alguns estivessem mortos. (...) Eu sabia que os mineiros eram fortes. Por isso, parecia certo de que alguns teriam sobrevivido." Como especialista em problemas causados pela altitude e acidentes de trabalho, Díaz estava acostumado a desafios logísticos. Naquele momento, porém, estava diante do desafio da sua vida: em vez de altitudes acentuadas, teria de implementar um protocolo médico para homens soterrados a mais de seiscentos metros abaixo do solo. Felizmente, Díaz passara 32 anos servindo aos mineiros. Conhecia seu vocabulário específico, as tradições e o difícil mundo habitado por Los 33.

Os mineiros estavam com a saúde delicada. Tinham perdido cerca de nove quilos cada um, sobrevivendo com água contaminada e quase nenhuma comida. A equipe médica se recusou a lhes enviar alimentos sólidos, pois uma refeição completa poderia matá-los. Conhecida como "síndrome de realimentação", a ingestão de uma refeição rica em carboidratos por uma pessoa em estado de inanição poderia induzir o organismo a uma reação química em cadeia que suga os suprimentos minerais do coração, provocando problemas cardíacos e até morte instantânea.

Como alternativa, os homens foram reidratados. A *paloma* de Fortt foi abastecida de água engarrafada e descida por cabos, e a primeira entrega demorou mais de uma hora. Mas quando o tubo de PVC laranja foi suspenso, estava vazio; o sistema funcionara. A *paloma* era agora um sistema vital para os 33 homens. Tudo o que fosse enviado teria de caber naquela minúscula dimensão, nos noventa milímetros de diâmetro. Mañalich fez um círculo com as mãos da mesma dimensão de um limão, e disse: "Todo um mundo reduzido a este tamanho."

Enquanto as reportagens lotavam as ondas aéreas e a internet com detalhes sobre as incríveis boas notícias, o mundo descobria o Chile e os mineiros chilenos. Um novo vocabulário fora introduzido, incluindo a palavra *paloma* e o apelido "Los 33".

A imagem que grande parte das pessoas tinha do Chile era dos abusos contra os direitos humanos da era Pinochet, nos anos 1970, ou então, mais moderna, embora igualmente superficial, de um produtor de vinhos bons e baratos.

Naquele momento, os olhos do mundo se voltaram para um canto antes obscuro no norte do Chile. Aviões e hotéis ficaram lotados. O preço do aluguel de trailers — local preferido para a montagem das bases de equipes de televisão estrangeiras — subira 300%. Intérpretes de inglês de toda a região foram contratados. Centenas de repórteres correram para o cenário em busca de um raro momento em que as lentes de todos focavam uma história sem sangue e sem violência.

Os chilenos encontraram os mineiros numa profundidade duas vezes superior à altura da Torre Eiffel. Agora eles tinham uma segunda missão impossível: mantê-los vivos por mais quatro meses, até o Natal, o tempo necessário para que eles pudessem ser removidos.

EM SEU ESCRITÓRIO NA CIDADE DE BERLIN, na Pensilvânia, Brandon Fisher observava assombrado a tela da televisão. Aquele homem barbado, de 38 anos, não acreditava no que estava ouvindo: três ou quatro meses até o resgate? Presidente da Center Rock Inc., Fisher supervisiona o desenvolvimento, a manufatura e a entrega de sistemas de perfuração que custam até um milhão de dólares. Para ele, não seria necessário perfurar a pedra. Sua empresa é especialista na produção de martelos de ar comprimido que atingem a rocha vinte vezes por segundo, partindo-a em pedaços.

Em 2002, Fisher participou de um resgate na mina de carvão Quecreek, na Pensilvânia, onde nove homens ficaram presos por 78 horas enquanto cinquenta galões de água inundavam tudo. A água subia, ameaçando afogar os mineiros. Fisher participou da operação de resgate, ao mesmo tempo que a água não parava de subir pelos túneis inundados. Agora ele se lembrava da operação de Quecreek. Mina desmoronada. Homens presos. Operação de perfuração de emergência. E instantaneamente percebeu que a Center Rock tinha um papel naquela história. Queria apresentar-se como voluntário, e começou a buscar voos para o Chile.

Mais tarde naquele mesmo dia, um milionário se dirigia ao acampamento Esperanza a bordo de seu Hummer amarelo brilhante. Vestindo um terno bem-cortado de Ermenegildo Zegna, com abotoaduras e cachos de cabelos dourados caindo entre os ombros, Leonardo Farkas era inconfundível. Para os chilenos, o proprietário de minas de 43 anos é visto como um homem de negócios exemplar. Nunca permitira que acidentes como aquele ocorressem em qualquer de suas minas. Os empreendimentos mineiros de Farkas, Santa Fe e Santa Bárbara, são minas de ferro ao ar livre reconhecidas como operações que priorizam a segurança do trabalhador, oferecendo salários justos e planos de participação nos lucros. Trabalhar para Farkas é garantia de uma vida digna e de benefícios na aposentadoria. "É preciso esperar alguém morrer para conseguir um emprego por lá", brincou Mauricio, motorista de táxi de Copiapó que se candidatou em vão a uma das duas mil vagas nas companhias de mineração de Farkas. "É como uma grande família, todos querem trabalhar lá."

Farkas é uma lenda no Chile por sua caridade espontânea. Faz doações de milhões de dólares ao Teleton, instituição que levanta fundos para deficientes, e oferece recompensas para o nadador mais rápido, enquanto passeia à beira de uma piscina cheia de universitários. O primeiro que cruzasse a piscina receberia um cheque de um milhão de pesos chilenos — o equivalente a dois mil dólares. Os esportes são uma parte importante da educação, disse Farkas, que minutos mais tarde assinou um cheque para Eduardo Hales, o vencedor atônito. Garçons que servem Farkas em restaurantes são muitas vezes recompensados com gorjetas de milhares de dólares.

Descendo do carro, movendo os cachos e exibindo seus dentes brancos reluzentes, Farkas parecia um cantor de Las Vegas teletransportado para o deserto errado. Ele começou a oferecer envelopes brancos, um para cada família. Dentro dos envelopes havia cheques de cinco milhões de pesos chilenos, aproximadamente dez mil dólares.

"Desde o primeiro dia, minha empresa colaborou aqui", disse Farkas, numa breve declaração na qual insinuou, mas nunca mencionou explicitamente, as caixas de sanduíches que sua empresa entregara regularmente à equipe de resgate. "Levamos parcas e chapéus para combater o frio. Nem todas as nossas contribuições foram públicas ou explicitadas à imprensa." Farkas então anunciou uma campanha para levantar um milhão de dólares para cada mineiro — uma chamada para que homens de negócios e cidadãos comuns "coçassem os seus bolsos" e assegurassem que aqueles mineiros nunca mais precisassem trabalhar. "Não quero que esses caras saiam da mina e (...) tenham preocupações financeiras", disse Farkas. "Não estou aqui para lhes oferecer trabalho, estou aqui para oferecer algo melhor que trabalho, que cada família tenha um milhão de dólares." Parentes agradecidos prometeram depositar os cheques e observaram que Farkas prudentemente fizera cheques nominais para cada mineiro, evitando desagradáveis disputas.

Enquanto Fisher e Farkas faziam seus planos para ajudar os mineiros, Alejandro Bohn, coproprietário da mina San José, incitou uma nova onda de críticas ao dar uma entrevista à rádio chilena Cooperativa no dia 23 de agosto. Ele disse que a empresa estava "tranquila" sobre as possíveis consequências legais do desmoronamento.

"Nós nunca tivemos qualquer aviso sobre esse tipo de catástrofe. Os trabalhadores estavam treinados e tinham equipamentos de segurança, e assim poderiam lidar com acontecimentos desta natureza, com toda a proteção necessária", disse Bohn, sugerindo também que a empresa poderia deixar de pagar os salários dos 33 e dos outros trezentos empregados. "Conversamos com as autoridades sobre a busca de soluções para continuar com as operações de mineração. Infelizmente, por enquanto, eles — assim como nós — estão focados no resgate dos nossos trabalhadores."

Perguntado se planejava de alguma forma se desculpar com os mineiros e suas famílias, Bohn hesitou: "É necessário manter a cautela. As investigações devem avançar para vermos se algo poderia ter sido feito de antemão." Além disso, o dono da mina se recusou a testemunhar numa audição, diante do comitê de investigação do Congresso chileno.

Minutos mais tarde, o ministro Golborne liderou um ataque de cavalaria contra Bohn: "Tais declarações são inacreditáveis. Eu ouvi e fiquei realmente surpreso." Golborne então culpou os donos da mina San José por falharem na instalação de uma escadaria de segurança no túnel de ventilação. "Poderíamos ter evitado todo esse drama", disse Golborne, salientando também que o acidente fora causado por "uma importante falta de atenção quanto à segurança no interior da mina".

O senador Alberto Espina também disparou contra Bohn e acusou a San Esteban Primera S.A. de "mau gerenciamento e de não atender às leis trabalhistas, provocando uma situação dramática e, finalmente, distanciando-se e alegando não ter dinheiro para pagar os salários, o que era de fato inacreditável".

"No mínimo, eles poderiam se apresentar ao comitê de investigações e explicar o que aconteceu", disse Frank Sauerbaum, representante do congresso, alegando que os donos da mina tinham "se recusado sistematicamente a assumir a responsabilidade". Sauerbaum também destacou que os mineiros estavam vivos "graças ao trabalho profissional e constante do governo. Se a empresa responsável pela mina estivesse a cargo da operação de resgate, a história teria sido completamente diferente".

Dia 20
Quarta-feira, 25 de agosto

Luis Urzúa estava agora mais ocupado do que nas últimas semanas. As autoridades do lado de fora da mina dirigiam todas as mensagens ao chefe de turno, numa clara estratégia de reforçar seu poder debilitado. O presidente Piñera chamou Urzúa para saber como os homens tinham sobrevivido. "Nós tentamos escapar desse inferno... Foi um dia terrível", disse ele, descrevendo ao presidente como os homens lutaram para escapar do desmoronamento inicial. "Era como se toda a montanha tivesse caído em cima da gente, e não sabíamos o que tinha acontecido." Depois, Urzúa fez um pedido a Piñera: "Os 33 homens que estão aqui dentro da mina, sob um mar de pedras, esperam que todo o Chile nos libere desse inferno."

Urzúa concordou em gravar um vídeo para o governo. Uma câmera seria enviada, e os homens deveriam filmar suas condições de vida e fazer um breve tour por seu incrível mundo. À medida que a conversa seguiu, os mineiros relaxaram e o diálogo ficou mais informal. Eles pediram que o presidente enviasse algo especial para a comemoração do bicentenário chileno em 18 de setembro: "Uma garrafa de vinho."

Dia 21
Quinta-feira, 26 de agosto

No momento em que os mineiros se preparavam para dormir, um vídeo de nove minutos foi liberado pelo governo chileno e exibido em horário nobre, numa sexta-feira à noite. Uma janela era aberta naquela civilização debaixo da terra. Foi a primeira aparição dos mineiros na TV. Quando o vídeo rodou o planeta, a reação foi incrível. O mundo ficou estarrecido.

Florencio Ávalos segurava a câmera enquanto Sepúlveda, lentamente, entrava na pequena caverna que era o refúgio de segurança, com brutas e irregulares paredes de pedra. Eles mostraram o enferrujado tanque de oxigênio; o tubo rachado que servia para represar água; a esfarrapada caixa de remédios, menor que uma mochila; e os medicamentos vencidos havia um bom tempo.

Agrupados como animais assustados, poucos mineiros olhavam para a câmera. Sepúlveda tentou animá-los, levantar o ânimo do grupo, mas quase ninguém reagiu. Pablo Rojas tentou falar, mas engasgou. Outros estavam deitados no chão, evitando a câmera. O esgotamento era palpável no refúgio lotado, olhos cansados fitavam lugar nenhum. Pareciam antigas fotos em preto e branco de soldados traumatizados.

A sujeira e os pelos crescidos nos seus rostos disfarçavam os homens sob a capa do sofrimento universal. Claudio Yáñez parecia mal conseguir se manter de pé, as costelas saltando no peito. Como um pelotão de guerrilheiros desgastados, os homens transpareciam uma aura de trauma pesado. A morte, ou a sensação de proximidade dela, dava ao vídeo uma assombrosa humanidade.

Alguns homens usavam os capacetes laranja de mineiros, mas poucos vestiam camisetas. O suor brotava abundantemente de seus corpos. Metidos naquele refúgio de cinquenta metros quadrados, os mineiros pareciam consternados. Sepúlveda continuava com sua performance de animador de torcida, brincando ao dizer que um dos mineiros encontrara uma nova armação de cama e um colchão, tentando fazer com que enviassem algumas palavras aos seus queridos familiares. Zamora reuniu toda a sua energia para lhes agradecer. "Nós sabemos como vocês lutaram pela gente." O homem parou para enxugar as lágrimas. "E aplaudimos o que estão fazendo." A vibração foi breve.

No final do vídeo, os homens começaram a cantar o hino nacional chileno, suas vozes em uníssono, apesar da óbvia exaustão. O que quer que o mundo tivesse entendido sobre as primeiras imagens enviadas dos mineiros, poucos duvidaram de que estivessem unidos.

O vídeo era um tour virtual pelo mundo secreto dos mineiros. Enquanto muitos eram mostrados deitados no chão e envergonhados diante da câmera, Sepúlveda, com humor, eloquência e confiança, realizou uma performance histórica. Pediu a cada homem que falasse à sua família, que enviasse breves palavras de esperança e agradecimento. O vídeo foi um retrato positivo e chocante da frágil existência dos mineiros, e uma orgulhosa declaração de sobrevivência.

O papel não foi entregue a Sepúlveda à toa, mas sim como parte de uma inteligente estratégia de mídia: o governo de Piñera havia combinado com os mineiros de nomeá-lo o apresentador. "Tivemos de pedir a eles que não colocassem Florencio Ávalos na tela, mas, sim, o 'artista' [Sepúlveda]", explicou o dr. Mañalich, ministro da Saúde. "Foi uma negociação bem complicada." O governo de Piñera queria mostrar ao mundo os mineiros como heróis, como troféus humanos que sublinhariam a inspiração do governo e seu espírito empreendedor. Mas esta estratégia de mídia requeria uma seleta e meticulosa edição. O vídeo foi cuidadosamente censurado, e imagens das infecções de fungos dos homens foram editadas. Cenas dos mineiros aos prantos nunca foram exibidas.

Dia 22
Sexta-feira, 27 de agosto

Um mar de cartas surgiu do interior da mina, notas escritas à mão, detalhando o mundo peculiar daqueles homens. Psicólogos e familiares puderam então reunir rotinas e regras daquela sociedade em miniatura. Os mineiros detalharam a logística de seus três grupos de trabalho formados por onze homens cada, revelando como as equipes se revezavam em turnos de oito horas, numa luta incessante para sobreviver no subterrâneo. "Temos três grupos, Refúgio, Rampa e 105 [metros abaixo do nível do mar]", escreveu Omar Reygadas numa carta à família. "Eu sou o chefe de um [do Refúgio]." Cada grupo tinha um líder, um "capataz", que respondia diretamente a Urzúa.

Quando os homens começaram a recuperar suas forças, uma rotina diária foi organizada. Os líderes do resgate temiam que, com a água e a comida deixando de ser bens escassos, se não surgissem regras estritas impostas do lado de fora, eles passariam o dia descansando e a coesão se desintegraria, numa prova de que "cabeça vazia é a casa do diabo". Liderados pelo *capataz*, cada grupo recebeu tarefas diárias. Para o turno da manhã, o dia começava às 7h30, o café às 8h30, seguido de tarefas, algumas enviadas pelo engenheiros do lado de fora, outras simples obediências ao bom senso.

Para a surpresa dos profissionais, tanto no Chile como na NASA, os mineiros desenvolveram um protocolo de rotinas e tarefas que transformaram a experiência de 17 dias numa extensão de seu cotidiano. Em vez de abandonar seus papéis individuais, muitos homens adotaram e empregaram suas habilidades mecânicas e elétricas para construir inventos primordiais à sua sobrevivência. A manutenção das rotinas permitiu que evitassem a sensação de abandono. "Nosso objetivo é ajudá-los a se ajudarem, e não tratá-los como doentes", disse o dr. Llarena.

Ao recuperar a energia, os mineiros começaram a reforçar paredes enfraquecidas, limpar dejetos e desviar o curso da água que passava pelas áreas onde dormiam. Os tubos *paloma* que conectavam os homens com o exterior eram lubrificados com água, criando um fluxo de sujeira turva que gotejava sem parar. As cartas dos homens eram manchadas de suor e lama amarronzada — lembranças permanentes dos 90% de umidade e dos 33°C do interior da mina. Mas agora eles recebiam xampu, sabonete, pasta de dente e toalhas — um *upgrade* de cinco estrelas se comparado aos dias anteriores.

Os mineiros organizaram patrulhas de segurança no perímetro da área onde dormiam e viviam, vigiando sempre sinais de que a mina San José, notoriamente instável, poderia mais uma vez ruir, deixando-os num espaço ainda mais confinado. Eles temiam que um pequeno deslize de pedras se transformasse numa avalanche, e depois num desmoronamento a grande escala. Os homens passavam horas, todos os dias, *acunando*, ou seja, usando longas varetas para limpar as pedras grandes do teto da mina.

"Eles se esconderão como ratos e vão buscar proteção ao primeiro sinal de um grande movimento de pedras", disse Alejandro Pino, um dos principais organizadores da operação de resgate junto a ACHS. "Esses mineiros são experientes. Ao menor sinal de movimento, eles sabem onde se esconder."

Com as entregas da *paloma* chegando a cada quarenta minutos, foi criada uma importante tarefa para os homens. Seis deles foram destacados como *palomeros*, uma nova palavra no vocabulário chileno que significava "criadores de pombas". Aos *palomeros* cabia receber o tubo de metal de três metros, desenroscar a tampa, esvaziar o seu conteúdo e colocar lá dentro cartas e mensagens mais recentes, depois esperar que o tubo torpedo sumisse de vista.

"Dávamos um curto espaço de tempo. Eles tinham de completar a operação *paloma* em noventa segundos", disse o dr. Mañalich. "O tubo poderia ficar por lá durante dez minutos, mas dávamos apenas dois para que tivessem de seguir rotinas. (...) Ontem nos disseram: 'Nunca trabalhamos tão duro em nossas vidas.' Isso é um ótimo sinal. Eles não devem parar em momento algum. Devem trabalhar, ao menos, oito horas por dia."

Mesmo quando não era o respectivo turno, os mineiros começaram a esperar na estação da *paloma*, para receber uma carta amorosa ou dividir a curiosidade sobre os dispositivos, os objetos e os infinitos pacotes que chegavam por ali. Graças ao eficiente sistema de entregas, quatro dias após terem feito contato os mineiros tinham um projetor, novas lanternas para o capacete e um estoque de água fresca em seu refúgio. A equipe de resgate obrigou os homens a armazenar comida para 14 dias. "Eles estão começando a ter uma reserva estratégica", disse Pino, da ACHS.

As entregas de comida e alimentos ocupavam grande parte do dia. O envio do almoço começava ao meio-dia, e era preciso uma hora e meia para que todas as porções fossem entregues. "Quando terminavam o almoço, tinham um encontro geral, e nesse encontro faziam suas orações", disse o dr. Díaz.

José Henríquez, como sempre, liderava as rezas diárias. "Don José" vivia para Jesus e seus sermões. O que começou como um reduzido grupo de orações se transformou numa conversão evangélica em grande escala. Vinte homens participavam regularmente das missas, algumas vezes mais. E Henríquez podia agora contar com Florencio Ávalos, o *cameraman* oficial do grupo, para gravar seus sermões.

Pedro Cortés e Carlos Bugueño foram destacados como operadores de som e responsáveis pela manutenção das linhas telefônicas para as chamadas de conferência no início da tarde.

Jimmy Sánchez, de 19 anos, transformou-se em "assistente ambiental" e, com Samuel Ávalos, circulava pelas cavernas com um aparelho de mão computadorizado medindo o nível de oxigênio, o dióxido de carbono e a temperatura do ar. Todos os dias, Sánchez e Ávalos tomavam as leituras do Dräger X-am 5000 e enviavam relatórios à equipe médica acima do solo.

Com as necessidades básicas, incluindo comida e local onde dormir, em ordem, os homens começaram a assumir posições burocráticas e culturais. José Ojeda, conhecido em todo o mundo como autor do famoso primeiro bilhete, foi nomeado secretário oficial. Víctor Segovia continuava sendo o cronista do grupo, anotando diariamente os constantes apuros dos mineiros.

Dias após o contato, a equipe de resgate apontou Yonni Barrios como médico do grupo, reconhecendo uma posição que ele já havia assumido nos primeiros 17 dias. E Barrios rapidamente recrutou Daniel Herrera, que recebeu o título de "paramédico assistente".

De todos os homens que receberam a missão de manter o grupo em funcionamento, Barrios era talvez o mais crucial. Ele vacinou todos conta difteria, tétano e pneumonia, e, sendo as infecções por fungos e problemas dentais os principais problemas médicos dos mineiros, Barrios se viu no centro de um experimento sem precedentes na telemedicina.

Fora as rondas médicas diárias, todas as tardes Barrios tinha conferências, que duravam em torno de uma hora, em que recebia mensagens da equipe médica.

"Yonni, você me escuta?", gritava o dr. Mañalich durante a conferência médica realizada por um aparelho de telefone ligado a um cabo de setecentos metros. "Yonni, você já extraiu um dente?"

Lá do fundo, um crepitar da voz de Barrios chegou ao topo: "Sim... um dente meu."

Os doutores se olharam, surpresos, chocados com a modesta realidade do mineiro. "Se a gente lhe pedir para extrair um dente e enviar equipamento esterilizado, você acha que seria capaz?", perguntou Mañalich, que prometeu também enviar um vídeo com instruções de como extrair um molar infectado da melhor maneira. Mañalich enviou um aviso amigável a Barrios: "Lembre-se, Yonni, diga aos homens que se eles não escovarem os dentes você terá de arrancá-los."

Barrios tinha ainda outra missão importante. "Precisávamos dele para medir os homens. Precisávamos de suas circunferências para descobrir se entrariam no pequeno túnel de resgate que começara a ser aberto", disse o dr. Devis Castro, cirurgião com estudos avançados em nutrição.

Acima do solo, porém, Barrios tinha a missão mais complicada de todas: manter separadas a esposa e a amante, pois as duas brigavam por ele em ataques públicos, deixando a mídia em frenesi. No interior da mina, os homens não cessavam de zombar Barrios pela polêmica. No mundo fechado dos mineiros, brincadeiras e humor são constantes. Nada é sagrado. Em vez de respeitar o delicado dilema, eles riam, provocavam e debochavam, mas sem qualquer malícia — era simplesmente algo que fazia parte da conversa diária.

Dia 24
Domingo, 29 de agosto

Seis dias após o primeiro contato com o telefone rudimentar de Pedro Gallo, que se transformara no principal canal de comunicação com os mineiros, os pedidos vindos da mina aumentaram. Eles queriam, precisavam, imploravam para falar com seus familiares. Os chefes do resgate organizaram momentos brevíssimos de contato de voz: cada família teria sessenta segundos com eles, como recomendado pelo psicólogo Iturra.

Os mineiros ficaram indignados. Após terem conversado com o presidente Piñera e com o ministro Golborne por praticamente uma hora, agora teriam direito a um total de apenas 33 minutos para a ligação mais importante? Quando os contatos começaram, surgiram também um novo round de problemas.

"Eu estava ao telefone e Iturra dizia: 'Desliga, desliga, desliga', e eu perguntava: 'O que é isso? Não se passou nem um minuto.' Então ele disse: 'Desliga ou desligo eu.' E pensei: Que idiota.' Aquilo me deu uma impressão de seu modo de pensar." Samuel Ávalos acusou Iturra de ser muito rigoroso e possessivo com os mineiros. "Ele queria impor seus próprios termos sobre o grupo. Não aceitaríamos aquilo. (...) Nós éramos um grupo, para o bem e para o mal, éramos uma família."

No início, os mineiros concordaram com a conexão telefônica de duas horas diárias, em que Iturra e outros médicos os enchiam de perguntas, numa tentativa de construir um perfil psicológico do grupo e de cada indivíduo. À medida que os mineiros recuperaram peso e força, o antagonismo às sessões diárias aumentou. "Eles alegam que não estão doentes e não querem conversar com psicólogos ou médicos", disse o dr. Díaz.

O novo nível de comunicação também espalhou controvérsias e conflitos. Brigas familiares do lado de fora da mina ameaçavam se infiltrar nas cartas e nas conversas com os mineiros. Ninguém sabia quanto estresse mental eles poderiam aguentar — e se um mineiro perdesse a cabeça tinha potencial para infectar todo o grupo. Responsáveis pelo resgate preocupavam-se com ataques de pânico ou violência que poderiam envolvê-los num estado coletivo em que razão e ordem se perderiam por completo.

Com dezenas de cartas voando em ambas as direções todos os dias, a equipe de psicólogos liderada por Iturra instituiu um policiamento estrito. Todas as cartas dos mineiros seriam lidas antes de serem entregues às famílias. Da mesma forma, qualquer carta enviada aos mineiros também seria lida por uma equipe de psicólogos que passava dias diante de pilhas de missivas escritas à mão.

Nick Kanas, antigo conselheiro da NASA, criticava aquela censura e a mentalidade Big Brother. "Eu não separaria nada

(...) pelo contrário, pois abre-se uma porta à desconfiança. Os mineiros vão começar a perguntar: 'O que mais estão escondendo de nós?' Eles vão saber que não estão recebendo a história por completo e vão querer descobrir por quê."

Como sempre, as tensões aumentaram rapidamente. José Ojeda não acreditava que as cartas estivessem perdidas ou atrasadas, como os funcionários do governo tentavam explicar. "Isto é como uma prisão; eles censuram tudo", escreveu. "Estávamos melhor antes de termos comunicação." Esta carta nunca foi mostrada à sua família, mas, sim, escondida pelos psicólogos.

"Algumas vezes adicionavam palavras, e outras reescreviam as cartas", disse Carlos Barrios. "Eu conheço a letra da minha avó." Barrios começou a falar em greve. Os homens se apresentariam como uma frente unida contrária aos comandantes invisíveis do lado de fora. Para ele, o incidente sublinhou a atitude paternalista de Iturra, o que uniu os homens. "Pensaram que éramos ignorantes", disse Barrios. "Nunca nos entenderam."

Capítulo oito

A maratona

Dia 26
Terça-feira, 31 de agosto

Quando a van cinza abriu caminho entre os *cameramen* e os fotógrafos do acampamento Esperanza, familiares dos mineiros se alinharam na pista e vibraram. Dentro da van, seis especialistas da NASA olhavam para fora, assombrados. Treinados na estéril e altamente segmentada burocracia do programa espacial norte-americano, para eles a visão de dezenas de mulheres gritando em castelhano enquanto centenas de jornalistas se empurravam em busca de uma foto era como viajar para outro planeta.

A notícia da sobrevivência dos mineiros presos por 17 dias chocou o mundo, assim como a competência chilena em cavar poços e organizar equipamentos de mineração, conseguindo estabelecer contato com os homens lá dentro. Mas agora, com os mineiros recebendo comida e remédios, um novo desafio surgia: manter a saúde psicológica deles. Líderes de resgate de todos os níveis se afundavam em regiões não exploradas da psique humana. Sabendo das características singulares do desastre na mina San José, o presidente Piñera enviou seus assistentes em busca de consultores experientes no assunto.

E eles voltaram com duas recomendações: astronautas e submarinistas.

O programa espacial do Chile era limitado a um único homem, Klaus von Storch, da Força Aérea chilena. Von Storch era um otimista incorrigível que permaneceu na lista de astronautas reserva da NASA por uma década antes de desistir. Ainda que o deserto do Atacama colocasse o Chile na vanguarda da astronomia mundial, manejar viagens espaciais estava muito distante da realidade fiscal do país. Então, sem informações locais para reunir, a embaixada chilena em Washington entrou em contato com oficiais da NASA, que ficaram encantados em compartilhar suas décadas de estudos do comportamento humano quando confinado, em situações estressantes. A equipe que chegara ao acampamento Esperanza incluía o dr. Al Holland, psicólogo com vasta experiência em condições de vida extrema, das missões espaciais da Apolo aos altamente gélidos ambientes da Antártica.

Os especialistas da NASA se reuniram com o grupo recém-formado no Chile incluía psicólogos, nutricionistas, engenheiros de minas e também Renato Navarro, comandante da frota de submarinos do país, levado até ali para compartilhar sua experiência no gerenciamento de homens em espaços confinados. "O submarino tem água do lado de fora, os mineiros têm uma coluna de pedra de setecentos metros", disse ele. "A sensação de confinamento é a mesma."

As condições de vida dos 33 mineiros apresentavam tantas questões logísticas e de saúde mental que a equipe de apoio ao resgate contava agora com trezentos profissionais, incluindo um professor de física, um cartógrafo e um sobrevivente de avalanche. Também estava presente Edmundo Ramírez, chefe de cozinha trazido para preparar as refeições enviadas aos mineiros. Os dignitários visitantes da NASA foram os últimos de uma leva de especialistas estrangeiros, mas mesmo com dez profissionais para cada um, muitas perguntas ainda estavam sem resposta.

"Esta é uma situação e um esforço sem precedente", disse Michael Duncan, psicólogo da NASA, falando de uma tenda na mina San José. "Pelo que sei, nunca antes essa quantidade de homens foi localizada a tantos metros no interior da terra. O fato de terem sido encontrados tanto tempo depois do desmoronamento, e encontrados vivos, é extraordinário."

Os oficiais da NASA enalteceram os esforços de resgate chilenos e sugeriram poucas alterações no protocolo, incluindo uma dose extra de vitamina D e iluminação artificial mais eficiente para estimular a reação dos corpos aos ciclos diurno e noturno. A equipe da NASA também ressaltou que as atividades diárias simples, como jogar cartas, ler e ver filmes, eram essenciais para evitar uma existência monótona. Os oficiais se recusaram a revelar detalhes de sua reunião de cinco horas, mas participantes do encontro disseram que a NASA enfatizou de forma vigorosa a importância de organizar os mineiros numa estrita, e quase corporativa, hierarquia. Votações e decisões em grupo funcionaram bem durante 17 dias, mas, naquele momento, sublinhou a equipe americana, os homens deveriam ser preparados para uma corrida com estágios distintos — nas palavras da NASA, "uma maratona".

Os oficiais também avisaram aos líderes do resgate que estivessem preparados para uma rebelião. "Eles disseram que durante uma das missões Skylab, os astronautas tiveram uma discussão com seus comandantes e ficaram tão chateados que cortaram a comunicação com eles", contou o dr. Jorge Diaz. "Por um dia, os astronautas ficaram em órbita (em volta da Terra) e ninguém podia contatá-los."

O psiquiatra chileno Figueroa fez eco a essa teoria: "Após a euforia de terem sido encontrados, a reação psicológica normal para os homens seria desmoronarem numa mistura de fadiga e estresse", explicou ele. Dr. Figueroa fora contratado pelo Ministério do Interior chileno para fazer relatórios sobre o apoio à saúde mental oferecido aos homens presos e seus familiares. "Aproximadamente 15% desses mineiros podem desenvolver danos psicológicos a longo prazo por conta desse acontecimento. Por isso o governo é tão dedicado ao apoio a essas pessoas, para prevenir os problemas psicológicos a longo prazo. O mais importante é abrir um canal de comunicação, um instante reservado para que os mineiros possam enviar mensagens."

Já estava provado que as cartas serviram como um grande estímulo psicológico às famílias e aos mineiros. Entre os primeiros pedidos deles estavam papéis e canetas. Os chilenos tinham conseguido também montar um sistema telefônico com os mineiros, que logo seria substituído por um sistema de videoconferência. Mas comunicações abertas também significam perda de controle. E se uma esposa resolvesse pedir o divórcio ao seu marido mineiro? Seria mesmo o momento de discutir contas da casa ou finanças?

Dia 27
Quarta-feira, 1º de setembro

A distância, o campo de resgate da mina San José parecia um canteiro de obras enlouquecido. Gruas enormes funcionando 24 horas por dia e transportando facilmente tubos de metal com a largura de um mastro de navio. Caminhões de cimento, escavadeiras e máquinas de mineração robóticas, que pareciam insetos, rondavam a encosta da montanha. Os estacionamentos estavam lotados de suprimentos, de brocas de vários tamanhos e de 28 contêineres de carvão. Em tambores de óleo, o carvão em brasa servia como luz noturna e aquecimento para os aproximadamente vinte policiais espalhados como sentinelas pela encosta.

Turnos de homens com capacetes, com suas grandes mãos imundas e seus rostos sem sorrisos, eram a evidência da tarefa árdua que reunira centenas de trabalhadores de resgate nas quatro semanas anteriores. Dentro da confusa tenda havia homens do Brasil, da África do Sul, dos Estados Unidos e do Canadá, unidos a centenas de chilenos altamente treinados. As pessoas envolvidas no resgate perderam aniversários de filhos e abandonaram suas famílias para viajar ao deserto do Atacama e ajudar. Eram voluntários em turnos de 12 horas, tentando salvar homens que não conheciam, que talvez nunca encontrassem.

Caravanas de picapes 4x4 chegavam com comida, maquinaria e doações. "Estamos aqui para ajudar famílias e crianças. A cada quatro ou cinco dias trazemos leite e iogurte para essas 180 pessoas", disse Adolfo Duran, supervisor de distribuição dos alimentos da marca Soprole, apontando caixas de iogurte e engradados de leite. "O sentimento de fraternidade aumentou muito este ano. Primeiro tivemos o terremoto, e agora isto. Pessoalmente, sinto que nossa nação ficou muito mais forte este ano."

No sopé da montanha, além das barreiras policiais, disputas familiares surgiram e se tornaram parte do circo da mídia. Centenas de repórteres presos atrás da linha de segurança tinham pouco a fazer além de entrevistar um ou outro e especular. Quantos mineiros casados tinham amantes? Os homens presos estariam praticando sexo? A operação realmente seguia tão sem percalços como o governo de Piñera a pintava?

Mesmo com todo apoio e ajuda, o acampamento Esperanza já não era um festival de amor superficial. Brigas familiares estouraram e lágrimas eram jorradas em discussões. "Yonni não quer sair da mina", brincou um médico que trabalhava no acampamento Esperanza ao descrever o triângulo amoroso do mineiro Yonni Barrios, que o enredava num outro nível de aprisionamento. Sua esposa da vida inteira e sua amante de muitos anos continuavam em pé de guerra. Família depois de família, as histórias eram as mesmas: filho e filhas desaparecidos há anos surgiam para ver pais que nunca foram verdadeiros pais, uma dolorosa e tocante demonstração dos ímpetos do coração, mesmos entre laços de sangue havia muito desfeitos.

Os funcionários do governo local notaram que o acampamento Esperanza continuaria a crescer. Sua população era de quinhentas pessoas e novas "vizinhanças" surgiam toda semana, quando equipes de jornalismo chegavam em busca de um pedaço de terra e de uma chance de encontrar novidades numa história que o mundo inteiro acompanhava. Em 2000, quando *Kursk*, um submarino russo com 118 tripulantes, afundou, a mídia de todo o mundo ficou pregada aos apuros dos marinheiros, que lentamente morriam, e sua história foi medida pelas fracas batidas "tap... tap tap", código Morse enviado do interior da embarcação. Uma década mais tarde, quase no mesmo dia, o drama mineiro no Chile se transformou, sem sombra de dúvida, na maior tragédia multimídia do mundo. Estabelecida a conexão em fibra ótica com os homens, câmeras foram enviadas por *la paloma*, bem como sistemas de entretenimento, incluindo um projetor de vídeo e aparelhos de MP3, permitindo aos 33 mineiros postarem-se entre as vítimas de desastre mais conectados e explorados pela mídia na história da humanidade. Dois meses após o desmoronamento, o número de buscas no Google por "chilenos" e "mineiros" alcançou 21 milhões. A história dos mineiros chilenos rapidamente se transformou num alimento básico da dieta do mundo do entretenimento.

O acampamento Esperanza tinha agora áreas para crianças, quadros de notícias para a comunidade e serviços regulares de transporte em ônibus às cidades próximas, bem como plataformas para pregadores evangélicos, com suas rezas amplificadas, e vários alto-falantes emaranhados a três metros de altura na tenda da imprensa internacional. Enquanto jornalistas e produtores enviavam novas reportagens, eram muitas vezes tomados de assalto por gritos de fé, promessas de salvação e lembranças de que ninguém deveria se esquecer do "trigésimo quarto mineiro", Jesus Cristo.

Enquanto os funcionários chilenos continuavam a cuidar dos enormes desafios técnicos e logísticos que tentavam vencer para retirar os homens da mina, famílias brincavam e faziam churrascos, em paz ao saberem que os mineiros estavam vivos. Com fogueiras e abundante energia positiva, o acampamento já não parecia um local de refugiados, mas sim um festival de música. Apresentações ao vivo surgiam o tempo todo. Nos teclados, o famoso pianista chileno Roberto Bravo, cercado por uma família, fez o que descreveu como a performance de sua vida.

"Agora eu posso respirar aliviado. Já não resta dúvida", disse Pedro Segovia, 38 anos, irmão do mineiro Darío Segovia. "Antes, não sabíamos se as máquinas realmente encontrariam os homens a setecentos metros de profundidade." Chupando um limão, que às vezes salpicava, Segovia descreveu a mina San José como uma armadilha mortal. "Eu trabalhei lá por um ano. Sempre foi um local perigoso. Todos que entravam na mina imaginavam: isso vai aguentar? Certa vez, um pedaço do teto, uma pedra de cem quilos, caiu em cima de mim. Felizmente, ela ficou presa numa tela de proteção e apenas raspou as minhas costas."

Pedro Segovia revezava com familiares e amigos na vigília de sua tenda, onde uma vela solitária ardia entre imagens de Jesus e da Virgem Maria. A vigília da família não era por medo de roubos. O acampamento Esperanza era o tipo de lugar onde telefones celulares perdidos eram cordialmente devolvidos aos seu gratos donos. A família Segovia mantinha um membro sempre acordado em respeito a Darío. Ele estava logo abaixo, preso. Como poderiam estar todos dormindo?

Ao lado da tenda da família Segovia, um grupo de crianças brincava com velas postas num altar em homenagem ao avô, Mario Gómez. Com lápis e giz de cera desenharam simples imagens de carros e solenemente colocaram os desenhos ao lado da foto, depois voltaram para brincar nas pilhas de pedra que lotavam a antes estéril encosta.

O acampamento Esperanza estava se transformando numa comunidade. Embora cada família montasse sua casa e rotinas diárias, a causa e o propósito comuns deram àquela vida apinhada um ar de civilidade. Entre os membros das famílias havia poucos segredos. A mistura de muito tempo livre e uma paixão em comum significava notícias viajando rapidamente pelo pequeno acampamento.

Carolina Narváez, esposa de Raúl Bustos, estava se familiarizando com tragédias. Seis meses antes, presos no epicentro de um terremoto de 8,8 graus na escala Richter, Narváez e Bustos viram um tsunami destruir o estaleiro onde ele trabalhava. Trabalharia na mina San José temporariamente, pelo menos até que Talcahuano, cidade natal de Bustos a mais de mil quilômetros ao sul, fosse reconstruída. "Ninguém jamais viveu tanto tempo debaixo da terra. Eu não posso estar mais fraca do que ele", disse Narváez, sentada numa pedra e fumando um cigarro. Atrás dela, um pôster mostrava Raúl olhando para o vazio com o rosto carrancudo. Carolina não tinha ilusão de que sobreviveriam à tragédia sem efeitos colaterais. "Sei que o Raúl que entrou na mina não é o mesmo que vai sair dela."

Numa tenda próxima, a menos de vinte metros de distância, Nelly Bugueño praticamente festejava que seu filho, Víctor Zamora, tivesse ficado preso na mina. Sempre crítica do estresse diário vivido pelo filho, Nelly disse que o acidente o forçaria a olhar para dentro de si mesmo. Ela lia e relia suas cartas, fascinada. Mineiro durante toda a vida, Victor nunca demonstrara talento para palavras emotivas e encorajadoras. Aquele definitivamente não era o mesmo Victor que ela criara e vira se transformar num mineiro.

"Ele encontrou seu segundo eu lá dentro. Descobriu que é um poeta. De onde vêm tantos sentimentos bonitos? Eles desabrocharam?", Bugueño sorria, sua pequena estatura ofuscada pelo imenso orgulho. "Não quero que ele trabalhe mais nas montanhas. Deveria escrever canções e poemas."

Num país que produziu dois ganhadores do Nobel de literatura, Gabriela Mistral e Pablo Neruda, não é surpresa que Zamora tenha se transformado no poeta oficial dos mineiros. As composições rimadas de Zamora eram em sua maioria homenagens de uma página à equipe de resgate. A combinação de fé, gratidão e humor de suas mensagens rapidamente tornaram-nas as mais lidas entre as que vinham do interior da mina. Mesmo depois de várias leituras, os poemas de Zamora levavam lágrimas aos olhos de Pedro Campusano, paramédico que trabalhava na estação *paloma*. "Quando surgiu o primeiro, li e parei no meio. Não podia...", os olhos cheios de lágrimas. "Quando li... fiquei tomado por várias emoções."

Apesar da euforia inicial de terem encontrado os mineiros com vida, tirá-los da mina — o que os engenheiros chilenos chamavam de "o assalto final" — era um desafio assustador. Seria preciso um esforço de três ou quatro meses para perfurar setecentos metros em direção aos homens, além de um sistema para resgatar um a um do refúgio. Reconhecendo a natureza sem precedentes do desafio, o governo de Piñera optou por múltiplas estratégias de resgate, com tecnologias diferentes usadas ao mesmo tempo. Os dois complicados planos de perfuração tinham nomes estranhamente simples: A e B.

O Plano A envolvia uma das maiores perfuradoras do mundo, uma jamanta australiana conhecida como "Strata 950 raise borer". A "broca aumentada" era capaz de perfurar um buraco de 66 centímetros de diâmetro por mais de três quilômetros de profundidade, custando de três a cinco mil dólares por cada metro perfurado. Só existem seis máquinas como essa no mundo, e, por sorte, uma delas fora instalada no Chile. Para o resgate, o plano de engenharia determinou que a "broca aumentada" desceria diretamente até eles. Num primeiro momento, cavaria um buraco de 46 centímetros, depois uma segunda e maior broca o alargaria, para que os homens pudessem ser extraídos numa cápsula de resgate. O trabalho era lento mas seguro. Em quatro meses — perto do Natal — o túnel estaria terminado. Especialistas concordaram que a Strata 950 poderia terminar o trabalho. Porém, após um período tão longo de confinamento, os mineiros estariam sãos, ou mesmo vivos?

Autoridades chilenas foram inundadas com centenas de propostas para salvar os mineiros. Quase sem ter tempo para pensar, eles se debruçaram sobre a estratégia usada para salvar os mineiros de Quecreek, na Pensilvânia. O plano seria usar um dos túneis já existentes e aumentar o seu diâmetro com uma poderosa perfuradora norte-americana chamada Schramm T-130. Conhecido como Plano B, tal proposta oferecia a possibilidade de resgatar os homens em menos de dois meses. No entanto, não havia garantia de que as técnicas que funcionaram para setenta metros pudessem ser estendidas a mineiros presos numa profundidade dez vezes maior.

Dia 29
Sexta-feira, 3 de setembro

Brandon Fisher chegou ao acampamento Esperanza com uma missão especial: ajudar a realizar o Plano B. O incansável engenheiro se reunia com membros da mesma equipe que oito anos antes salvara os mineiros na Pensilvânia rural. Seriam capazes de repetir o milagre?

James Stefanic, presidente das operações da Geotec Boyles Brothers no Chile, uma empresa norte-americana e chilena, pôs o mesmo modelo de perfuradora que fora usada em Quecreek — uma Schramm T-130 — na mina Doña Inés, ao norte do Chile. A máquina de 45 toneladas é altamente portátil e tem cinco eixos, significando que o seu transporte é fácil e pode ser montada rapidamente. Acordos foram feitos para levá-la à mina San José.

O Plano B também poderia se chamar "Cego". Não havia maneira de guiar a perfuradora. Fisher era a peça-chave. Em sua fábrica em Berlin, na Pensilvânia, ele e os seus oitenta empregados chegariam a uma solução. Fisher estava convencido de que sua equipe desenvolveria e fabricaria uma broca com um focinho menor, que entraria no furo de sondagem, fazendo com que o túnel fosse alargado.

Ainda assim, o Plano B era bastante experimental — a perfuradora nunca fora usada para um resgate tão profundo. "Uma das coisas mais importantes ao perfurar é saber exatamente o que a broca terá de suportar", disse Mijail Proestakis, engenheiro do Plano B. "Descer é fácil, mas devemos nos lembrar que será preciso puxar tudo aquilo." Os engenheiros eram cuidadosamente otimistas de que a máquina poderia aguentar o peso de todo o poço de perfuração — mais ou menos 48 toneladas.

A embaixada chilena em Washington convenceu a United Parcel Service, gigantesca empresa de navegação baseada em Sandy Springs, Geórgia, a coordenar um grande carregamento. Doze toneladas de equipamento de perfuração foram enviados do cinturão de ferro da Pensilvânia ao remoto deserto do Atacama. A UPS Foundation, divisão filantrópica da empresa, que fatura cinquenta bilhões de dólares anuais, pagou a conta.

Mas uma peça-chave do Plano B ainda faltava: a perfuradora. Mesmo com os avanços nos sistemas de perfuração e a tecnologia GPS, a Schramm T-130 ainda precisava de um capitão para guiar sua missão. E Stefanic sabia exatamente quem deveria estar no leme.

Jeff Hart, um homem alto, de quarenta anos e pele bronzeada, natural de Denver, no Colorado, trabalhava com petróleo e era especialista em encontrar tesouros enterrados. Ele era regularmente enviado aos cantos mais feios do planeta para guiar perfuradoras.

Naquele momento, Hart perfurava para o Exército americano no Afeganistão. Numa terra cheia de minerais, petróleo e gás, Hart fora contratado para descobrir o bem mais valioso que existe sob a terra: água, o novo ouro afegão.

A primeira mensagem enviada a Hart foi bem direta. Uma mina desmoronara na América do Sul. Trinta e três homens estavam vivos mas soterrados a setecentos metros — no fundo de uma mina de ouro e cobre. Estaria ele disposto a ir até lá e tentar resgatá-los com segurança? Hart concordou e, como um personagem de filme de James Bond, foi "resgatado" das profundezas da área rural do Afeganistão, voou até Dubai, depois para Amsterdam e de lá para o Chile. Ao ser perguntado por que escolhera Hart, Stefanic foi claro: "Ele é simplesmente o melhor."

COM HART SENDO ENVIADO PARA TOMAR o controle do Plano B, a competição entre as duas equipes aumentou. Os engenheiros começaram a apostar qual operação de resgate encontraria os mineiros primeiro. Glen Fallon, canadense muito alto e operador principal do Plano A, disse dar as boas-vindas à competição. "Houve um SOS global para essa situação. Recebo e-mails todos os dias de gente que quer ser voluntária, vir para o Chile e ajudar", disse ele. "Até mesmo os meus concorrentes estão oferecendo ajuda. Nesta corrida existe apenas uma equipe."

Dia 35
Quinta-feira, 9 de setembro

Jeff Hart se sentia em casa nos controles da perfuradora Schramm T-130, máquina que operara durante milhares de horas. Usando alavancas e pedais, ele trabalhava de pé, raramente tirava seus óculos escuros, com os ouvidos envoltos em proteções amarelas em forma de bulbo. Um farrapo estava pendurado na parte de trás de seu capacete, protegendo a nuca do sol do Atacama. Após ter viajado meio mundo, Hart estava agora em busca do alvo mais valioso que jamais procurara: um grupo de homens. Durante vários dias, ele raramente saía do seu local de trabalho na escavadeira do Plano B. Perfurava dez horas diárias — a passagem do tempo era medida pela crescente coleção de óleo e sujeira que cobria seu macacão. Então, no dia 9 de setembro, o quinto da operação, o Plano B foi paralisado.

Enquanto isso, o Plano A continuava a perfurar lentamente a encosta da montanha. A enorme máquina removera e estraçalhara quase 150 metros de pedra. Embora o Plano B perfurasse mais rápido, ele primeiro tinha de fazer um buraco menor, e depois perfurar novamente para alcançar um diâmetro que permitisse a retirada de um ser humano pelo poço. O Plano A era uma espécie de tartaruga — lenta, mas constante — e perfurava um túnel largo o suficiente para extrair um homcm.

Hart observava confuso a pressão do ar perdendo força e a broca em funcionamento, mas sem perfurar a pedra.

Ao atingir 270 metros, a operação foi paralisada. Hart tentou decifrar os sinais que vinham de baixo. Os engenheiros não tiveram escolha: pararam a perfuração e removeram a broca aos pedaços, para que pudessem enfim inspecioná-la. A evidência era óbvia: a cabeça da broca rasgara. Blocos do tamanho de bolas de futebol torceram a haste de tungstênio e aço. Eles desceram uma câmera de vídeo pelo poço, e ela mostrava as peças perdidas presas ao ferro. Mapas falhos levaram os engenheiros a desenhar uma rota de perfuração que passava por uma camada de varas usadas para reforçar a mina. E as varas acabaram sabotando o túnel de resgate.

Dia 36
Sexta-feira 10 de setembro

Numa tentativa de remover os pedaços de metal, os engenheiros desceram pesados ímãs pelo poço já perfurado, mas o esforço foi em vão. A ideia de afrouxar os fragmentos de metal também se mostrou inútil. O metal estava preso. A pedra agarrara com força os fragmentos da broca, como uma isca de pesca no fundo de um lago.

Igor Proestakis, engenheiro chileno de 24 anos, foi levado ao local do resgate por seu tio Mijail, um dos chefes de engenharia da operação. Um dos mais jovens engenheiros no local, Proestakis ouviu falar no problema com os pedaços de martelo presos e começou a esboçar uma solução. Para tanto, lembrou-se de que, em suas aulas na universidade, aprendera uma antiga técnica para retirada de material perdido do interior de minas: descer ao fundo do túnel um maxilar de metal aberto e com dentes afiados, ajustando-o ao redor do alvo — neste caso, as peças de tungstênio. Uma pressão extrema deveria ser aplicada sobre a mandíbula de metal, como se fosse o pé de um gigante amassando uma lata de alumínio. A pressão empurraria os dentes, que lentamente se fechariam, agarrando a "presa". Conhecido como "la Araña" ("a Aranha"), era uma técnica rudimentar, mas bastante testada. Mas mesmo assim as repetidas sugestões de Igor para que a Aranha fosse utilizada não foram ouvidas.

Com o Plano B paralisado, os líderes da equipe de resgate entraram em pânico quando o Plano A foi forçado a deixar de perfurar. Uma mangueira hidráulica precisava de atenção urgente.

Com as duas máquinas paradas, os mineiros foram tomados de assalto pelo som mais temido da mina: o silêncio. Nenhuma das máquinas ia na direção deles.

Dia 37
Sábado, 11 de setembro

Com o Plano A seguindo mais lento que o esperado e o Plano B parado — talvez para sempre —, uma onda de tristeza e medo se abateu sobre o acampamento. Os mineiros estariam amaldiçoados? Tamanho esforço de resgate não seria um mero prelúdio à inevitável morte de mais um grupo de trabalhadores mineiros? O governo estava determinado a manter o esforço ativo e já convidara uma terceira equipe à mina: o Plano C.

A chegada do Plano C, uma enorme operação de perfuração petroleira, abriu espaço para uma breve comemoração, e bandeiras foram agitadas no acampamento Esperanza. A imprensa — desmotivada por não conseguir cobrir o esforço de resgate em primeira mão — correu para filmar os 42 caminhões que subiam as estradas de cascalho lotados de tubos, torres e geradores, tanta maquinaria que a plataforma para suportá-la tinha cem metros de extensão, o tamanho de um campo de futebol.

A jamanta fora doada pela Precision Drilling, empresa canadense especializada em perfurações profundas na busca por poços de petróleo. Estava guardada havia dois anos num armazém em Iquique, cidade portuária situada a 1.600 quilômetros ao norte de Copiapó.

Com o extrato de cobre atingindo o preço recorde de seis dólares o quilo, os crimes em busca deste metal estavam evidenciados para o mundo inteiro. Em alguns pontos dos Estados Unidos, os moradores começaram a pintar mensagens com spray aos potenciais ladrões: "Não temos cobre, apenas TVC." Empresários derretiam moedas anteriores a 1984. O valor do cobre era bem maior que o das moedas, levando o *Financial Times* a publicar um artigo intitulado "Derreter moedas poderia começar a gerar centavos". Engenheiros do Plano C ficaram consternados ao descobrir que ladrões tinham entrado no armazém de Iquique e roubado o cobre dos cabos de sua máquina, removendo seu sofisticado circuito. "Foi um pouco frustrante voltar ao Chile. (...) Alguns cabos elétricos tinham sido roubados", disse Shaun Robstad, engenheiro-chefe. "Todos os fios tinham desaparecido, então meu eletricista pegou o telefone e começou a pedir cabos. O material foi reunido em Houston. (...) Muita gente trabalhou nos fins de semana e à noite para conseguir terminar a tarefa."

Dia 38
Domingo, 12 de setembro

Enquanto o amanhecer anunciava o trigésimo oitavo dia, Golborne e a equipe da Codelco começaram a considerar o impensável: abandonar o Plano B.

O plano de resgate original deveria escavar três furos de sondagem separados em direção aos mineiros: um para as *palomas* com comida e suprimentos, outro para as telecomunicações e um terceiro para água e ar fresco. Mas o Plano B canibalizou um dos três furos de sondagem originais, o que forçou a equipe de resgate a combinar telecomunicações com água e ar enriquecido. Restavam apenas dois tubos. Nenhum dos engenheiros queria arriscar perder um segundo furo para acomodar os planos experimentais dos gringos da Pensilvânia. Caso o tungstênio não fosse removido, um novo poço teria de ser aberto. E seria um tiro no escuro, uma escavadeira sem furo de sondagem para guiá-la.

Como chefe do Plano B, Jeff Hart estava enlouquecendo. Viajara meio mundo para ajudar a salvar os mineiros e agora, pelo terceiro dia consecutivo, a perfuradora estava parada. Os fragmentos de metal no fundo da mina eram sólidos. Tentativas repetidas de arrastar, alavancar ou puxar os pedaços falharam. Hart estava frustrado. Um relógio soava em sua cabeça. Cada dia de atraso significava um novo dia de sofrimento para os 33 mineiros.

Enquanto isso, André Sougarret trabalhava para coordenar a instalação do Plano C, a gigantesca perfuradora de poços de petróleo que estava sendo montada em tempo recorde. Em vez das habituais oito semanas, o Plano C estava sendo instalado em menos da metade deste prazo. Ainda assim, parecia uma tortura no contexto da Operação São Lourenço.

Com a operação ainda longe de ser solucionada, Igor finalmente conseguiu uma rápida reunião com Golborne. O ministro, exausto, ouviu a descrição da Aranha feita pelo jovem engenheiro e aprovou-a imediatamente. A Aranha foi descida, com pressão vinda de fora para forçar seus dentes. Depois, devagar, foi removida do poço. Na superfície, viram um pedaço de metal com um maçarico no interior da Aranha, arrasando todos os seus dentes. Entre faíscas, Igor removeu o último dente e a abriu: dentro dela estava um martelo de tungstênio. Os engenheiros, reunidos, vibraram. O Plano B poderia ter uma nova chance de êxito. Não seria preciso começar do zero, muito menos sem uma sonda guiando, como eles temiam. Ainda assim, o Plano B os fez perder tempo, e o inimigo não era somente a montanha — todas as horas contavam. Agora até os envolvidos no resgate perdiam o sono e deixavam suas barbas por fazer.

No fundo da montanha, os mineiros sentiram o caos do lado de fora. Cada vez que uma perfuradora parava de funcionar, o silêncio preenchia o mundo deles — um vazio terrível que renovava as dúvidas sobre um dia seriam resgatados.

Capítulo nove

Reality show

Dia 41
Quarta-feira, 15 de setembro

Ao receberem comida quente, roupas limpas, camas dobráveis que os tiraram do chão e um projetor em miniatura que levou televisão e filmes ao interior da mina, os homens migraram do limbo da sobrevivência física a um estado mais nebuloso: a monotonia da espera, sem um objetivo final claro. Um tubo entregava cem litros de água limpa por dia, e 1.200 metros cúbicos de ar frio e fresco eram bombeados a cada hora, mas a temperatura dentro da mina não se alterava, continuava estacionada nos 32°C e nos 95% de umidade.

Vinte dias após a chegada de comida, os homens tinham um novo problema: "Não tínhamos lixo antes. Ao contrário, procurávamos lixo", disse Samuel Ávalos. Eles encheram barris com a sujeira, e depois usaram as máquinas pesadas para despejá-los na parte mais baixa da mina. A falta de instalações sanitárias apropriadas era outro problema cada vez maior. Uma leve brisa vinda de baixo empesteava o local de um cheiro de urina velha. Aquilo ficou tão insuportável que os homens começaram a urinar em garrafas plásticas de água, tampando-as e despejando-as, recarregadas, no local onde atiravam o lixo. O ar melhorou drasticamente.

Enquanto engenheiros responsáveis pelo resgate e psicólogos trabalhavam o tempo inteiro para manter os mineiros ocupados, os homens começaram a afrouxar. Tarefas não cumpridas. Disciplina deixada de lado.

"O que realmente estragou foi a televisão. Quando ela chegou, arruinou as comunicações, foi um grande problema", disse Sepúlveda. "Alguns caras simplesmente não faziam outra coisa, estavam hipnotizados e assistiam à televisão o dia inteiro."

Os mineiros começaram a ver as notícias da noite, e aos poucos descobriam o impacto global da sua história. A narração enlouquecida de Sepúlveda no primeiro vídeo ganhou milhares de fãs do lado de fora, mas dentro da mina sua adulação provocou uma onda de ciúme. Para escapar à pressão, Sepúlveda começou a desaparecer dos principais locais de convivência. Vagava pelos túneis, por horas, parando para rezar.

"Quando perdíamos o controle ou a humildade, eu preferia andar sozinho pelo escuro", disse ele. "Encontrei meu canto. Você não tem ideia do que era estar sozinho lá dentro. Eu me sentia em paz."

Brigas e discussões explodiam sobre a que canal assistir. Urzúa ligou para cima e reclamou que a televisão estava "destruindo a organização", e pediu que o sinal se limitasse a noticiários, um pouco de futebol e alguns filmes ocasionais.

Grande parte dos rituais que os homens desenvolveram nos duros primeiros 17 dias se desmoronavam. Com a comida e o conforto chegando diariamente do lado de fora, os laços de solidariedade que os mantiveram vivos nos momentos mais difíceis começaram a desatar. "Nos seus vários turnos, os homens observavam os companheiros que dormiam. Eles pousavam suas mãos sobre o peito dos adormecidos para ver se respiravam. Por conta do monóxido de carbono na mina, queriam ter certeza de que estavam vivos", disse Pedro Gallo, técnico das telecomunicações, que conversava diariamente com os mineiros. "Eles eram conhecidos como 'anjos da guarda' (...) Eram vigilantes, protegiam os homens que dormiam, mas quando a televisão chegou abandonaram as rondas. (...) Preferiam ficar vendo TV."

Um correio regular agora chegava até os mineiros. Todos esperavam pela entrega da *paloma* com o seu nome e uma carta dentro. Mas logo ficou claro que nem todas as cartas eram entregues no momento certo. "Não havia como manter uma conversa. As respostas vinham quatro ou cinco cartas depois", disse Claudio Yáñez.

Os familiares começaram a se perguntar sobre o destino das cartas que a equipe de resgate descrevia como "perdidas". "Acho que algumas cartas foram simplesmente desviadas ou jogadas fora", disse o dr. Romagnoli, que claramente não apoiava a medida.

Os psicólogos mais jovens começaram a arquivar cartas, abertamente, junto ao ministro da Saúde, em protesto contra o que viam como uma censura antiética.

Ao telefone com os parentes, os mineiros acusavam o governo de sabotar as relações familiares. Começaram a fantasiar sobre enviar Iturra, o psicólogo, à prisão. "Eles me perguntaram se havia policiais aqui em cima, na *paloma,* que pudessem prender Iturra. Disseram que enviariam pedras com ouro à polícia, como recompensa. Eu respondi: 'Tudo bem, negócio fechado'", disse o dr. Romagnoli ao descrever a tentativa desesperada dos mineiros de eliminar Iturra de suas vidas. Eles imaginaram que o plano realmente funcionaria: "E enviaram as pedras."

No entanto, a frustração com os dias de atraso e as cartas perdidas enfim chegou ao limite quando Alex Vega, um dos mais quietos e reservados, explodiu ao conversar com Iturra sobre a censura. Numa torrente de xingamentos e insultos, Vega ameaçou o psicólogo, dizendo que para se comunicar com sua família ele escalaria a mina. Para os companheiros, ele descreveu de que maneira tentaria escalar as séries de rachaduras e pequenas reentrâncias da encosta que todos imaginavam estar seladas e finalmente chegaria ao lado de fora. Tal missão, aos olhos de todos, era quase uma sentença de morte. E, no fim das contas, sem equipamento de escalada profissional, comida ou iluminação suficiente, o próprio Vega desistiu da ameaça.

Do lado de fora, apesar dos problemas, Iturra não manteve o sistema de recompensas e punições. "Eles não deveriam ter recebido a televisão, ela deveria ter sido ganha em troca de algo", disse o psicólogo destemido, com frustração na voz. Quando os mineiros se comportavam bem, ganhavam mais horas de televisão ou música ambiente. Outras regalias — incluindo imagens ao vivo do mundo acima da mina — eram guardadas como reserva. Se os mineiros merecessem uma recompensa ou ficassem rebeldes, Iturra estava pronto com uma cenoura ou um castigo. Eles começaram a se revoltar contra o que enxergavam como um tratamento opressor. Numa demonstração de força, rejeitaram as sessões diárias de análise.

Quando um kit personalizado de jogos de dados de couro foi enviado, eles protestaram. Três jogos tinham erros tipográficos em seus nomes. Os homens enviaram tudo de volta, com uma carta furiosa.

"Os mineiros são como crianças", disse o dr. Díaz, médico chefe. Segundo ele, após satisfazerem suas necessidades primárias, como a fome, eles aprimoram as exigências. "Agora que têm comida, água e suporte, pedem roupas, e notamos que vão subir a outro nível: pedir que as comidas tenham um gosto mais agradável. Há alguns dias devolveram a sobremesa — pêssegos —, pois um deles não gostou do sabor."

Como resposta, a equipe de Iturra instituiu mais punições. "Quando isso acontece, temos que dizer: 'Ok, vocês não querem falar com os psicólogos? Tudo bem. Mas hoje não terão televisão, e nada de música, pois somos nós que administramos essas coisas. E se quiserem revistas, terão de conversar conosco'. É uma queda de braço diária", disse o dr. Díaz. "A NASA nos avisou que deveríamos aceitar as flechas, para que não começassem a alvejar uns aos outros. Então nos colocávamos de peito aberto, eles poderiam mirar nos doutores e psicólogos."

Abertamente crítico ao que via como uma estratégia provocativa, o dr. Figueroa, psiquiatra contratado para supervisionar a operação, acusou a equipe de tratar os mineiros como ratos de laboratório. Segundo ele, primeiro testaram protocolos pouco comuns, depois estudaram os resultados como se fosse uma experiência. "É perigoso implementar intervenções psicológicas sem o consentimento dos mineiros", disse Figueroa. "Estão se intrometendo na vida deles. (...) Isso é um ataque à dignidade dos mineiros. (...) O fato de que são capazes de aguentar não significa que são invencíveis ou especialmente resistentes. (...) Eles estão muito frágeis."

Iturra não se perturbou com as crescentes críticas: "Arrancamos a primeira página do jornal e os mineiros ficaram loucos, gritando", disse ele, defendendo a censura. O artigo arrancado descrevia um acontecimento numa mina, na região de Copiapó, em que quatro homens foram despedaçados por explosivos detonados acidentalmente. Iturra alertou: "Um dos mortos tinha o mesmo sobrenome de um dos mineiros presos lá embaixo, talvez fosse um parente. Mas eu não tinha tempo de checar e não poderíamos deixar que descobrissem isso desse jeito, lendo o jornal."

"A falta de informação e a incerteza são duas das piores agressões psicológicas para os seres humanos", escreveu Figueroa, numa dura crítica à equipe de psicólogos da San José. "A informação rigorosa, enviada a tempo, honesta e realista é essencial. O benefício de restringir a informação para não enviar más notícias não está baseado em qualquer evidência empírica e pode comprometer a confiança dos mineiros na equipe de resgate." Mas Figueroa também sabia que Iturra tinha uma missão quase impossível. Os mineiros eram conhecidos por serem um dos grupos menos receptivos a conselhos psicológicos. Eles tendem a esconder suas fraquezas, segundo Figueroa, que ressaltou a dificuldade de tratar a mente de um grupo que obstinadamente se opunha não apenas a Iturra, mas a tudo o que ele representava.

Na videoconferência entre os mineiros e seus familiares, a alegria do contato mais próximo foi enevoada por uma amarga sensação de que os psicólogos estariam evitando a comunicação verdadeira. Embora a família de Víctor Zamora tenha dito que lhe escrevera 15 cartas, ele havia recebido apenas uma, e começou a pensar que lhe estariam escondendo alguma coisa. "Victor está muito chateado porque não estão entregando as cartas", disse o sobrinho de Zamora. "Está a ponto de explodir. Isso é muito desagradável. As cartas não estão chegando."

Inevitavelmente, a mídia começou a questionar a censura. Durante uma entrevista a um repórter chileno, Iturra defendeu a prática. "Ele disse que a opinião das famílias não interessava, que os mineiros eram 'suas crianças'", disse Pedro Gallo, parafraseando a conversa.

Mais tarde naquele mesmo dia, um grupo de 12 mineiros se reuniu para assistir às notícias da noite. Como sempre, Pedro Gallo, o responsável pelas telecomunicações, enviou o vídeo aos homens. Pedro também ficou sentado em frente a um monitor, de olho no mundo subterrâneo, e ficou assustado com a reação dos homens aos comentários de Iturra. "Eu vi seus rostos quando as notícias chegaram e quando ouviram Iturra. (...) E aí o telefone começou a tocar."

Irado, Sepúlveda telefonou para cima e pediu para falar com Iturra, que estava de folga. Gallo sabia que uma batalha era iminente. "Mario não me disse nada, mas pela sua voz ficava claro que ele estava muito chateado."

Gallo explicou que Iturra quebrara um código sagrado entre os mineiros: ele havia insultado a família.

A unidade dos homens estava agora abalada por distintas prioridades individuais, muitas horas de sono e turnos de trabalho em grupo. Eles continuavam as atividades diárias, incluindo orações e reuniões ao meio-dia, mas era cada vez menor o número de homens presentes. As necessidades de sobrevivência foram abrandadas pelo relativo conforto oferecido pela equipe de resgate. Em momentos cruciais, no entanto, como na rejeição à censura, eles ainda falavam numa única voz.

Dia 42
Quinta-feira, 16 de setembro

Ainda pela manhã, Sepúlveda ligou e pediu para falar com Iturra. Era um pedido urgente. Iturra atendeu. Mais uma vez, Gallo estava à frente da comunicação e sabia que algo estouraria. Sepúlveda acusou o psicólogo de abusar dos direitos dos mineiros. Após uma defesa pouco inspirada, Iturra ficou calado. Sepúlveda atacou de novo: "Se você continuar a cagar regras em nossa casa, vamos destituí-lo. É sua última chance", disse ele, deixando claro que contaria sobre o incidente ao ministro da Mineração, Golborne.

Durante o resto do dia, numa série de telefonemas a autoridades políticas, os mineiros lançaram um contra-ataque.

"Ele estava nos tratando como crianças", disse o mineiro Alex Vega. "É claro que protestaríamos contra a censura."

Mesmo ainda no processo de recuperação de suas forças, os homens diziam agora que não aceitariam comida ou suprimentos. "Nós avisamos que, caso não interrompessem a censura, não receberíamos *la paloma* e deixaríamos de comer", disse Barrios. "Todos estavam contra o psicólogo, ele fez um péssimo trabalho. Se não fosse substituído, não comeríamos. Deixaríamos as *palomas* repletas de comida", disse Samuel Ávalos. "Como bons mineiros, planejamos uma greve."

Depois de quase morrerem de inanição, os mineiros ameaçavam iniciar uma greve de fome.

ENQUANTO OS HOMENS RECLAMAVAM com o governo, pouca coisa poderia ser feita. Iturra fora contratado pela empresa de seguro de saúde privada dos trabalhadores, a ACHS. "Nós tentamos demitir Iturra, sabotá-lo", disse um alto funcionário do governo Piñera que pediu para não ser identificado. "Mas eles nos ameaçaram dizendo que caso não estivessem no controle do aconselhamento psicológico, não cobririam as despesas médicas do resgate. Estávamos de mãos atadas."

De sua parte, Iturra chamou a batalha de catarse: "Eu avisei que seria o pai deles, se quiserem ficar chateados comigo, podem ficar, mas eu serei o pai deles e não os abandonarei, estou aqui e serei fiel."

As tensões estavam ficando fora de controle. O dr. Díaz encorajou-o a descansar um pouco e sugeriu uma semana sabática, fora da intensa rotina. Após mais de um mês no local, Iturra, sob a forte pressão dos mineiros, sem dormir bem e com toda a responsabilidade de manter a saúde mental de 33 vidas, concordou e foi para sua casa em Caldera, um porto pesqueiro a menos de uma hora da mina.

Claudio Ibañez, psicólogo de Santiago e assistente de Iturra, responsabilizou-se pelo aconselhamento diário. Com os mineiros rebelados e mais poderosos, era um momento tenso. Com as semanas — talvez meses — que ainda teriam pela frente, era crucial manter a calma e a saúde dos homens. O esforço de resgate era lento. O avanço das furadeiras era dificultado por problemas técnicos. Ibañez, um homem tranquilo com grande experiência no que ele chama de "psicologia positiva", subverteu as regras. Haveria apenas uma censura mínima. A *paloma* não seria revisada, muito menos as cartas.

COM AS RESTRIÇÕES SUSPENSAS, as famílias começaram a lotar a *paloma* com presentes secretos. Para Samuel Ávalos, a novidade foi uma dádiva de Deus. Ávido leitor, estava cansado dos panfletos de Testemunhas de Jeová e dos textos de autoajuda enviados por Iturra. Queria ficção, algo chocante que o transportasse para fora da mina. "Li *El Tila*, a biografia de um assassino psicopata de La Dehesa [bairro rico de Santiago]. É fantástica. Li três vezes", disse Ávalos.

"Acho que foi um erro. Eu era favorável ao controle", disse Katty Valdivia, esposa de Mario Sepúlveda. "Uma mulher sorrateiramente enviou uma carta ao amante secreto dentro da mina. Ela disse que estava grávida", comentou Valdivia. "Depois, a esposa descobriu e foi muito tenso para todos. Esse tipo de mensagem não deveria ter sido enviada."

Com o abrandamento das regras, mais do que apenas cartas era enviado aos mineiros. Valdivia descreveu como as famílias "começaram a mandar cigarros, pílulas e mesmo drogas pela *paloma*. Não deveria ter sido totalmente liberado. Alguns mineiros ficaram zangados e mal-humorados". Dizem que foram enviadas anfetaminas aos homens. De acordo com Valdivia, Ibañez deveria saber o que estava acontecendo. Enquanto isso, o caos se instalava lá embaixo. "A abertura dos portões criou um conflito entre os homens no fundo da mina, disse Valdivia. "Passaram do controle estrito à repentina falta de controle."

"Antes que nos déssemos conta, as famílias conseguiram enviar contrabandos ao interior da mina", disse o dr. Romagnoli. "Os mineiros não podiam receber doces por conta dos problemas dentários, mas as famílias enviaram biscoitos, chocolate e guloseimas."

Mesmo uma simples infecção, como o dente inflamado de Zamora ou um aumento na taxa de insulina de Ojeda, que era diabético, poderia rapidamente levar a uma crise. Os médicos do lado de fora estavam determinados a evitar o ato mais dramático: ter de guiar Yonni Barrios numa cirurgia. Embora a ameaça de que Barrios poderia ser forçado a operar estivesse sempre presente, o envio de alimentos contraindicados aumentou a preocupação.

Ávalos notou que alguns colegas agiam de forma suspeita. Afastavam-se do grupo em panelinhas, em direção ao banheiro — para fumar um baseado, suspeitou ele. "Nunca me ofereceram um", disse Ávalos. "Quando víamos cinco indo ao banheiro, sabíamos o que estavam fazendo." Ávalos estava desesperado por uma novidade rápida, algo que aliviasse o estresse de mais de um mês presos lá embaixo. "Fomos à área onde os homens usavam as escavadeiras, sabíamos que fumavam maconha. Eles trabalhavam dentro de uma cabine de plástico que os protegia, então podiam fumar seus baseados, depois fumavam um cigarro e ninguém percebia nada. Procuramos por todos os lados por uma *colilla* (ponta de cigarro de maconha)." Mas não encontraram nada.

Como a unidade do grupo e sua saúde a longo prazo eram fatores-chave da capacidade dos homens de sobreviver, as tentações dos prazeres a curto prazo — álcool, cocaína e maconha — entravam em conflito direto com as necessidades do coletivo. Ter pequenas quantidades de droga circulando na comunidade criou mais tensão do que liberou, instigou o ciúme e ameaçou alterar princípios básicos da vida em comum. Funcionários do governo chileno ficaram tão preocupados que cogitaram a possibilidade de pôr um cão farejador na entrada da *paloma*. "Nós a transformaríamos numa fronteira", disse um funcionário, meio de brincadeira.

Mas a maior necessidade dos homens não poderia ser enviada pelo tubo: as mulheres. Com a melhora rápida da saúde física, o sexo se transformou num tópico de conversa entre os mineiros e a equipe de resgate. Os impulsos sexuais estavam voltando, embora ainda estivessem longe do normal. "Tenho certeza de que colocavam algo na nossa comida, algo que nos impedia de pensar em sexo", disse Alex Vega. Na verdade, a equipe médica trabalhava num outro plano: como apaziguar o esperado aumento do apetite sexual dos homens.

"Um homem ofereceu bonecas infláveis para os mineiros, mas tinha apenas dez. Eu disse: '33 ou nenhuma.' Caso contrário eles brigariam por causa das bonecas: de quem seria a vez? Quem fora visto com a namorada do outro? Você está flertando com a minha boneca inflável", disse o dr. Romagnoli. "Elas deveriam ser um objeto de relaxamento. (...) Os mineiros tinham um local especial onde poderiam praticar sexo com as bonecas e nos pediram que enviassem quatro ou cinco delas, além de preservativos. Eles se revezariam. Estava tudo planejado. Se tivéssemos 33 bonecas, não haveria problema, e cada um poderia fazer o que quisesse com a sua (...) mas eu não poderia pedir que compartilhassem."

As bonecas nunca foram enviadas. Em vez disso, os homens receberam pornografia e pôsteres de pin-ups de *La Cuarta*, tabloide chileno famoso por suas garotas, conhecidas como *Bomba 4*. Quando os mineiros queriam privacidade, bloqueavam a câmera do governo colocando uma desses pin-ups na frente das lentes.

Dia 44
Sábado, 18 de setembro

O Dia da Independência chilena foi um intervalo bem-vindo na rotina da equipe de resgate, dos mineiros e de suas famílias. Naquele ano, o 18 de setembro também era o tão anunciado bicentenário da nação. Em vez de lutar por cartas censuradas ou bonecas infláveis, os mineiros concordaram com um evento montado pelo governo: realizariam uma cerimônia, com comidas especiais e cantando o hino nacional.

O esperado bicentenário foi ofuscado por Los 33. Do lado de fora da mina, o comandante Navarro, da frota de submarinos chilena, dirigiu uma cerimônia de alçamento de bandeira na área plana normalmente utilizada para as coletivas de imprensa, num esforço para promover um simbolismo institucional à data história. Próximo à bandeira, um cartaz com os rostos dos mineiros fora erguido.

Setecentos metros abaixo, acontecia uma cerimônia simples. Omar Reygadas puxou a corda que ergueu uma pequena bandeira chilena. No interior do túnel, ele a alçou o mais alto que pôde, pouco mais de um metro acima de sua cabeça. Depois, Sepúlveda começou sua dança única de *la cueca*. Com o capacete de mineiro numa das mãos e uma toalha branca na outra, ele girava o corpo com o entusiasmo de um verdadeiro *huaso*, o caubói chileno. A tradicional *cueca* é uma dança de cortesia em que o macho, com um chapéu branco de aba larga, bate com as esporas de prata no chão, enquanto a mulher gira ao seu redor, balançando os longos cabelos e a saia num rodopio de flerte. Ela se mantém à margem não para fugir do desejo dos homens, mas para incentivá-lo. A *cueca* de Sepúlveda foi uma performance solitária.

Os mineiros tinham construído um pequeno palco. Um plástico laranja encerado fora pendurado na parede e coberto com uma rústica cópia manuscrita de seu lema: *Estamos bien en el refugio los 33*. Uma bandeira chilena fora grampeada no centro do plástico, e do teto pendiam várias bandeirolas patrióticas com as cores do Chile: azul, branco e vermelho. Na borda da lona estavam escritos os nomes dos três grupos: El Refugio, La Rampa e 105. A caverna árida estava agora vistosa com luzes brilhantes, como um cenário improvisado de teatro. Com sapatos de sola de borracha, meias brancas compridas e pernas cabeludas, Sepúlveda sapateava em cima das pedras afiadas enquanto seus *compañeros* o observavam com evidente tédio. No momento final, ele ficou de joelhos, abriu os braços como um peregrino devoto e enviou suas energias para cima, através de metros de rocha sólida. "Obrigado a todos os nossos colegas que estão lá fora trabalhando por nós! Somos gratos por tudo que já foi feito e queremos agradecer." A voz de Sepúlveda falhou — uma prova da dureza de ser líder. A câmera passeou entre eles: seus rostos impassíveis, poucos sorrisos e quase nenhum interesse. Em vez de vítimas de um acidente, os homens começavam a se sentir verdadeiros atores.

Dia 46
Segunda-feira, 20 de setembro

Na reunião diária com a imprensa, Golborne, o ministro da Mineração, estava otimista: "Os três planos estão avançando como esperado", disse ele. O Plano A — a primeira operação, que começara no dia 29 de agosto — alcançou 325 metros, quase metade do caminho até os homens. Já os planos B e C, disse Golborne, avançam um metro por hora.

Quando o circo midiático no acampamento Esperanza se transformou num zoológico repleto de bandeiras, o especialista em mídia Alejandro Pino elaborava uma estratégia a fim de auxiliar os mineiros a lidar com seu novo e recém-descoberto status de celebridades. Pino, um homem magricelo de 67 anos e cinco décadas de experiência como jornalista e relações-públicas, deu cinco horas de aula de estratégia de mídia para os mineiros. O curso incluía técnicas de entrevistas, oportunidades de marketing, dicas sobre como lidar com perguntas e, acima de tudo, sobreviver à invasão dos paparazzi.

Jornalista havia muitos anos e chefe da divisão regional da ACHS, Pino não era pago nem obrigado a oferecer qualquer treinamento, mas se sentia responsável por fazê-lo, pelo bem dos mineiros. Tinha muita vontade de ajudá-los com a crescente invasão de câmeras e microfones.

As aulas, no início da tarde, eram uma ótima pausa nas conversas técnicas sobre o desenho do túnel de resgate ou nos desacreditados conselhos psicológicos. Os mineiros se reuniam no palco improvisado no fundo da mina. Pino, com o microfone na mão, trabalhava num contêiner de navio equipado com um sofá branco, algumas plantas e uma grande tela de televisão, pela qual via os mineiros.

Em vez de avisá-los sobre os perigos da superexposição midiática (como muita gente especulava), Pino foi direto ao ponto: "Se não olharem para a câmera, se derem uma entrevista enfadonha, nunca serão convidados para outra", disse aos homens. "Esta é uma oportunidade, e vocês devem aprender a usar linguagem corporal, a serem interessantes." Dono de uma personalidade exuberante e de uma voz grave e envolvente, Pino estava determinado a transformar os homens tímidos e confusos em astros da mídia.

Os mineiros gravitavam ao redor das aulas de Pino. Embora muitos permanecessem fora de plano, constantemente surgiam perguntas, ideias e comentários à medida que a confiança em Pino aumentava. Dados a animosidade e que sentiam por Iturra, alguns mineiros se recusaram a aceitar Pino, incluindo Samuel Ávalos. "Depois daquela palhaçada com o psicólogo, não queríamos falar com esse tipo de gente", disse ele. "Não gostamos da ideia."

Outros mineiros estavam praticamente desesperados para falar. Adotaram Pino como seu psicólogo de fato. No meio de uma conversa sobre estratégia de mídia, um dos mineiros mais velhos mudou de assunto e começou a confessar para Pino: "Se há alguma coisa que aprendi por aqui, é que os últimos vinte anos da minha vida foram um desperdício. (...) Quando voltar, vou me divorciar."

Começaram a surgir divisões no grupo. Luiz Urzúa estava infeliz porque alguns mineiros, incluindo Víctor Zamora, ganharam uma câmera de vídeo e filmavam os demais. E, quando receberam um exemplar da revista *Ya*, trazendo uma reportagem em que Sepúlveda se dizia o "líder" do grupo, mais discussões apareceram.

"Havia discussões e pequenas brigas. Eles estavam ficando nervosos e se enfrentando verbalmente, mas sem luta física. (...) Ninguém perdeu a cabeça", disse o dr. Romagnoli, que afirmou que *suas* maiores brigas eram com os engenheiros no topo da montanha. "Eu tive problemas com os trabalhadores na superfície. Eles não entendiam a importância do cuidado com a saúde. Poderiam ter o Plano A, B, C, o que fosse, mas e se os mineiros morressem? Aí todos os planos de perfuração seriam inúteis."

Dia 47
Terça-feira, 21 de setembro

Durante anos, o professor Nick Kanas estudou os astronautas. Ele conhecia muito bem os padrões de comportamento de homens confinados e estressados por longos períodos. No que descreveu como "síndrome três-quartos", os homens confinados ficam cada vez mais nervosos e irritáveis frente ao término de uma missão — nesse caso, o dia do resgate. "Depois de seis semanas, as pessoas tendem a ganhar terreno. Não costuma haver muita piada ou brincadeira, embora eles tentem. Vão começam a formar subgrupos", disse Kanas, que trabalha na Universidade da Califórnia, em San Francisco, e por um bom tempo foi consultor da NASA. "Depois de seis semanas, a situação se torna estéril e isolante. O que antes era gracioso e divertido — como as piadas de um colega — se torna irritante e cansativo."

Os homens estavam no fundo da mina havia 47 dias. E se as imagens mostrassem um mineiro abrindo a tampa da *paloma* e tirando comida, ou então o momento em que ergueram a bandeira e cantaram o hino nacional, a verdade é que a sua experiência estava sendo capturada em vídeo. Repórteres de televisão insistentemente lutavam para enviar câmeras pela *paloma*, para que os mineiros começassem a produzir um documentário lá embaixo.

Quando os detetives que trabalhavam para a Policía de Investigaciones de Chile (PDI) precisaram de evidências para documentar os detalhes do caso criminal contra os donos da mina, eles ensinaram aos mineiros o básico sobre fotografia criminal. Durante uma semana os mineiros pareciam astros da série *CSI*, ao documentar e filmar as falhas de segurança no interior da mina. Florencio Ávalos foi aos cantos mais distantes da mina filmar paredes rachadas, canos enferrujados e grandes pedregulhos espalhados por onde antes passava a estrada principal. Aproximadamente quarenta horas de evidência criminal foram filmadas pelos mineiros e enviadas para fora.

Dia 48
Quarta-feira, 22 de setembro
A queda da broca

No dia 22 de setembro, os mineiros receberam uma surpresa vinda de cima. Quando o Plano B alcançou 85 metros, a ponta da perfuradora desabou e uma das quatro brocas desceu em queda livre pelo poço, atingindo o chão da mina. Ninguém se feriu quando o metal tocou a lama, mas o Plano B foi suspenso.

Mario Sepúlveda ligou para a equipe de resgate: "Acho que temos algo de vocês aqui", disse, em tom de brincadeira. "Acho que é uma broca, uma broca de perfuração. Mas o que ela está fazendo aqui?"

Juan Illanes, um dos mineiros, pegou a broca do chão enlameado. Os mineiros tinham muita experiência com máquinas pesadas. Na realidade em que viviam todos os dias lidavam constantemente com muitas peças quebradas, improvisações de última hora e contratempos. Mas aquilo era intolerável. As frustrações começaram a chegar a um limite. "Eles estão trabalhando para te salvar e acontece esse tipo de falha? É deprimente", disse Samuel Ávalos. "Significa mais dois dias, mais cinco dias. Estávamos recebendo comida pela *paloma*, mas confinados. Presos! Era isso que nos matava."

Dia 49
Quinta-feira, 23 de setembro

A tensão dentro da mina continuou a aumentar.

Ibañez, o psicólogo, mantinha uma relação cordial com os mineiros, e muitos gostavam de sua atitude tranquila e positiva. No entanto, Ibañez era incapaz de manter o controle. A quebra de autoridade, a televisão sempre ligada, as drogas que entravam na mina — tudo isso era visto por muito mineiros como um grave erro. Eles pararam de escutar os conselhos do lado de fora e começaram a inventar suas próprias atividades.

Edison Peña iniciou uma exploração nos túneis. Antes do acidente, era um entusiasta dos exercícios, andando uma hora de bicicleta todos os dias, seguido de uma longa corrida. Agora ele corria cinco quilômetros pelos túneis. Suas botas de minerador, duras e de cano alto, prendiam suas pernas, então ele encurtou as botas com um cortador de arame. As pedras afiadas e o terreno desnivelado agravaram os danos em seus já machucados joelhos, mas Peña continuava a correr, como se quisesse escapar dos horrores dos túneis ou dos pesadelos em sua cabeça. Pablo Rojas, Mario Sepúlveda, Franklin Lobos e Carlos Mamani se uniram a ele. Os homens bufavam e suavam, depois descansavam na parte mais profunda da mina. Com as roupas feitas de plástico, os chapéus e os óculos de proteção, pareciam astronautas.

Jogos e livros começaram a ser enviados pela *paloma*. No refúgio, os homens organizavam sessões intermináveis de dominó e cartas. Muitas vezes, as cartas eram apenas uma desculpa para um bate-papo e brincadeiras, monólogos e jogos de palavra que abusavam do duplo sentido. Entre os mineiros, a habilidade de mostrar-se superior a um oponente — na mesa de jogos ou nos encontros diários — era fundamental para estabelecer respeito. E, embora as discussões existissem, lutas físicas eram extremamente raras — alguns mineiros disseram que nunca houve.

"Fui obrigado a atingir Ariel [Ticona] na cabeça com minha lanterna", admitiu Sepúlveda, sublinhando que o incidente foi um caso isolado de violência física entre eles. Ticona teria insultado a mãe de Sepúlveda, explicou um dos mineiros que testemunharam a briga. "Se tivéssemos deixado a violência chegar a tal nível, teríamos terminado com alguns mortos."

Quando Ibañez tentou levar o repórter de uma emissora chilena à sala de videoconferência para entrevistar os mineiros, outra discussão se levantou. O repórter foi escoltado a um pequeno contêiner no alto da encosta, numa área fora do alcance de qualquer pessoa sem credencial da Equipe de Resgate. Ibañez perguntou aos mineiros se o jornalista poderia fazer algumas perguntas. Urzúa, Sepúlveda e outros homens ficaram loucos. Imediatamente, o telefone acima do solo começou a tocar repetidas vezes. Os mineiros estavam indignados. Gallo ouviu a conversa que se seguiu.

Urzúa repreendeu Ibañez, dizendo: "Chega de ficar enrolando a gente, ok? Por que vai colocar um jornalista aqui? Não queremos jornalistas! Não queremos ser vistos. Estamos sofrendo muito aqui, então nada de entrevistas! Vamos relatar isso. Vamos mesmo."

Os mineiros chamaram René Aguilar, número dois da equipe de resgate e braço direito de Sougarret. Psicólogo de profissão e executivo da Codelco, Aguilar esteve na linha de frente por várias semanas. Mas agora estava furioso. "Ele veio falar com Ibañez e seu rosto estava vermelho. Ele estava nervoso", disse Gallo, que presenciou a cena.

Os mineiros rapidamente se reuniram quando o antigo psicólogo, Iturra, retomou o controle. "Aquela era a versão light de Iturra", disse Gallo, cujo trabalho incluía monitorar os vídeos ao vivo dos mineiros. "Ele voltou com uma atitude totalmente diferente, abrindo mão das duas horas de conselhos psicológicos junto aos homens. Disse que os mineiros poderiam utilizá-las para conversar com seus familiares."

Com os mineiros controlando com mão de ferro a censura, as cartas desaparecidas surgiram de repente. "Era como uma chuva de cartas. Eles mandaram todas... eu diria quase trezentas cartas de uma vez", disse Gallo.

Capítulo dez

Linha de chegada à vista

Dia 50
Sexta-feira, 24 de setembro

Era 24 de setembro e os mineiros passavam o seu quinquagésimo dia presos no interior da mina. Nos anais da mineração, não há registro de homens presos por tanto tempo que tenham sobrevivido. Ninguém no acampamento Esperanza celebrava o triste recorde. Porém, no lugar do desespero havia agora uma brecha de luz. As famílias vislumbravam um resgate. Três operações de perfuração multimilionárias estavam em busca de seus parentes queridos. A comida era entregue a cada poucas horas. O serviço postal ainda sofria com atrasos e eventuais censuras, mas pelo menos era operacional, e o serviço de lavanderia era impecável, embora tudo ainda tivesse de ser enrolado e pressionado para entrar na estreita *paloma*. Muitas esposas lavavam e passavam pessoalmente as roupas dos maridos. Algumas vezes borrifavam seus perfumes preferidos nas camisas, antecipando o momento em que se reencontrariam.

O sonho de estarem juntos novamente ganhou fôlego na tarde do dia 25 de setembro, com a chegada da *Phoenix*. A cápsula de resgate em formato de míssil — desenhada sob medida para a San José pela Marinha, seguindo especificações da NASA e da operação de resgate de Quecreek — estava pintada com as cores da bandeira do Chile. Com seus quase 420 quilos e uma área interna de dois metros de altura, a cápsula de resgate transformou-se num personagem. Ministros e integrantes da equipe posavam no interior do tubo circular. Familiares se aproximaram da engenhoca e a tocaram de leve, como se fosse um totem sagrado.

Enquanto os planos de resgate avançavam sem trégua, o dr. Romagnoli, que ganhara a confiança dos mineiros ao tomar pulso nos problemas com Iturra e Ibañez, começou a prepará-los para a saída da mina. Romagnoli sabia que, caso a cápsula falhasse ou ficasse presa, os responsáveis pelo resgate seriam obrigados a retirar os mineiros usando um método bem mais simples e arriscado: amarrando-os na ponta de um longo cabo. Mas o importante era que os homens estivessem na melhor forma física possível. Talvez tivessem que subir escadas, descer cordas ou, se a cápsula emperrasse, simplesmente ficar de pé por uma hora num espaço confinado.

Romagnoli, conselheiro das Forças Armadas chilenas e de atletas profissionais, começou a passar exercícios simples aos mineiros, preparando terreno para aulas de educação física mais extenuantes. Ele recomendou que corressem em grupo num trecho de pouco mais de dois quilômetros pelos túneis. Usando o treinamento do Exército norte-americano como modelo, os homens cantavam enquanto corriam. Romagnoli explicou que cantar era uma medida de segurança para manter seus corações sob controle: "Se as batidas ultrapassassem certo nível de aceleração eles não poderiam cantar e correr ao mesmo tempo."

O psicólogo disse que os homens estavam entusiasmados com as novas rotinas. "Uma das vantagens que temos é que eles são fortes. Estão acostumados a trabalhar com os braços e a parte superior do corpo. Não estamos lidando com uma população sedentária, eles responderão rapidamente."

Usando um sofisticado aparelho preso ao peito dos homens, conhecido como BioHarness, Romagnoli colheu várias informações sobre os mineiros. Agora eles eram os provedores de informações reais sobre situações extremas dos especialistas da NASA. "Os chilenos estão basicamente escrevendo um manual sobre como resgatar tanta gente, de um local tão profundo, após tanto tempo de confinação", disse Michael Duncan, um dos especialistas da NASA que visitou o Chile.

Além da habilidade demonstrada ao driblar os psicólogos, Romagnoli conseguiu ganhar a confiança dos homens quando apoiou seus pedidos por cigarros. Ele é um ex-fumante e questionou abertamente se o momento mais estressante na vida daqueles homens seria apropriado para pedir que abandonassem o hábito da nicotina. Romagnoli não foi nem um pouco ortodoxo: acreditou na sabedoria do senso comum, mesmo às custas da erudição dos livros científicos.

Em sua mesa, na parte mais alta da montanha, próxima à *paloma*, as tarefas diárias de Romagnoli — envio de remédios, monitoração dos sinais vitais e conversa com os mineiros — consumiam apenas uma parte do seu turno de 12 horas. Agora que os homens estavam relativamente confortáveis, em vez de escutar novidades sobre problemas de saúde urgentes, Romagnoli foi tomado de assalto pelas mínimas melhorias da condição de vida. Uma carta vinda da mina reclamava a falta de adoçante artificial. Outro mineiro enviou a Romagnoli o seu aparelho de MP3, reclamando que tinha muito *reggaeton* e pouca *cumbia*. Romagnoli começou a baixar músicas, a apagar e a alterar as informações no aparelho de MP3, inserindo nele uma lista feita sob medida. "Esses caras já não estão doentes", disse, sorrindo. "Agora eles acham que isto aqui é serviço de quarto e eu sou o maldito DJ."

Dia 52
Domingo, 26 de setembro

Como os mineiros continuavam a fazer vídeos, os personagens da linha de frente, incluindo Sepúlveda e Urzúa, estavam se tornando conhecidos no mundo todo, respectivamente, como o líder animado e carismático e o chefe de turno implacável. Muitos dos outros mineiros permaneciam anônimos. E não eram apenas invisíveis nos vídeos, mas também quando chegava a hora de trabalhar. Um racha começou a se formar entre os que estavam dispostos a ajudar no resgate e os preguiçosos que esperavam serem salvos. Apesar dos grandes esforços para manter os homens ocupados, a vida deles se reduzira a matar tempo. Era exatamente a situação que os homens da NASA avisaram: tempo livre, num ambiente estressante e praticamente inabitável, é um incubador de problemas.

Surgiram discussões entre os homens que trabalhavam e cumpriam suas tarefas e os que não faziam nada. Meia dúzia deles ficava deitada na cama, olhando para o teto rochoso, ouvindo música em aparelhos individuais ou esparramados desconfortavelmente na sala de televisão. "Eles eram moles, não faziam absolutamente nada", disse Franklin Lobos, descrevendo a atitude de vários mineiros.

Primeiro, foi a chegada da televisão que os distraiu. Agora, o tédio e uma relativa sensação de segurança ameaçavam a harmonia do grupo. Samuel Ávalos — cuja tarefa oficial era medir diariamente a temperatura, a umidade e os níveis de gases potencialmente fatais no interior da mina — revelou que seu trabalho era uma prática diária da monotonia. "A temperatura nunca se alterava, estava sempre em torno de 32°C, e a umidade a 95%", disse ele, contando como o calor estava deixando os homens malucos. Víctor Segovia, o escriba incansável, começou a ter pesadelos de que estava preso num forno.

Dia 54
Terça-feira, 28 de setembro

Após semanas de contratempos técnicos, as três operações de perfuração seguiam sua marcha lenta em direção aos homens. O Plano C finalmente ficara pronto e funcionava. Com seus cinquenta metros de altura, a enorme plataforma se erguia acima de seus "competidores". Utilizando enormes brocas que pareciam garras de dinossauro, o Plano C era o assunto entre os engenheiros. Estimaram que em vinte dias chegariam aos mineiros. Apostas foram feitas sobre o dia em que a broca alcançaria o refúgio. Mais uma semana foi necessária para que descobrissem que a rocha na mina San José era tão densa — duas vezes mais dura que o granito — que a rude jamanta petrolífera avançaria num ritmo bem mais lento do que os engenheiros e os mineiros esperavam.

Sougarret precisava tomar uma decisão delicada. Os túneis teriam de ser reforçados com um revestimento de aço? A vantagem do revestimento era uma superfície uniforme para as rodas retráteis e ajustáveis da cápsula *Phoenix*. Ninguém queria sequer pensar na logística necessária caso a *Phoenix* ficasse presa no tubo, e um resgate da equipe de resgate precisasse ser organizado. Ou, pior, o resgate de um mineiro a ponto de ser libertado. Todos os esforços para que a subida da cápsula fosse estável estavam sendo estudados com cuidado. Sougarret, no entanto, sabia que instalar o tubo acrescentaria de três a sete dias na operação de resgate. Os tubos pesavam cerca de quatrocentas toneladas, o que significava que uma grua especial teria de ser trazida de Santiago para instalá-los. Repetidas inspeções nos túneis cavados demonstraram uma superfície quase perfeita, opaca e parecida com o mármore em muitas partes. No entanto, os primeiros cem metros eram bem menos uniformes e propensos a desmoronamentos e desintegração. Sougarret se recusou a fazer uma avaliação final; naquele momento, estava focado em chegar aos homens. A pressão de manter a saúde física e mental deles permanecia.

Dia 55
Quarta-feira, 29 de setembro

No acampamento Esperanza, a velocidade de trabalho também era agonizantemente lenta. Centenas de jornalistas estavam ficando loucos. O acesso à área de operações do resgate era limitado às câmeras do governo e a poucos jornalistas de sorte que receberam credenciais — incluindo os do Discovery Channel, uma equipe de documentaristas chilenos e o autor deste livro.

Em resposta à ânsia da mídia por imagens e filmes, a equipe de imprensa de Piñera montou um posto de comando na boca da mina San José. Os assistentes trabalhavam numa unidade conhecida como "Secretaria de Comunicações", revendo as fitas para determinar se eram adequadas ao público. Breves fragmentos foram entregues à imprensa, mas centenas de horas nunca foram exibidas, e os advogados do governo começaram a debater a legalidade de liberar novas imagens. Se a mina era efetivamente a casa dos mineiros, quais seriam os seus direitos em relação às filmagens feitas pelas câmeras do governo? O resgate era um ato público ou a vida nos túneis constituía uma cena privada? Veicular os vídeos poderia gerar processos contra o governo por invasão de privacidade?

Enquanto a presidência se debatia quanto aos direitos de privacidade, a mídia do mundo inteiro continuava a chegar ao acampamento Esperanza, numa escala nunca antes vista no Chile, e mesmo poucas vezes em outro ponto do mundo. O número de jornalistas credenciados ultrapassava duzentos. Por vários quilômetros, a encosta rochosa próxima à mina estava repleta de trailers, tendas, pratos de satélite, plataformas temporárias de transmissão e, cada vez mais, dos principais representantes da imprensa internacional. Os fotógrafos armavam seus tripés no esforço de garantir uma boa imagem das brocas. Equipes de televisão discutiam sobre quem clamara primeiro por um pedregulho mais alto que servia com base para transmissões via satélite. Todos os dias uma fila de novos rostos chegava à San José, carregando tripés, lutando com novos códigos telefônicos e deixando ainda mais curiosa a cena surreal.

Logo atrás dessa área lotada estava o deserto, vazio para onde quer que se olhasse. Nenhuma árvore no horizonte, apenas dunas douradas atravessadas por ocasionais trilhas deixadas por corredores de motocross da lendária maratona Paris-Dakar. Após terem sido afastados do continente africano por uma mistura de instabilidade política, medo frente à segurança e a morte trágica de um pedestre esmagado por uma multidão de motoristas e motociclistas estrangeiros, em 2009 a corrida foi transferida para esse ponto remoto do Chile. Centenas de jornalistas cobriram a corrida, acampados nas colinas próximas, e depois seguiram para outra competição: uma corrida contra o tempo.

Os fotógrafos começaram a brigar e a se empurrar. Com tantas câmeras e microfones, obter uma imagem limpa era quase impossível. A poeira tomava conta das caríssimas lentes. E pior: as melhores fotos já tinham sido feitas milhares de vezes. Um jornal local apelidou a cena de "Woodstock da mídia". Praticamente um quartel-general foi erguido quando a TVN, a Televisão Nacional do Chile, construiu uma plataforma na frente de outra, usada pela CNN Chile, forçando esta última a edificar mais um andar em sua estrutura. Ramon Vergara, carpinteiro local que estava fazendo negócio com a competição das televisões, ganhou um bom dinheiro. Vergara construiu três plataformas em poucos dias. "Eu cobrava 1.200 pesos por plataforma [250 dólares]", disse Vergara à revista *The Clinic*. "Tentava fazer uma ao dia."

Embora os mineiros parecessem estar em bom estado de saúde, a ambulância da ACHS estacionada próximo à equipe de resgate, como parte da operação, agora era vista descendo a encosta com frequência para cuidar de jornalistas feridos. Dez acidentes envolvendo jornalistas e carros foram registrados.

Com uma trupe de palhaços e monges franciscanos vestindo suas batas, a cena começou a parecer um circo. "Só faltam os leões", disse Vinka Ticona, parente do mineiro Ariel Ticona. As crianças brincando fantasiadas de super-heróis eram tão comuns que já não era estranho ver uma revoada de meninos vestidos de Homem-Aranha escalando as pedras como macacos.

As fogueiras noturnas se transformaram no ponto de encontro de uma eclética amizade entre jornalistas, policiais, políticos e familiares. Isabel Allende, filha do falecido líder do país, Salvador Allende, podia ser vista dando entrevistas à CNN num momento e logo depois conversando com outra Isabel Allende, romancista chilena e prima distante do ex-presidente. Longas filas surgiam numa barraca que distribuía *tacos* de peixe. Frutos do mar grelhados gratuitos, sopas feitas em casa e um carregamento de biscoitos mantinham todos alimentados. Oficialmente, não deveria circular álcool na área da mina. Mas no início da manhã pilhas de garrafas de cerveja, de vinho e de *pisco* vazias evidenciavam que o álcool só estava fora dali porque já fora consumido.

Em todo o mundo, milhões de espectadores estavam obcecados com aquele drama: os homens sairiam com vida? Quem seria o primeiro? A história se transformara numa mistura de reality show e desastre ao vivo, enviada para a mídia com a invisível mas implacável edição da equipe de comunicação de Piñera. Em vez de corresponder às expectativas de caos, violência ou desintegração, os mineiros ofereciam um raro momento de união global, com foco em alegria, esperança e solidariedade. O tradicional slogan televisivo de que quando há sangue há público foi temporariamente alterado por uma história de não violência, com personagens escondidos sob a terra.

No acampamento Esperanza, uma nova onda de caçadores de talentos e produtores de televisão começou a batalhar pelos direitos sobre a história dos mineiros, especialmente pelo diário de 150 páginas de Víctor Segovia, que vinha registrando as atividades cotidianas na mina, incluindo os momentos mais obscuros dos 17 dias sem comida. A família de Segovia negociava a publicação com várias editoras. O preço inicial daquelas memórias peculiares era de 25 mil dólares. Repórteres de tabloides começaram a lutar pelas primeiras entrevistas exclusivas com um dos mineiros, assediando suas famílias e oferecendo promessas de levar os homens gratuitamente a Los Angeles ou Madri.

Embora os mineiros ainda estivessem presos, um filme sobre a experiência já estava em produção. Numa mina próxima abandonada, atores chilenos e mexicanos reconstruíam o drama, adicionando muitos toques de licença poética, já que grande parte da rotina daqueles homens continuava a ser um mistério. O diretor chileno Leonardo Barrera também anunciou planos de filmar uma produção pornô baseada na jornada dos mineiros no interior da terra. Barrera dizia que o filme não seria uma "grande orgia", mas um relato solidário e fictício sobre os mineiros praticando sexo com *minas*, palavra usada pelos chilenos para mulheres sexy. Os mineiros estavam prestes a ser resgatados do mundo escuro e úmido para serem atirados às brilhantes luzes de Hollywood. Praticamente não haveria tempo para uma transição.

Dia 57
Sexta-feira, 1° de outubro

No dia 30 de setembro, Edgardo Reinoso, advogado dos mineiros, deu entrada num processo contra o governo. Ele pleiteava 27 milhões de dólares por danos, alegando negligência ao permitir a reabertura e continuidade de operações na mina San José. O advogado representava quase todas as famílias, exceto três. Um mês antes ele conseguira embargar um pagamento de 250 mil dólares à empresa San Esteban. Originalmente recrutado pelo prefeito de Caldera, cidade costeira próxima à mina, Reinoso esperava que tal dinheiro fosse entregue aos mineiros, como parte do acordo multimilionário fechado com eles.

O advogado rechonchudo ficou famoso em 2007, quando ganhou um processo contra um município local após o desabamento de uma passarela para pedestres que matou dois espectadores na festa de Ano-Novo em Valparaíso, cidade costeira. Claro oponente de Piñera e da direita chilena, Reinoso estava agora determinado a conseguir dinheiro do governo. "Nós, os familiares, queremos que eles paguem pelos danos, e queremos justiça", disse Katty Valdivia, esposa de Mario Sepúlveda, que apoiou o processo.

O ataque de Reinoso não foi encarado com seriedade pelos assistentes de Piñera, que nunca se esquivou ao mencionar os perigos da mina San José, conhecidos há uma década. O presidente disse também que a coalizão de centro-esquerda que governou o Chile de 1990 a 2010, El Concertación, pouco fizera para proteger os trabalhadores e, na verdade, evitara repetidas vezes o fechamento permanente da mina.

As pesquisas de opinião — o mais barato e duvidoso medidor da arena política contemporânea — demonstravam que as taxas de aprovação do novo presidente tinham pulado dos 46% anteriores ao desastre a 56% enquanto a operação seguia o seu curso. Em agosto, Piñera atara sua credibilidade ao êxito do resgate. Agora, com o processo de Reinoso, arriscava perder esse enorme ganho de capital.

Ele também sofria críticas na própria mina, onde alguns responsáveis pelo resgate estavam chocados com suas ações.

Ele era acusado de usar o resgate para ganhos políticos. O dr. Díaz, médico-chefe da ACHS, criticou Piñera e Golborne por alterarem os protocolos médicos e técnicos a fim de atrair os holofotes. "Eles querem aparecer na frente das câmeras como os grandes salvadores", disse, frustrado, ao ver que a operação de resgate se misturava a momentos encenados de relações públicas, que do seu ponto de vista eram pensados para beneficiar o presidente. "Chegará o momento em que será bem difícil morder a minha língua."

Num artigo para a página da CNN Latina intitulado "Familiares acusam o presidente chileno de usá-los", Nelly Bugueño, mãe de Víctor Zamora, denunciou Piñera. "Isso é tudo política. É uma sujeira. É uma fraude e propaganda", ela disse. "Eles estão brincando com os sentimentos de nossas queridas famílias."

Outros familiares disseram não gostar nada de Piñera ou de sua política, mas afirmavam que o governo estava fazendo o possível para salvar os mineiros. "Pessoalmente, não suporto esse homem e tenho grandes diferenças de opinião, mas ele fez boas escolhas", disse Cristian Herrera, sobrinho do mineiro Daniel Herrera. "Se você me perguntar se devo agradecê-lo, digo que sim. Se o governo anterior estivesse no comando, os mineiros teriam morrido."

No dia 1° de outubro, o ministro Golborne encerrou um mês de rumores e especulações ao confirmar o que já não era bem um segredo: o esforço de resgate avançava bem mais rápido do que eles reconheciam publicamente. "A boa notícia é que, graças a uma análise que fizemos em parceria com a equipe técnica, estimamos que o resgate dos nossos mineiros acontecerá na segunda metade de outubro." Golborne disse que as perfuradoras tinham ultrapassado a primeira camada solta de pedras e chegado a uma seção geologicamente mais sólida da montanha. "Isso nos permite ser ligeiramente mais otimistas", disse Golborne, que também anunciou já ter dado aos mineiros a boa notícia.

Com o resgate dos mineiros bem mais veloz, questões mais profundas começaram a surgir e um debate mais amplo explodiu no Chile. Em primeiro lugar, por que os mineiros tinham ficado presos? Por que uma mina notoriamente perigosa continuava em operação? Uma investigação do Congresso que começara no final de agosto desenterrou um histórico condenatório de acidentes fatais nas minas controladas pela San Esteban, empresa dona da San José e também da San Antonio, uma mina adjacente.

Os números oferecidos pela ACHS ao Congresso demonstravam que a taxa de acidentes na San José era 307% mais alto que a média da indústria. "Na média, as empresas pagam 1,65% do salário dos seus trabalhadores pelo seguro, eles pagavam 5,37%", testemunhou Martín Fruns, da ACHS, revelando também que os donos da San José não pagavam o seguro dos trabalhadores havia cinco meses.

Testemunha do comitê, María Ester Feres, antiga diretora do Ministério do Trabalho chileno, disse ter tentado fechar a mina San José quase uma década antes, em 2001, mas fora reprimida pelo que ela descreveu como "pressões do setor mineiro" e pela preocupação de que postos de trabalho seriam perdidos. "Havia alguns pequenos trabalhos sendo feitos na mina, mas a percepção do ministério era de que essa mina era uma bomba... e sem saídas de emergência."

A investigação do Congresso também mostrou que no interior da mina San José uma chuva de pedras atingia constantemente os mineiros. Alguns acidentes eram pequenos e não exigiam hospitalização. Outros terminavam em funerais.

Alejandro Bohn, um dos donos da mina, testemunhou dizendo que as melhorias em segurança eram um "princípio sagrado na nossa empresa". Perguntado sobre o acidente que cortara a perna de Gino Cortés, Bohn culpou os trabalhadores por não substituírem uma rede de segurança desenhada para conter pedras que caíam do teto. E depois disse: "Infelizmente é o mesmo turno que está agora preso dentro da mina."

Muitos observadores ficaram chocados com as insensíveis declarações de Bohn. Era como culpar uma vítima de raio por não caminhar usando sapatos com sola de borracha. "Todo o teto estava sem rede, talvez somente 20% tivesse rede", disse Samuel Ávalos, indignado ao ouvir a análise de Bohn. "Por onde deveríamos caminhar? Por onde?"

A recém-empossada secretária de trabalho de Piñera, Camila Merino, admitiu que o governo estava ciente do perigoso ambiente. "Tínhamos indicações dos problemas de segurança e deveríamos ter agido antes. Por isso é tão importante que todas as medidas de segurança propostas agora sejam explicitadas, para que não tenhamos mais acidentes no futuro", disse Merino.

Seus comentários causaram furor no Chile. Legisladores da oposição pediram mais detalhes. Teria o governo encoberto graves falhas de segurança na San José? Em caso afirmativo, poderiam manter o controle sobre tal escândalo? Camila Merino recuou, insistindo que eles não tinham informações sólidas.

Javier Castillo, líder do sindicato em Copiapó que por mais de uma década batalhara contra os donos da San José e o serviço nacional de inspeção de minas, conhecido como Sernageomin, ficou em êxtase com o recente interesse em segurança do trabalho. Em centenas de documentos enviados a tribunais, políticos locais e donos de minas, Castillo avisara que tanto a San José quanto a San Antonio eram assustadoramente perigosas e estavam à beira de um desmoronamento.

Enquanto o mundo imaginava por que a mina San José desabara, Castillo estava determinado a demonstrar que o descuido do governo também entrara em colapso. Um vídeo feito em 2002 pelo sindicato dos mineiros sublinhava práticas inseguras de trabalho e a probabilidade de desmoronamento em ambas as minas. Em documentos enviados aos investigadores do Congresso, Castillo comprovou que os donos da San José tinham sido avisados de que a mina era perigosamente frágil. Em 2003, a mina San Antonio — localizada na mesma montanha que a San José — sofrera um grande desabamento. Mais tarde, em 2007, a San Antonio voltou a desmoronar e foi fechada. Se não houve feridos, foi simplesmente porque o acidente aconteceu à uma da manhã, quando não havia trabalhadores na mina.

Os muitos detalhes oferecidos por Castillo sobre uma série de acidentes fatais levou os funcionários de segurança do governo a fechar a mina San José durante todo o ano de 2007 e parte de 2008. Agora a investigação do Congresso se concentrava numa questão: a mina deveria ter sido reaberta em algum momento?

Segundo a lei chilena, a mina San José deveria ter duas saídas separadas: a saída normal, de todos os dias, e outra de emergência. Depois da investigação o Congresso concluiu que a mina San José nunca teve uma saída de emergência, e mesmo equipamentos obrigatórios, como escadas no interior dos dutos de ventilação, nunca foram instalados.

Nas semanas e meses anteriores ao desmoronamento final, a mina San José dera sinais de instabilidade. Em junho de 2010 um bloco de pedra caiu, atingindo as costas de Jorge Galleguillos. Uma investigação da ACHS avisou sobre o risco de um novo desabamento. Alejandro Pino, da ACHS, disse que os donos da mina foram alertados sobre os riscos iminentes. Ele disse: "Nós pedimos à empresa que estabilizasse a mina."

Dia 59
Domingo, 3 de outubro

Enquanto a investigação do Congresso continuava, o resgate estava cada vez mais próximo. A encosta em volta da mina San

José estava repleta de grupos de construção que montavam um heliporto, um hospital temporário e arquibancadas para os jornalistas. O governo projetava até mesmo salas onde os membros das famílias poderiam sentar-se em sofás confortáveis e com estampas florais, luz neon azul e corredores bem-decorados. Tudo para a primeira e breve visita aos mineiros resgatados.

Com os mineiros treinados para a relação com a imprensa e carregando a chancela de celebridades recentes, parentes havia muito afastados começaram a chegar ao acampamento Esperanza. Tantos "familiares" desconhecidos apareceram que o jornal chileno *The Clinic*, ao publicar um mapa do acampamento, apontou uma seta para a área intitulada "familiares" e uma segunda seta para a área dos "supostos familiares".

Psicólogos do acampamento se reuniram para preparar as famílias para as desconhecidas consequências do trauma. Os mineiros estariam contentes ou deprimidos? Proclamariam amor eterno às suas esposas ou pediriam o divórcio? E no caso de Yonni Barrios: ficaria com a amante de tantos anos ou com a esposa? Muitos mineiros pareciam indicar sintomas de depressão. Quais seriam os efeitos a longo prazo de um trauma tão singular?

Após um mês de enfrentamentos, Iturra se transformou num zelador e animador. Evitava brigas com os mineiros e se tornou um diplomata, consolando problemas familiares, enviando mensagens e repetindo o mantra de que estavam "um dia mais perto do resgate", como se tivesse mantido os mineiros unidos por tempo suficiente para que pudessem sair.

Embora Iturra estivesse preocupado com o frágil estado mental dos homens, Sougarret e sua equipe enfrentavam obstáculos maiores.

Uma nova ronda de contratempos técnicos paralisara o Plano A. Enquanto os responsáveis corriam para trocar os martelos e a cabeça da broca, mais três dias foram perdidos. Ainda que o Plano A estivesse a menos de cem metros dos homens, poucos engenheiros apostavam que o tão badalado plano ganharia a corrida. A lenta mas constante operação original de perfuração estava agora em terceiro lugar. As duas outras perfuradoras se provavam mais rápidas sob as condições únicas da mina San José.

O Plano C também enfrentou problemas quando uma broca errante desviou sua haste. Usando uma broca menor, os engenheiros recuperaram a curvatura original do túnel, e somente depois voltaram a perfurar com a broca do tamanho correto, criando o espaço necessário para a passagem da *Phoenix*. No total, quase uma semana seria perdida. E a velocidade do Plano C estava comprometida pela dificuldade de manter o enorme aparelho no prumo.

Todas as apostas se voltaram para o Plano B, que, por volta do 59° dia, alcançara 427 metros e parecia ser a tecnologia mais indicada àquela épica operação. Com o Plano A e o Plano C enfrentando grandes desafios, a decisão do presidente Piñera de operar três tecnologias independentes naquele momento parecia altamente prudente.

Capítulo onze
Os últimos dias

Dia 62
Quarta-feira, 6 de outubro

Quando a broca do Plano B estava a menos de cinquenta metros de distância, os homens conseguiam escutar as batidas e o som áspero bem de perto — parecia a ponto de surgir a qualquer momento no teto da oficina. Ou seria mais uma decepção? Rumores tomavam conta do túnel: a broca chegaria em um dia. Ou em oito.

Para os mineiros, a comida se tornou menos importante do que uma dieta diária de informações. "Às quinze para as nove ouvíamos alguém batendo numa lata. Aquilo soava como um sino, e eles gritavam: 'Notícias em dez minutos! Notícias em dez minutos!' E todos íamos assistir", disse Samuel Ávalos.

O noticiário das nove da noite era agora o principal momento do dia. No fundo da mina, suando profusamente, vestindo apenas shorts brancos e sapatos com sola de plástico, os homens se reuniam para ver e ouvir as últimas novidades. O resgate ocupava boa parte do telejornal. Os primeiros vinte minutos eram dedicados à Operação São Lourenço, a missão de resgate na mina.

"Minuto a minuto, sabíamos o que estava acontecendo", explicou o mineiro Samuel Ávalos. "Acompanhávamos o resgate e começamos a calcular quando terminaria. Estávamos muito bem-informados, o que nos causou a ansiedade de pensar: 'Vamos terminar com isso. Tirem-me daqui.' Sem tanta informação, não saberíamos que estávamos a ponto de ser resgatados."

A equipe de resgate, incluindo Sougarret, recusava-se a informar uma data aos mineiros. Golborne tinha pedido precaução, e Sougarret concordara. Muita coisa ainda poderia dar terrivelmente errado. Ao perfurar o túnel, a máquina seguira direções levemente deslocadas, sendo depois corrigida, o que gerou algumas leves curvas e reentrâncias. Eles se perguntavam: a cápsula ficaria presa? Uma curva em particular, próxima ao fundo, preocupava os engenheiros. Surgiram diversos rumores no centro de comando de que a *Phoenix* mal caberia na seção curva. Além disso, uma pequena carga de dinamite teria de ser cuidadosamente calibrada para abrir o local em que a cápsula entraria no teto da oficina. Isso também causara muitas noites sem dormir para o pessoal do resgate. Se a quantidade de explosivos usada fosse muito alta, o próprio poço corria risco de desmoronar. Ninguém poderia prever como as paredes do túnel reagiriam aos múltiplos movimentos das viagens da *Phoenix*. Na câmera, o poço parecia tão sólido quanto mármore, mas não havia como ter certeza até que a cápsula entrasse em operação. Um terremoto era outra terrível possibilidade. O Chile fora o epicentro de dois dos cinco maiores terremotos do mundo, incluindo o de fevereiro de 2010, uma lembrança ainda recente.

E como todos agora sabiam muito bem, graças à caótica remoção de ouro e cobre, a encosta ao redor da mina San José era um esqueleto vazio, apoiado no que sobrara da montanha. Geólogos foram claros em seus diagnósticos: a montanha era frágil.

Como parte do resgate, a Codelco estudara a encosta com sensores capazes de medir os menores movimentos geológicos. Caso outro desmoronamento estivesse a caminho, os engenheiros esperavam ter pelo menos um breve aviso.

Para os mineiros presos, a mensagem era contraditória. O resgate era iminente, mas indefinido. "Ninguém conseguia dormir. Estávamos todos muito nervosos", disse Ávalos, descrevendo a crescente tensão. "Havia tanto barulho, as máquinas indo de um lado para o outro. Fisicamente, estávamos desesperados. Era pior do que nos primeiros dias."

Uma medida da tensão cada vez maior era o número de cigarros pedidos pelos mineiros. Em vez de nove fumantes agora havia dezoito. No lugar de dois ou quatro cigarros por dia, eles ganharam acesso quase ilimitado ao tabaco. Quando acabava e os homens chegavam ao extremo de sua necessidade, as tensões aumentavam. As brigas estouravam.

Sedativos prescritos também eram enviados aos homens. Para alguns, os remédios ajudavam a dormir. Para outros, servia como um calmante ao excesso de adrenalina. Em poucos e seletos casos, os remédios eram uma ferramenta drástica para deter o que parecia o início de uma leve psicose. Embora nunca tenha sido anunciado publicamente, nos encontros privados entre médicos e paramédicos a saúde mental de cada um dos mineiros foi descrita em termos que incluíam bipolar, maníaco-depressivo e suicida.

Para deter a ansiedade, que só aumentava, os homens desenvolveram uma forma ingênua de recreação. As operações de perfuração eram lubrificadas com um constante fluxo de água. Usando um rústico sistema de canais, os mineiros desviaram a água que passava pelas áreas de convivência em direção aos níveis mais baixos da mina. Num primeiro momento, a água coletada formou uma poça lamacenta praticamente inútil para o banho. Eles acabavam ficando ainda mais sujos. No entanto, com o avanço dos trabalhos de resgate e as melhorias nos canais, o fundo da mina começou a ficar cheio de água. Em dado momento, a piscina media sete metros por três, com um metro de profundidade. No início de outubro, os homens apelidaram a piscina de *la playa* [a praia], e podiam nadar e brincar por ali. "Eu dava várias voltas nadando", disse Mario Sepúlveda. "Nos divertíamos muito."

Os mineiros ficavam várias horas ao redor da piscina, flutuando e rindo.

Pedro Cortés, especialista em dirigir o *Manitou*, um caminhão de mina com plataforma hidráulica ajustável, desceu o veículo até a piscina, acendeu os faróis e iluminou uma cena surreal: meia dúzia de homens nus, a setecentos metros de profundidade, divertindo-se numa piscina.

Por breves momentos, os homens conseguiam esquecer sua tragédia. Contavam piadas, imaginavam uma vida de liberdade do lado de fora e prometiam uns aos outros que nunca abandonariam sua singular irmandade. Nenhum deles duvidava que sacrificaria sua vida pelos demais. Mesmos as relações mais distantes tinham um vínculo fraternal. "Eu podia olhar para ele e saber exatamente o que estava pensando. Às vezes nem era necessário dizer nada", disse Samuel Ávalos, descrevendo sua conexão com Mario Sepúlveda.

Os homens tinham uma lealdade criada na fronteira afiada da inanição e da morte. Tinham sido condenados a morrer juntos, não num rápido instante, mas no agonizante curso dos dias. "Naquele momento, não falávamos sobre canibalismo em grupo", admitiu Richard Villarroel. "Mais tarde o assunto foi mencionado várias vezes em brincadeiras."

As brincadeiras sobre comer uns aos outros eram uma admissão maldisfarçada de que estiveram muito perto de um final selvagem e bárbaro. O surgimento de poetas, pactos e corredores compulsivos pode ser encarada como uma tentativa feroz de manutenção da humanidade, de afastar a sombra do barbarismo e da morte para ainda mais longe.

Dia 63
Quinta-feira, 7 de outubro

Durante os dois meses de cativeiro, os mineiros acumularam uma enorme quantidade de presentes, incluindo fotos de mulheres nuas, Bíblias em miniatura, centenas de cartas, roupas novas e, em certas ocasiões, chocolate contrabandeado.

Cada homem criou um jeito próprio e rústico de decorar a área de dormir. Prenderam redes de malha às paredes de pedra e nelas penduraram a bandeira chilena, fotos de família, cartas e desenhos. "Eu tinha uma parte especial reservada a Deus e ao Diabo", disse Ávalos. "Eu tinha a Luli [uma *pin-up* chilena peituda e loira], com aquela grande bunda, e também a Madre Teresa de Calcutá. São os meus ídolos. E foram as minhas inspirações." Ao olhar para o seu "quarto", Samuel Ávalos notou que vivia como um rato. Sem móveis ou armários, guardava seus pertences no chão pedregoso e úmido do túnel.

Mesmo nas profundezas da mina, os rastros de sua condição de celebridades eram aparentes. A toda hora a *paloma* agora entregava bandeiras e pedidos para que os 33 as assinassem e devolvessem o quanto antes — bandeiras dos times de futebol da Universidade Católica, da Cobresal, da Geotec (empresa de perfuração) e, sobretudo, dezenas e dezenas de bandeiras do Chile. Os homens aceitavam. Dar autógrafos e sentir a câimbra típica dos escritores a setecentos metros de profundidade era uma forma de acostumar-se à fúria da mídia e à fama que os esperavam acima do solo. Porém, em sua inocência, muitos não entendiam a dimensão do fascínio do mundo com a sua vida debaixo da terra.

Com o bom andamento da perfuração, eles começaram a pensar no caminho que fariam até a superfície. O que levariam com eles? O que deixariam para trás? O tempo — antes um eterno inimigo — chegava ao fim. Era a hora de fazer as malas.

Com o passar dos dias, os mineiros começaram a reverter o sistema de entregas. Agora havia um fluxo de objetos sendo enviados para fora da mina através da *paloma*, uma interminável quantidade de parafernálias, incluindo coleções de pedras, diários, bandeiras e camisas de futebol assinadas pelo herói espanhol na Copa do Mundo, David Villa, cujo pai e avô tinham sido mineiros.

Pelo menos duas vezes ao dia, às vezes com maior frequência, Luis Urzúa era informado sobre os avanços, os problemas e os protocolos do resgate. A operação exigia relatórios constantes vindos do lado de fora. Algumas vezes os pedidos eram tão simples como filmar algumas cenas para incrementar as informações da equipe de resgate. Outras circunstâncias exigiam que os homens transportassem equipamentos pesados para reforçar o teto enfraquecido, cortar pedras soltas ou consertar equipamentos de comunicação danificados.

Os mineiros começaram a mover centenas de garrafas de água vazias, plásticos que envolviam os alimentos e equipamentos estragados a um depósito que tinham criado no fundo da mina. O piso enlameado, a poeira e a sujeira das máquinas impossibilitavam a limpeza, ainda que eles tentassem manter as áreas de convivência organizadas. "É como sair de viagem", brincou Sepúlveda com os homens do resgate. "Você quer deixar a casa limpa antes de ir embora."

Parte das preparações incluía administrar a recente fama. Embora Sepúlveda tenha sido um mestre de cerimônias perfeito nos vídeos feitos no interior da mina, e eficaz na hora de levantar o moral do grupo, os homens começaram a especular que, uma vez lá fora, precisariam de alguém com um perfil diferente — mais sério, com os pés no chão. "Consegui conversar com Mario sobre o sentimento do grupo de que ele estava tentando tomar os holofotes para si. Eu disse a ele: 'Eles têm razão. Você precisa se afastar um pouco. Está tentando assumir o controle. Talvez você não perceba, mas está sempre, sempre na frente da câmera'", disse Ávalos. "E não era de fato um segredo que eles queriam tirá-lo daquela posição."

Na sexta-feira anterior ao resgate, estas preocupações levaram à proposta de votarem por um novo porta-voz. Seria Mario realmente a pessoa certa para lidar com o frenesi da mídia? Alguns homens propuseram uma voz oficial mais serena, mais madura. Quando a ideia ganhou corpo, pediram uma votação. Sepúlveda perdeu. A missão de ser o porta-voz oficial do grupo foi passada a Juan Illanes, homem erudito e muito confiante, eloquente e com vago conhecimento sobre leis de propriedade intelectual. Sepúlveda deve ter recebido a decisão como um tapa na cara, pois se tratava de uma rejeição à sua liderança. Ele imediatamente se afastou e começou a focar suas energias na organização de sua viagem solitária em direção à imprensa.

Dia 65
Sábado, 9 de outubro

A equipe de resgate avisou aos homens que a broca estava a menos de dez metros do túnel. Sepúlveda mandou uma mensagem: "Vamos todos ao túnel para ver a broca. Quando ela surgir, vamos dançar e festejar a noite inteira. Diga que parem de enviar *palomas*. Ninguém estará aqui para recebê-las."

A *paloma* de comida nunca deixara de ser atendida antes. Mesmo nos momentos mais estressantes, os homens tinham a garantia de que a sua salvação estava sob estrito controle. Mas agora eles resolveram se mudar para um local vários metros acima, próximo à oficina, onde a broca estava prestes a aparecer.

Eles se reuniram, agitados. Tanta coisa dera errado: brocas quebradas, furos de sondagens perdidos, o próprio desmoronamento. Eles estavam incrédulos. A salvação realmente estaria tão próxima? Eles se amontoaram no túnel, cinquenta metros de onde eles rezaram que a broca aparecesse. Uma mistura de lama e água escorria pela rampa.

Alex Vega começou a escrever. Manteve um caderno longe da água corrente e passou a relatar aquele momento histórico, registrando minuto a minuto, sempre dirigindo-se à sua mulher. Uma nuvem de poeira, o barulho agudo de brocas e os escombros tomaram conta do ar. Os mineiros olhavam para cima, como crianças que esperam o Papai Noel descer pela chaminé. Seus olhos estavam fixos quando, molhados de suor e com as mãos cobertas de grossas luvas de trabalho, se prepararam para a missão final.

Havia pouco a fazer, a não ser observar. Pedro Cortés falava ao telefone com os engenheiros do lado de fora, repassando novidades a cada minuto, que eram traduzidas e enviadas a Jeff Hart, o perfurador, responsável pela velocidade e pela pressão da broca. Os escombros que voavam e o ruído intenso impediam que os homens se aproximassem demais.

Os mineiros ouviram as lentas rotações da broca se aproximando. E, depois, o som se alterou: passou a ser o de metal contra metal, fazendo-os trincar os dentes. Jeff Hart não tinha outra opção além de tentar triturar aquela massa. Todos se lembravam do acidente anterior, quando o martelo quebrou, causando um atraso de quatro dias.

A perfuradora voltou à ativa, e a broca ficou emperrada. Mais uma vez, aquele som cortante. Os ferrolhos de metal por dentro do teto da caverna se enredaram na cabeça do martelo. Pedro Cortés manteve o contato telefônico com o lado de fora. Eles lhe disseram que a broca estaria a menos de um metro.

Acima do solo, Jeff Hart diminuiu a velocidade da broca. Caso avançasse muito rápido, ela poderia passar direto do teto e ficar emperrada, mas, ao distender um pouco, poderia destruir as áreas mais frágeis do túnel. Os metros finais foram meticulosos. Com Sougarret, Golborne e uma multidão crescente de trabalhadores de resgate e funcionários do governo ao seu redor, Hart parou repetidas vezes para checar o vídeo com as imagens lá de baixo. Como controladores aéreos guiando um voo com problemas, os mineiros trabalhavam e rezavam pela chegada segura da broca.

Abaixo do solo o som era ensurdecedor. Mesmo com plugues de ouvido e uma segunda capa de proteção em forma de fones, o ruído da broca batendo contra a pedra era dolorosamente alto. Dessa vez a perfuradora venceu os ferrolhos e, às oito da manhã apareceu no teto.

Quando a ponta da broca surgiu, uma enorme nuvem de poeira tomou conta das cavernas. Muitos homens se lembraram do dia do desmoronamento, quando ficaram cegos com a poeira. Mas naquele momento a tempestade de pó era um glorioso sinal de liberdade. Os mineiros se abraçaram e gritaram.

E ENTÃO VEIO A MENSAGEM do interior da mina: a broca apareceu! Os responsáveis pelo Plano B demoraram para entender que a missão fora completada. Hart brincou: "Achei que fosse o meu coração explodindo." Golborne e Sougarret se abraçaram. Alguém estourou um champanhe. Um caminhão buzinou. E finalmente a plataforma do Plano B foi tomada de abraços e pulos dos operários com capacetes. Os homens se abraçavam e se apoiavam nos ombros uns dos outros. Dançavam em círculos. Por todo o vale, uma cacofonia de buzinas, sinos e gritos tomou conta do ar. Depois de dois meses, o túnel de resgate chegara aos homens.

Hart imediatamente começou a arrumar suas coisas. Seu trabalho estava feito. Agora era hora de os chilenos tomarem o controle. Caminhando pelo acampamento Esperanza com o macacão sujo de óleo, ficou olhando para o buraco que perfurara em direção ao remoto refúgio. Hart parecia desconcertado com seu novo status de celebridade. As mulheres o abraçavam, repórteres faziam sinais e gravavam todas as suas palavras. Mas Hart era incapaz de explicar o seu talento. Com olhos que diziam "vocês nunca entenderão", encarava os jornalistas e confessava: "Eu sou um perfurador. Se você não é um perfurador, não pode me entender. É uma vibração que vem do chão. Eu sinto nos meus pés, e sei onde a broca está." Caso a broca de Hart tivesse desviado cinquenta centímetros do curso, ele teria perdido o túnel. Mas ele havia usado seus olhos de touro. Como um atirador de longa distância, foi perfeito.

Hart descreveu em detalhes como os momentos finais da operação foram um esforço em conjunto com os mineiros que lhes enviavam vídeos com imagens ao vivo. Perguntado sobre o que diria a eles, Hart sorriu e respondeu: "Há dois dias, enviamos uma mensagem: 'Vamos chegar aí.' Agora eu diria: 'Sigam-nos!'"

O ACAMPAMENTO ESPERANZA EXPLODIU de alegria. Trabalhadores do resgate ainda de capacete iam de tenda em tenda abraçando os familiares, que começavam a extravasar a esperança. "Estou enviando tranquilidade e consolo a ele. O pior já passou", disse Alonso Gallardo, de 34 anos, sobrinho do mineiro Mario Gómez.

"Vamos fazer uma grande festa pela vizinhança", disse Daniel Sanderson, de 27 anos, que havia dormido apenas uma hora durante a noite, esperando por notícias sobre o destino de seus dois melhores amigos que estavam lá embaixo. Sanderson também trabalhava na mina San José e revelou que, apesar dos perigos e do grande trauma de ficarem presos por semanas, seus amigos continuariam a trabalhar como mineiros. "Eles já me escreveram dizendo que vão procurar novos trabalhos em mineração. Somos todos mineiros."

"ISTO AQUI É PARA TODO O MUNDO", disse Juan Gonzalez, de 33 anos, ao descarregar quarenta caixas de abacates frescos na tenda de sua família, no acampamento Esperanza. "Eu só quero abraçá-los", disse ele, referindo-se a Renán e Florencio Ávalos, seus dois irmãos presos na mina. "Eu diria a eles que fiquem calmos, estamos todos esperando aqui."

"Se será terça, quarta ou quinta-feira, não importa", disse o presidente Piñera. "O que importa é resgatar todos vivos e em segurança. E para isso não economizaremos esforços." O que Piñera não esclareceu foi se o plano de resgate incluiria revestir todo o poço com tubos de metal ou apenas partes dele. Há tempos, o tubo era considerado parte essencial da operação de resgate, uma garantia de que as paredes do poço seriam lisas o suficiente para prover um caminho fácil e sem interrupções às rodas da *Phoenix*. Mas agora o tubo estava sendo reavaliado. Os engenheiros temiam que as ligeiras curvas e giros do poço pudessem complicar a instalação. E se um único segmento se movesse e ficasse emperrado? Seria mais arriscado instalá-lo ou não? Esta se transformou na grande questão por ali.

O ministro Golborne também pediu cautela: "É uma conquista importante, mas ainda não resgatamos ninguém. O resgate não terminará até que a última pessoa tenha saído da mina."

Enquanto ele falava, os familiares se reuniam ao redor de fogueiras, tomando café da manhã entre sorrisos e compartilhando bebidas e abraços com estranhos. Centenas de jornalistas estrangeiros correram para enviar a notícia de que Los 33 subiam mais um degrau em direção à liberdade.

Debaixo da terra, no fundo da mina, Claudio Yáñez fotografou o poço de resgate, embora fosse impossível enxergar mais do que alguns metros naquela escuridão que engolia todos os detalhes. Junto com Samuel Ávalos, fizeram um vídeo caseiro, erguendo a câmera no poço, como se com um pouco de esforço e imaginação fossem instantaneamente alçados ao mundo perdido lá de fora. O poço de resgate tinha 72 centímetros, largo o suficiente para despejar uma brisa de ar no túnel. Os homens se maravilhavam com o prazer do ar quase frsco e gelado. O poço era para eles um ar-condicionado rudimentar. O que os mineiros não sabiam era que o mesmo poço que parecia tão perto de dar-lhes a salvação poderia ser também uma armadilha mortal.

O ar gelado que entrava alterou a temperatura no interior da frágil mina, fazendo as paredes da montanha se contraírem. Essa violenta mudança de temperatura, tão prazerosa para os homens, poderia desestabilizar a mina por completo.

Dia 66
Domingo, 10 de outubro

Os homens se sentiam mais presos do que nunca. O tempo parecia ter parado. Sem sol, sem amanhecer, sem qualquer maneira de marcar o tempo, eles a toda hora se perguntavam se já seria de manhã outra vez.

Mais tarde, às seis horas, a paz do início da manhã foi estilhaçada por uma sequência de barulhos enormes, um após o outro. "Richard [Villarroel] chutou o meu pé e me acordou. Ele disse que a montanha vinha nos pegar", disse Samuel Ávalos. "Achei que estávamos condenados. Estava tudo vindo abaixo. Se fosse assim, estaríamos perdidos. A montanha inteira estava tão instável, qualquer coisa poderia acontecer. E não parava. *Pow! Pow! Pow! Pow, pow, pow!* Continuava a explodir."

Luis Urzúa ligou para Sougarret. "A montanha está rachando, fazendo muito barulho", disse Urzúa, que junto aos demais homens ficou alarmado com a poeira e o estranho vento que soprava nos túneis. Sougarret tentou garantir que o desmoronamento acontecera longe, bem acima deles, e que não estavam em perigo direto.

Quando Samuel Ávalos escutou o desabamento da montanha, teve certeza de que seria o ato final — que tudo aquilo não passara de uma inevitável estrada em direção à morte. Ávalos se convenceu de que a mina desabava, de que a mina era um ser vivo cheio de desejo de vingança determinado a prender os homens lá embaixo.

Para Omar Reygadas, as explosões e rachaduras eram mensagens do céu. A cacofonia de sons vinda dos movimentos da rocha não eram nada mais do que a voz de Deus. "Eu sou cristão. Imaginei que fosse um aviso, que Deus tivesse operado um milagre por nós, e que tínhamos de continuar acreditando nele. Deveríamos agradecer por Deus nos dar a vida e por nos deixar sair dali. A montanha estava explodindo. Tínhamos promessas a manter e juramos ser pessoas melhores, e acho que a montanha lembrava que deveríamos manter nossa palavra. Outros diziam: 'A mina não quer nos deixar ir embora. Ela quer manter pelo menos um dos homens aqui.'"

RICHARD VILLARROEL PERMANECEU CALMO. Ficou deitado na cama, reunindo forças para a viagem de volta, confiante de que nada os deteria naquele momento. Estava determinado a ver sua esposa dar à luz seu filho Richard Júnior. A data tão esperada chegaria em menos de duas semanas. Tendo sobrevivido ao desmoronamento, à inanição, ao calor e à umidade, Villarroel se sentia invencível. Os ruídos da montanha não seriam capazes de alterar seu sentimento de que o destino o levara tão longe porque tinha de sobreviver.

Por volta do meio-dia, o barulho diminuiu, até cessar. Mas até o silêncio era um terrível lembrete de que aquilo era uma pausa da montanha, entre movimentos.

Poucos homens dormiram aquela noite.

Capítulo doze

Os preparativos finais

Os mineiros começaram a preparação para a chegada da cápsula de resgate. Focos de luzes transformavam aquela parte da oficina numa espécie de cenário em miniatura. A cápsula de resgate era ao mesmo tempo cotidiana e milagrosa. À primeira vista, era quase invisível, apenas outra forma escura entre as dobras e curvas geométricas sem formas definidas do teto. Mas os homens visitavam o poço como se fosse um santuário sagrado, fazendo peregrinações diárias, às vezes a cada hora. Aquela área dos túneis estava bem acima do local onde os mineiros viviam, e normalmente estava vazia. Com a perfuração completa, um silêncio tomou conta do ar, e o único som constante eram as gotas de água que não paravam de cair.

Os homens, nervosos, conversavam, fumavam e tentavam fazer com que o tempo passasse mais rápido. Eles fizeram um pacto: um voto de silêncio. Cada um prometeu não revelar os detalhes da vida lá embaixo. Todos juraram não criticar seus companheiros. Eram livres para falar sobre a própria experiência, mas não para compartilhar com a mídia qualquer detalhe sobre vida deles, algumas vezes, turbulenta. Isso, os homens decidiram, seria salvo para seu filme coletivo.

Franklin Lobos estivera à frente dessas conversas. Lobos pediu que os homens se mantivessem unidos. Ele pensou em criar uma fundação sem fins lucrativos que reuniria a experiência dos mineiros, sua sobrevivência, montando também um museu dedicado à sua história. Toda a receita do filme com que sonhavam seria dividida em 33 cotas, garantindo que todos se beneficiariam com a exploração da mídia. A intenção do acordo, mais tarde conhecido como o "pacto de silêncio", era proteger suas privacidades e encobrir acontecimentos embaraçosos. Corriam rumores de que os homens teriam participado de atos homossexuais, uso de drogas brandas e alguma luta física. Mas o cerne do pacto era também financeiro. Os homens enxergavam sua experiência como um sofrimento coletivo, cujos dividendos deveriam ser compartilhados irmamente. O pacto não sobreviveria às primeiras 24 horas.

Enquanto as horas críticas passavam lentamente, os mineiros pediam mais e mais cigarros. "Isso não é um programa de incentivo ao abandono do cigarro", disse o dr. Romagnoli, colocando vários maços na *paloma*. Perguntado sobre a ironia de um personal trainer enviar cigarros aos pacientes, Romagnoli insistiu: "Essa é uma missão de resgate. (...) Eu não tenho coragem de tirar o cigarro deles." Os mineiros estavam nervosos, mas de bom humor, e pediam que lhes enviasse *pisco*, rum e misturadores.

Roupas especiais à prova d'água também foram enviadas aos mineiros. Costuradas na medida de cada um, com tecido importado do Japão, os macacões verdes foram enrolados e enviados pela *paloma*, junto com meias limpas, vitaminas e pares de óculos escuros.

Numa clara demonstração de humildade, os homens pediram polidor de sapatos. Os mineiros viveram como animais por semanas. Bactérias e fungos invadiram seus corpos, colonizando suas peles. Agora que o mundo assistia a eles, queriam um mínimo grau de dignidade: rosto e cabelos limpos, sapatos polidos.

Embora fosse esperado que o resgate acontecesse à noite, os óculos de sol serviriam para proteger seus olhos dos fortes refletores que cercavam a área da mina. Familiares expressaram o medo de outro tipo de luz: a barreira da imprensa. Numa pesquisa feita pelo jornal chileno *La Tercera*, os familiares disseram temer que a "superexposição" midiática afetasse a saúde física e mental dos mineiros.

Na estação da *paloma*, na encosta acima da mina San José, a dra. Liliana Devia ensaiou o protocolo de resgate com uma maquete do hospital de campanha sobre a mesa. Ela movia peças de Lego ao descrever o plano médico, como um general do Exército preparando as tropas para a batalha.

"É a primeira vez em semanas que os mineiros estarão completamente sozinhos", disse o dr. Mañalich, temendo que os homens estivessem tão nervosos que pudessem sofrer ataques de pânico durante a subida.

Após inúmeros dias de prática no interior da *Phoenix*, uma parte da equipe de resgate se convenceu de que a cápsula era segura, sólida e, embora um pouco apertada, não particularmente desconfortável. A ideia de ficar olhando uma monótona parede de pedra deslizar por 15 minutos deixaria o mais experiente dos mineiros nervoso. Foi recomendado que os homens fechassem os olhos, se necessário. Graças ao dr. Romagnoli e a um sofisticado sistema sem fio de transmissão de sinais vitais, caso algum mineiro demonstrasse sintomas de ataque de pânico, as indicações surgiriam no laptop e Pedro Gallo ou um médico tentariam acalmá-lo.

Vários pedidos dos mineiros por trilhas sonoras ou músicas para o momento de resgate ajudaram a espantar o medo de que eles não conseguiriam aguentar os 15 minutos de viagem solitária. Víctor Zamora pediu para ter "Buffalo Soldier", de Bob Marley, em sua cápsula ao subir à superfície.

Se tudo corresse bem, um homem seria resgatado a cada noventa minutos, uma maratona de dois dias em quem seria testada a já fatigada resistência de todo o grupo.

O HOSPITAL DE COPIAPÓ, para onde os homens seriam levados de helicóptero, estava sitiado. Barreiras de segurança foram erguidas, e os vizinhos aproveitaram para ganhar dinheiro alugando seus quintais para equipes de transmissão via satélite de todo o mundo. As janelas de duas alas foram tapadas e pesadas cortinas instaladas para proteger os olhos sensíveis dos mineiros do sol e das invasivas lentes de longo alcance.

Autoridades imploraram para que a imprensa desse aos homens tempo para ficar sozinhos com seus entes queridos, mas diante do apetite pela história e a intensa competição pelas primeiras entrevistas, poucos repórteres pareciam dispostos a obedecer. Além das histórias sobre atividades homossexuais e uso de droga, os mineiros eram esperados para serem torrados por causa de suas vidas, muitas vezes complicadas, acima do solo. A mistura de amantes, esposas e filhos recém-descobertos tornou a chegada tudo menos relaxante. "Eu esperava que nos perguntassem quem queria subir", disse Sepúlveda. "Acho que uns dez homens teriam escolhido ficar lá embaixo."

No centro de Copiapó, a cerca de um quilômetro e meio do hospital, centenas de mineiros protestavam e saíam em passeata, atrapalhando o tráfego. Eles trabalhavam para a San Esteban Primera, a empresa que controlava a mina San José e várias outras minas e plantas de processo. Enquanto a imprensa e os advogados estavam focados nos 33 mineiros, outros 250 estavam desempregados e fora dos holofotes. Pediam que seus salários fossem pagos e que os papéis fossem assinados para que pudessem procurar novos trabalhos.

Buzinando e carregando cartazes onde se lia "Os 33 estão bem, os outros estão ferrados", os homens tentavam atrair a atenção para consequências mais amplas do desmoronamento da San José.

"Eles não terão direito a viagens internacionais, presentes, convites da televisão, entrevistas exclusivas ou tratamentos especiais", lia-se no editorial de um jornal local, *El Atacameño*. "Esses homens e seus familiares estão simplesmente esperando poder voltar às suas vidas normais, aos trabalhos dignos que lhes permitirão seguir em frente."

Mesmo com os mineiros desempregados marchando nas ruas, eram as esposas dos mineiros presos na San José que atraíam os holofotes. O prefeito de Copiapó, Maglio Cicardini, organizou tratamentos gratuitos em spa para elas. "Decidi que elas mereciam um tratamento de beleza", disse o prefeito exibicionista. Quando as mulheres saíram do salão, ele disse: "Estão todas tão bonitas e admiráveis que eu duvido que seus maridos as reconheçam."

Na mina, a montanha estava em completo alerta. Centenas de trabalhadores do resgate se preparavam para tarefas grandes e pequenas. A Força Aérea mantinha os pilotos de helicóptero a postos. No hospital de campanha, 24 médicos estavam de plantão. Um batalhão de enfermeiras e paramédicos era mantido ao lado de aparelhos de medição de pressão arterial e níveis de glicose, preparados para fazer exames físicos completos nos mineiros.

Seis centros de comando diferentes estavam inteiramente equipados, de controladores de tráfego aéreo a cirurgiões. A polícia investigativa do Chile (PDI) tinha um time pronto para tomar as impressões digitais e fotografar os mineiros, assim que fossem resgatados. "A ideia é verificar se as pessoas que estavam dentro da mina são, efetivamente, os mesmos nomes que aparecem nas listas", disse Óscar Miranda, inspetor policial.

Policiais patrulhavam a cavalo, de moto e a pé, farejando nas colinas jornalistas infiltrados. As transmissões sem fio usadas pelo governo ficavam limitadas às informações mais importantes. Nas semanas anteriores, o governo vivera com medo de que os repórteres conseguissem encontrar uma forma de interceptar suas comunicações.

O dr. Romagnoli observava uma tela de computador com dados em tempo real sobre os sinais vitais dos mineiros. Ele podia ver a pressão sanguínea e as batidas do coração dos homens aumentando. Mantinha literalmente o pulso da operação. Mario Gómez sofria com falta de ar, sua silicose aumentara muito por conta do estresse do resgate iminente. Sepúlveda não havia tomado os remédios para controlar seu entusiasmo e estava mais agitado que nunca. Osmán Araya gemia por conta da dor em seus dentes infectados. Todos os mineiros deveriam parar de comer oito horas antes do início do resgate. Como pacientes antes de uma cirurgia, deviam seguir instruções médicas estritas.

Yonni Barrios já não era visto entre os homens. O estresse do confinamento por fim arruinara sua habilidade de manter o trato com os outros. Sua vida no solo fora complicada pela amplamente divulgada batalha entre sua mulher e sua amante, uma falando mal da outra na imprensa. Para Yonni, a situação era exaustiva. Ele já não tinha forças para monitorar a saúde dos mineiros e distribuir os remédios.

Às três da tarde os homens deveriam terminar uma última missão para que o resgate pudesse avançar: detonar uma carga de dinamite.

A cápsula de resgate era tão larga que não poderia descer o suficiente para que os homens entrassem nela. Ficaria presa contra uma das paredes da mina. Foi pedido ao mineiros que colocassem explosivos para estourar uma seção da sólida camada de pedra. Para o experiente *cargador de tiro* (especialista em explosivos) a ordem fazia parte de sua rotina, pouco diferente de um *office boy* a entregar uma montanha de cartas.

Mineiros treinados no uso e no transporte de explosivos lotaram a *paloma* de detonadores capazes de remover as toneladas de pedras que impediam a entrada da cápsula de resgate na caverna. Os mineiros tinham explodido dinamites durante o confinamento, para mandar sinais de ajuda nas primeiras e caóticas horas e para operações mais sofisticadas de engenharia nas semanas seguintes. Publicamente o governo de Piñera negou registros sobre tais detonações, num esforço para limitar o questionamento do cenário do resgate e acalmar a já esgotada paciência dos familiares.

Com os explosivos reunidos e estocados, os homens precisariam perfurar buracos para implantar a dinamite nas paredes de pedra. Da *paloma* que entregava ar e água, Pablo Rojas recebeu um tubo com ar comprimido e Víctor Segovia conectou-o a uma perfuradora de compressão. Segovia ficou surpreso que a perfuradora improvisada fosse capaz de partir tão facilmente a pedra. Ele perfurou e Rojas encheu os seis buracos com bananas de dinamite. Um único fusível conectava os explosivos.

Enquanto Urzúa e Florencio Ávalos supervisionavam, o restante dos mineiros aguardava no refúgio de segurança — procedimento padrão sempre que "queimavam". Rojas acendeu o fusível e correram para o refúgio. Quinze minutos depois um estalo curto sinalizou que a explosão havia terminado, e os mineiros correram para ver o resultado. Quando a nuvem de poeira baixou, eles sorriram. Os explosivos tinham acabado com parte da parede de pedra. Agora, quando a cápsula chegasse, não ficaria presa contra um muro.

Eles começaram a empilhar os escombros para limpar o local de pouso da cápsula, abrindo os metros necessários. A ideia era fazer com que a cápsula pudesse ser apoiada no chão sem que o topo ultrapassasse completamente a entrada do poço. Os mineiros poderiam simplesmente abrir a porta, entrar e ser levados para fora, sem se preocupar com o balanço da cápsula. Usando máquinas pesadas, os mineiros empilharam os dejetos e prepararam o local de pouso.

Enquanto os homens, agitados, preparavam o local, a montanha mais uma vez se mexeu. A dinamite não apenas removera um pedaço da parede, mas também enviara uma pequena e afiada vibração pelo túnel. Tal vibração soltou algumas rochas, causando primeiro uma chuva fraca, depois uma queda de lascas de pedra no túnel. O nível mais baixo, próximo à piscina, desmoronou. Grandes pedaços de pedra também se soltaram entre o refúgio e a oficina, enviando um muro de pedra que se espalhou no caminho principal. A montanha começara a chorar.

Os homens vestiram seus capacetes. Ninguém sabia se era um desmoronamento breve ou se a montanha começaria a lamentar e a bombardeá-los com suas lágrimas mortíferas.

Luis Urzúa planejava o seu último dia lá embaixo. Como chefe de turno, fora ofuscado em grande parte das decisões diárias. Em termos de carisma, ele não estava no mesmo nível de Sepúlveda. Mas ainda assim mantinha certo poder e dignidade baseados na hierarquia da cultura mineira. Os homens concordaram que Urzúa seria o último a sair da mina, como o capitão de um navio, que primeiro busca a segurança de sua tripulação e depois se salva.

Numa breve conversa com o jornal *The Guardian* naquela segunda-feira, Urzúa deu sua primeira entrevista desde que começara na função. "Estamos vivendo uma fase de nossas vidas que nunca planejamos, e espero não vivê-la novamente (...) mas esta é a vida de um mineiro", disse ele. Perguntado sobre os perigos da mina San José, Urzúa respondeu: "A gente sempre diz que, ao entrar numa mina, devemos cumprimentá-

-la, pedir licença e entrar com respeito. Dessa forma, esperamos ter a permissão para sair."

Dia 68
Terça-feira, 12 de outubro

Às sete da manhã, o interior da mina parecia um abrigo de refugiados. Roupas atiradas para todos os lados, homens deitados ou se revirando em suas camas dobráveis. Praticamente nus, vestindo apenas shorts, eles se espreguiçavam e coçavam os olhos frente à luz permanente do interior do refúgio. As camas tinham sido postas juntas, e caso um dos homens esticasse os braços, tocaria nos companheiros dos dois lados.

Após horas de caminhadas nervosas e jogos de cartas, muitos finalmente caíram no sono. Claudio Bugueño e Pedro Cortés liam os jornais com as lanternas, matando tempo e tentando controlar o nervosismo. Víctor Zamora soltava piadas e explorava a úmida caverna.

A música habitual fora desligada. O barulho incessante das brocas dos últimos meses finalmente desaparecera. Pela primeira vez em toda a provação o silêncio era uma companhia bem-vinda.

Com o horário do início do resgate marcado para dali a 24 horas, o mundo estava ansioso. No acampamento Esperanza, a única rua estava bloqueada por barreiras, numa tentativa inútil de manter a área livre de jornalistas.

Além dos personagens de sempre, juntaram-se ao exército de jornalistas lindas apresentadoras de televisão. Elas posavam como pavões nas formações rochosas, reportando a história a milhões de telespectadores em todo o mundo. De onde vinham era um mistério. Teriam caído de paraquedas durante a noite? Por meses o acampamento Esperanza fora tomado por uma equipe de imprensa imunda e basicamente masculina. Com poucos chuveiros e muita poeira, os estilos variavam de "combate chique" a "escalador casual". Agora uma onda completamente nova chegara, e podia ser resumida na figura de Natalie Morales, da NBC, que passeava com suas medidas de modelo, dentes brilhantes e cabelos perfeitos.

Começara um leilão no acampamento Esperanza: que mineiro seria o primeiro a vender sua história a um tabloide? Havia rumores de que uma publicação alemã oferecera quarenta mil dólares, e um dos mineiros já assinara o contrato. Familiares começaram a oferecer fotografias exclusivas e filmagens do interior da mina.

Semanas antes, Luis Urzúa reclamava do número de câmeras lá embaixo. "Meu marido me disse numa carta que tudo estava sendo revistado nas *palomas*, e era preciso ter cuidado. Então tive a ideia de colocar uma câmera de fotos dentro de um par de meias", disse uma das esposas ao jornal chileno *The Clinic*. "As fotografias serão úteis em caso de um julgamento sobre o acontecido. Agora, sempre que mandamos cartas e mencionamos a câmera, falamos em código. Chamamos de 'o brinquedo'."

Para Carolina Lobos, o cerco da mídia era exagerado. Ela caíra na rede da imprensa logo no início do drama: deu inúmeras entrevistas e chegou a participar do *Show do milhão*. Ganhou 25 mil dólares no programa. Mas agora estava fugindo da imprensa.

"Meu pai foi um famoso jogador [de futebol] e hoje é um mineiro. Ele conhece os dois lados da fama. Pode ser um herói, mas eu não quero publicidade. Eu só quero desaparecer", disse Lobos, que planejava uma escapada na surdina com seu pai e sua família. "Ele está muito chateado com a aparência de *showbiz* que tudo isso tomou. O que ele viveu foi traumático, e tudo isso está distraindo da verdadeira missão: o resgate. (...)

Meu pai nunca perdeu o foco. Ele sempre soube que se trata de um acidente, não de um show."

Embora o resgate estivesse planejado para começar em menos de 12 horas, a cápsula *Phoenix* estava agora estacionada no chão de uma oficina no topo da montanha. A equipe havia estripado a eletrônica interna da *Phoenix*, e instalava uma câmera em seu teto, depois de perceber, no último minuto, que a cápsula não poderia filmar o poço enquanto subia. Se pedras começassem a cair ou paredes desmoronassem, era muito importante poder monitorar a situação.

Cinco técnicos liderados por Pedro Gallo esquadrinhavam as rodas retráteis da cápsula, o interfone de áudio e a nova câmera. Mais do que nunca a cápsula parecia um protótipo. Estaria pronta para o lançamento das onze da noite? Ninguém ousaria perguntar.

No início da tarde, os mineiros deram um susto nos planos de resgate. Sinais de rebelião ecoavam do interior da mina. Os 33 tinham decidido boicotar o helicóptero para Copiapó. Eles queriam outro cenário: os 33 reunidos no hospital de campanha. Ninguém voaria em segurança até que todos estivessem reunidos no local do resgate. Mais rumores apareceram. Os mineiros exigiam descer a colina juntos, triunfantes. Como entraram na mina juntos, sairiam dela juntos.

Equipes médicas e psicológicas correram para dissuadi-los. Embora a saúde de todos estivesse razoavelmente estável, muitas incertezas impediam que os homens simplesmente saíssem do solo depois de dez semanas e andassem na direção do horizonte. E se estivessem com complicações de saúde maldiagnosticadas ou até não diagnosticadas? Seria responsável deixar que os homens cumprissem o compreensível mas extravagante capricho? O hospital de campanha fora construído para 16 pessoas. Os 33 não caberiam.

A ACHS começou a consultar advogados freneticamente. Os mineiros poderiam ser ameaçados com a suspensão do seguro de saúde e da compensação trabalhista? A resposta era não. Alejandro Pino, principal coordenador de logística da ACHS, organizou uma frota de ambulâncias. Caso os homens conseguissem de fato boicotar os voos de helicóptero, queria ter um plano B a postos.

Iturra, o psicólogo, tivera sua última e plácida conversa com os mineiros. Ele falou com os chefes de turno e os encorajou a manter os homens ocupados. Sugeriu também que tirassem uma soneca. Era a última vez que ignoravam um conselho seu.

Quando os últimos ajustes para a *Phoenix* estavam completos, encheram a cápsula com oitenta quilos de areia e ela percorreu todo o caminho para cima e para baixo do poço. Desceu e subiu em vinte minutos. A operação era tão rápida que, em vez das 48 horas previstas inicialmente, parecia possível resgatá-los na metade do tempo.

Às sete da noite, André Sougarret enviou uma mensagem de Twitter avisando que os homens "tinham passado sua última noite lá embaixo". O presidente Piñera mal podia conter o entusiasmo ao anunciar o resgate dos 33 mineiros. Quase dois meses antes, numa improvisada linha telefônica, um mineiro implorara a Piñera: "Tire-nos deste inferno." Agora o presidente tinha o drama dominado, atingindo fama internacional e subindo nas pesquisas de aceitação.

A AUDIÊNCIA MUNDIAL COMEÇOU uma contagem regressiva nunca antes vista numa tentativa de resgate: descer a *Phoenix* cerca de oitocentos metros, prender os homens, um a um, depois, usando um guincho australiano de alta tecnologia, com o melhor cabo alemão, içá-los em direção à liberdade.

Após quase dez semanas no fundo de uma mina de ouro e de cobre desmoronada, os mineiros aguardavam agora um único e final desafio: serem postos a bordo da cápsula de resgate e vencer uma série de curvas e inclinações, para escapar de sua prisão no fundo da terra.

"Algumas pessoas estão a favor de que Mario Sepúlveda seja o primeiro", disse o psicólogo Iturra à imprensa, dias antes. "Eles sugerem que Mario narre a subida de cada companheiro, ou pelo menos de alguns deles. Mas eu disse a Mario que se lembrasse de que chegaria muito cansado, e caso se expusesse demais à mídia, seu valor como celebridade baixaria."

O governo chileno decidiu fazer dele o segundo a subir. Ele era claramente o mais famoso, mas caso algum imprevisto surgisse o emotivo Sepúlveda não era melhor candidato a inaugurar o resgate. No lugar dele, o capataz assistente Florencio Ávalos, que exibia uma rara mistura de sabedoria popular, dureza física e experiência no ramo, seria o primeiro dos 33 mineiros a sair.

A equipe de resgate, liderada pelo hiperativo presidente Piñera, escolheu Ávalos porque se algo desse errado ele provavelmente manteria a calma e conseguiria dar informações ao centro de controle, organizando as centenas de homens e mulheres envolvidos naquela complexa operação.

Considerações políticas também fizeram com que os chilenos incluíssem o boliviano Carlos Mamani no primeiro grupo de resgatados. "Não poderíamos colocá-lo em primeiro lugar porque nos acusariam de usar 'o boliviano' como rato de laboratório. Mas se ele demorasse a sair seríamos acusados de racistas, então o governo decidiu que ele estaria entre os cinco primeiros", disse um médico da equipe que pediu para não ser identificado.

Evo Morales, presidente da Bolívia, pediu para estar presente e receber Mamani, e os chilenos concordaram logo. Frente à centenária briga pelo acesso da Bolívia ao oceano Pacífico, que naquele momento estava numa fase crítica de negociações, qualquer oportunidade de demonstrar entendimento seria bem-vinda. Piñera recepcionou calorosamente o presidente Morales, para desgosto de Mamani, que desprezava o cenário político, inclusive Morales.

Quando o dr. Mañalich conversou com os mineiros, vários expressaram a vontade de ser o último a sair, no que ele chamou de "uma completamente admirável demonstração de solidariedade". No entanto, em perguntas subsequentes, a verdadeira motivação dos homens foi revelada: queriam um lugar no livro dos recordes como o mineiro que mais tempo permanecera sob a terra. Dadas as complexidades da situação, seria um recorde difícil de ser batido. O caso foi resolvido quando o próprio Guinness concordou que os mineiros fossem registrados como um grupo, não individualmente.

Às oito da noite, um grupo de cinco pessoas do resgate se reuniu num pequeno contêiner branco estacionado na colina. Eles conversavam sobre a iminente jornada e sobre como uma viagem de teste fez um deles ficar tão enjoado que vomitou no interior da cápsula. "É bem mais úmido do que você pensa", disse um dos homens uniformizados, descrevendo uma descida de teste até a metade do caminho. "Minhas roupas ficaram empapadas."

"Dividimos os homens em dois grupos: GOLF, os mineiros saudáveis, e FOXTROT, aqueles com potenciais problemas", explicou a dra. Liliana Devia, ao começar o último relatório sobre a saúde e o bem-estar dos homens. Ela avisou à equipe de resgate que vários mineiros se encontravam em situação bem pior do que a imprensa ou mesmo as suas famílias acreditavam. Um deles foi descrito como sendo bipolar. Outro teria tentado o suicídio anos antes. E um terceiro dissera a psicólogos e enfermeiras que sete amantes o esperavam do lado de fora.

Ao descrever os nove mineiros menos saudáveis do grupo FOXTROT, a dra. Devia avisou que dois deles teriam que fazer uma cirurgia odontológica de imediato. Vários outros estavam tão nervosos e frágeis que poderiam se tornar agressivos. Foram preparados remédios para sedação. "As seringas estão a postos", disse a doutora, que ensinou aos homens do resgate como deveriam administrar drogas que "os deixariam pregados a uma cama".

Devia, encarregada de transmitir a toda a equipe as últimas informações sobre a saúde mental e física de cada mineiro, delineou o protocolo de resgate. O primeiro resgatador seria ao mesmo tempo médico e policial. Ele deveria monitorar a saúde dos mineiros e mantê-los em ordem. Câmeras de vídeo instaladas na mina ofereceriam a cobertura ao vivo, o que permitiria a psicólogos, médicos e engenheiros monitorar a operação em tempo real.

Caso surgissem tensões ou um acidente atrapalhasse o protocolo, os responsáveis pelo resgate tinham o poder de manter a ordem e até sedar os mineiros. Se nada desse errado, passariam informações sobre como a *Phoenix* opera e pediriam que apertassem uma cinta contra o estômago e vestissem longas meias que chegavam às coxas. Ficar muito tempo de pé não era problema para aqueles homens, mas as meias ajudariam na circulação do sangue. A cinta, por sua vez, diminuiria o diâmetro dos mineiros, para que cabessem na estreita *Phoenix*. Uma vez presos lá dentro, a porta seria trancada e um sinal enviado, e os homens embarcariam na sua viagem para a liberdade. Durante 15 minutos, deslizariam dentro da cápsula que se inclinava em direção ao céu.

Chegando ao topo, cada mineiro seria imediatamente auxiliado para sair da cápsula e ser apresentado ao presidente Piñera, depois levado junto à sua família para breves beijos e abraços. Depois os homens deitariam numa maca e seriam conduzidos ao completamente equipado hospital de campanha montado pela ACHS, que fora construído a apenas vinte metros do poço de resgate. Lá, depois de um rápido exame, teriam direito a um simples e profundo prazer: o primeiro banho decente em dez semanas.

Caso demonstrassem indisposições mais sérias — físicas ou mentais —, a equipe médica os deixaria várias horas sob observação, para depois enviá-los a um segundo grupo de construções modulares (também erguidas no espaço recorde de menos de uma semana), onde poderiam ficar mais tempo com suas famílias. O estágio final seria uma curta viagem ao ponto mais alto da operação de resgate, onde fora construído um heliporto. Em vez da viagem de uma hora por terra, que provavelmente seria seguida por uma revoada de *paparazzi*, os mineiros seriam embarcados em helicópteros da Força Aérea que os levaria a um regimento do Exército próximo ao hospital público de Copiapó. Mais uma vez eles seriam internados, dessa vez para exames de sangue mais detalhados e sessões mais longas com psicólogos.

Durante todo o planejamento do resgate, os oficiais de saúde estavam cientes de que não poderiam obrigar os mineiros a aceitar ajuda médica. Se um deles ficasse melindroso e pedisse para sair da *Phoenix* e voltar andando para casa, as autoridades não poderiam impedir. Psicologicamente, no entanto, esperava-se que os mineiros estivessem não apenas gratos, mas dependentes, ao ponto da subserviência. O fato de terem sido salvos de uma espécie de morte, o modo como os homens já se mostravam agradecidos, deveria ser o suficiente para que não surgissem dificuldades ao encaminhá-los ao protocolo exaustivamente planejado.

Lá embaixo os homens estavam eufóricos. Música soava dos pequenos alto-falantes instalados no ponto de resgate. Câmeras de vídeo filmavam todos os últimos detalhes. Os homens posavam para as fotos finais e uma agitação tomava conta do ar úmido.

Os mineiros se reuniram para escutar a última revisão do protocolo de resgate. A cápsula fora projetada com um piso que se abria, permitindo aos homens escapar pelo fundo. No pior dos casos, se a *Phoenix* ficasse emperrada, seu ocupante deveria descer até o fundo da mina enquanto os engenheiros reconfiguravam a cápsula.

Às oito da noite, o presidente Piñera visitou uma tenda no meio da colina. Como se preparada para um casamento modesto, a tenda estava lotada de mesas de plástico, longas toalhas azuis, refrigerantes, sucos, comidinhas e duas televisões de tela plana. Ali as famílias passariam suas últimas horas agonizantes, observando e esperando. Piñera, sua esposa, Cecilia Morel, e assistentes próximos ficariam um tempo para confraternizar com os familiares e, caso necessário, monitorar a evolução do resgate por uma câmera de vídeo que mostrava cenas ao vivo do interior da mina.

No acampamento Esperanza, as famílias estavam presas, cada uma cercada de jornalistas que buscavam a imagem de uma reação ou um comentário final sobre o estresse da espera de 69 dias para reencontrar seus parentes queridos. Na tenda da família Ávalos, mais de cem jornalistas se equilibravam perigosamente em escadas portáteis. A procura pelo melhor ângulo resultou em jornalistas derrubando a tenda, quebrando ovos, destruindo armários improvisados onde guardavam comida e quase esmagando a família Ávalos.

Ninguém ficou muito chateado. As famílias e a imprensa aprenderam a conviver e a entender uns aos outros, esquecendo as barreiras linguísticas e culturais. Mas nem todos eram bem-vindos no acampamento Esperanza. Quando o irmão do presidente Piñera, Miguel Piñera, conhecido como "El Negro", chegou, alguns familiares protestaram. O irmão ganhou o apelido por seus cabelos pintados de preto ou por seu papel como ovelha negra da família (dependendo da versão em que se acredite). Famoso dono de clube noturno, cantor e amante de festas, El Negro foi insultado e praticamente escorraçado do acampamento. "Saia daqui!", gritou um dos familiares. "Não queremos mais *showbiz* por aqui."

Dois helicópteros da Força Aérea pousaram e levantaram voo, fazendo os últimos ensaios do trajeto ao hospital de Copiapó. Por terra a viagem de sessenta minutos era sinuosa e perigosa. De helicóptero os homens chegariam à sala de emergência em cinco minutos.

E ENTÃO A MONTANHA SE REBELOU novamente. Do fundo da mina chegou a notícia de uma nova avalanche. O teto voltara a estalar e a gemer. Com o estrondo de uma avalanche e o som de pedras rachando, a explosão de pedras e o ranger de toda uma montanha eram lembretes de que a salvação ainda não estava garantida.

O governo não quis divulgar a notícia do desmoronamento da mina no último minuto. Não naquele momento. Não quando estavam tão perto. Mas as tentativas de manter segredo foram inúteis, porque dezenas de familiares tinham fontes de dentro da operação de resgate. Os rumores se multiplicaram com fervor. A informação vinha da boca da mina e dos próprios mineiros, e os assessores de Piñera já não seriam capazes de controlar o vazamento.

No topo da montanha, na estação da *paloma*, a equipe de resgate se reuniu, descrente. Em poucas horas os mineiros seriam salvos e os deuses reclamavam? Superstições obscuras assustavam os homens, que não tinham dúvida de que o tormento era gerado por uma deusa enraivecida e ardilosa que governava aquela — e todas — as minas chilenas.

Para os homens mais velhos e mais experientes, aquele último *round* era uma demonstração clássica da mitologia mineira. A mina costumava cobrar uma taxa, um preço de entrada para aqueles que ousavam penetrá-la. Agora, embora não verbalizado, o medo de todos era que o imposto tivesse de ser pago com vida humana, e que a mina nunca permitiria a liberdade impune dos 33.

Enquanto a montanha continuava a estalar, a equipe de resgate resolveu acelerar os planos, estruturados com a precisão de uma cirurgia cardíaca e a cegueira de uma operação nunca antes realizada. Os mineiros estavam prestes a ser libertados, mas os incessantes estalos e gemidos da mina eram um terrível lembrete de que o tempo se esgotava.

Os mineiros não estavam muito abalados com os últimos tremores. Já estavam acostumados às chuvas de pedra. Se não fosse diretamente no local onde trabalhavam, estavam seguros — relâmpagos podem ser marcantes, mas, até que alguém fosse atingido, os mineiros sentiam como se tivessem driblado a morte. Os psicólogos veem rotineiramente comportamentos similares a esse em soldados que, após vários combates, são capazes de caminhar sem sobressaltos enquanto tiros passam por perto.

A Televisão Nacional chilena (TVN) foi enviada para transmitir toda a operação ao vivo. Levaram sete câmeras até a boca da mina, todas postas em diferentes ângulos. A mixagem seria feita em tempo real para que os familiares e o mundo pudessem acompanhar todos os detalhes do resgate. Como no Super Bowl ou na Copa do Mundo, nenhum lance seria perdido.

Com medo de que os mineiros chegassem inconscientes ou cobertos de vômito, o governo manteve controle total sobre as imagens que o mundo veria. A equipe de saúde se reuniu e conseguiu fazer com que não fossem mostradas imagens dos mineiros antes que os médicos verificassem suas reais condições. Uma enorme bandeira chilena foi aberta para bloquear a visão da imprensa não oficial, atitude que provocou gritos e assobios de protesto.

Às onze da noite, com a imprensa reclamando por não poder filmar nada, a TVN transmitiu a imagem da *Phoenix* sendo preparada para a descida. Mesmo com a pesada exposição midiática da última semana, a cápsula mantinha um ar de mistério. Parecia um foguete projetado por espertos adolescentes de 16 anos. Com lemes na parte inferior e rodas retráteis nas laterais, o cilindro fora desenhado para deslizar suavemente pelas curvas que contornavam o túnel de seiscentos metros, numa viagem serpenteante. Subir o túnel seria como entrar num violento brinquedo de parque de diversões.

O presidente Piñera observou atentamente a cápsula de resgate. Perguntou a Sougarret se ela era totalmente segura. Sougarret assegurou que o ansioso líder não deveria preocupar, os riscos eram mínimos. Piñera repetiu a pergunta, insistindo na questão. "Eu quero descer", disse o presidente, que admitiu estar obcecado com a ideia de testar pessoalmente a segurança da *Phoenix*. Os guarda-costas de Piñera ficaram perplexos. Já tendo sofrido na tentativa de proteger um presidente que insistia em voar com o próprio helicóptero e praticar mergulho, sabiam que ele falava sério. Assim como Cecilia Morel, a primeira-dama. Ela logo notou que era uma loucura exagerada. Olhando nos olhos do marido, pediu que abandonasse a ideia. "Nem pense nisso", exigiu ela. Embora fosse contra os seus instintos, Piñera obedeceu.

Com uma pitada de ciúme, o presidente observou enquanto um funcionário do resgate, Manuel González, entrava na cápsula — o primeiro homem a aventurar-se numa viagem completa, da encosta da montanha ao mundo desconhecido onde 33 homens viveram em completo isolamento físico durante 69 dias. Uma grande roda amarela acima da cápsula começou a desenrolar o cabo, lentamente. Os lemes da *Phoenix* entraram no poço, e ela sumiu da vista de todos, enquanto o mundo inteiro assistia.

Capítulo treze

O resgate

Dia 68
Terça-feira, 12 de outubro

Enquanto a *Phoenix* descia, três monitores de vídeo eram analisados do lado de fora. O presidente Piñera e sua esposa estavam cercados por assistentes de alta patente, todos com os olhos pregados nas imagens ao vivo do fundo da mina. Quando a cápsula chegasse, toda a ação seria transmitida ao mundo. Piñera não atendera o pedido dos assistentes, que pretendiam manter a cobertura limitada aos planos de longa distância, sem oferecer qualquer emoção ou drama. Compreendendo imediatamente o interesse mundial e o drama inerente à operação, o presidente argumentou com êxito que era o momento de o Chile demonstrar seu *know-how*. Não por coincidência, era essa a mesma mensagem que ele tentava vender ao público como sua maior virtude. Não sendo um político conhecido por conexões emocionais ou afetivas com seu povo; a força de Piñera e seu capital político eram em grande parte eclipsados pelo espírito empreendedor do "vamos concluir tudo isso".

A segunda câmera era manejada por Otto, um austríaco sério e genial, responsável pela subida e descida da *Phoenix* num cabo de setecentos metros. Na plataforma onde ficava o centro de controle, do tamanho de um caminhão, Otto contava com um laptop com imagens ao vivo do mundo subterrâneo. Ele poderia não apenas receber registro de áudio, mas também ver a *Phoenix* chegando. A imagem granulada em preto e branco parecia, para Otto, um veículo de controle remoto viajando a outro planeta.

O terceiro sinal de vídeo era controlado por Pedro Gallo, o humilde inventor que passou de tímido garoto das telecomunicações ao alto escalão da equipe de resgate, conquistando um lugar de destaque também no coração dos mineiros. Poucas pessoas trabalharam tantas horas quanto Gallo em conversas diárias com eles. Como um homem da classe trabalhadora, ele entendia suas queixas, transmitia suas preocupações e amenizava seus desejos secretos. Embora ele mais tarde tenha negado, os mineiros juraram que foi Gallo o responsável por colocar chocolates e doces na *paloma*. Tais atos simbólicos de rebeldia, bem como sua indiscutível lealdade aos mineiros, e não à hierarquia do resgate, fez dele — aos olhos dos homens presos — quase um santo.

Cinco trabalhadores do resgate estavam agora reunidos, prontos para descer. Eram dois marinheiros com grande experiência médica, dois resgatadores da Codelco e um membro do GOPE, a unidade de operações especiais da polícia chilena, que bravamente havia entrado na mina nas primeiras e perigosas 48 horas após o desmoronamento.

A *Phoenix* entraria pelo teto de uma oficina. Quando a mina ainda estava em funcionamento, aquele local era usado para consertar ou guardar veículos. Durante o cativeiro dos mineiros, foi considerada uma área pouco estável para dormir, portanto eles raramente cruzavam os quase quatrocentos metros de túneis que separavam o local onde viviam da oficina. Agora aquela área perigosa era o ponto zero do último e mais importante dia daquele pesadelo de dez semanas, e os homens mudaram suas camas dobráveis e roupas para a área próxima à oficina.

Mesmo com a expectativa e a adrenalina, os turnos regulares foram mantidos. Alguém tinha de vigiar a *paloma* e receber os últimos suprimentos — incluindo roupas especiais, óculos de sol e meias limpas. Embora a entrega de comida fosse suspensa no último minuto, os homens do resgate passariam um dia inteiro sob a terra, e a *paloma* seria usada para o envio de refeições quentes a fim de mantê-los em alerta e alimentados. Os turnos da *paloma* foram estabelecidos semanas antes, muito antes que a data exata do resgate tivesse sido determinada. Aquela última entrega cabia a Franklin Lobos. Uma tarefa que quase custaria sua vida.

Às 23h37, um som ruidoso e um tinido alertaram os homens que a *Phoenix* havia chegado. Os lemes vermelhos da cápsula desceram do teto como se estivessem em câmera lenta. A cápsula emergia pouco a pouco, parecendo um visitante de outro planeta. Os mineiros estavam deslumbrados. Um sonho se tornara realidade. Yonni Barrios se aproximou e viu o especialista em resgates Mario González. Pela primeira vez em 69 dias, outro ser humano chegara.

Os 33 observaram, pasmos e reverentes, enquanto González abria a porta da cápsula, descendo e abraçando Barrios. Uma horda de homens praticamente nus correram para abraçá-lo.

Para Florencio Ávalos, a liberdade estava a minutos de distância.

Ávalos estava pronto. Vestira seu macacão verde feito sob medida, com seu nome escrito no peito. Um par de óculos escuros protegia seus olhos. No pulso direito, um monitor media sua pulsação e atualizava, pela rede sem fio, a equipe do lado de fora. O dedo indicador esquerdo estava ligado a um aparelho que media a taxa de oxigênio no sangue. Apertado com força em volta do peito, um sofisticado monitor eletrônico transmitia outra meia dúzia de informações aos técnicos e doutores reunidos fora da mina.

Os outros mineiros se reuniram para observar, fotografar e fazer vídeos caseiros do momento. Apesar do evidente nervosismo, uma estranha calma tomou conta do ambiente. Como atletas profissionais no vestiário antes de um jogo importante, eles brincavam e passeavam, mas a confiança era evidente. Por alguns minutos, os homens se esqueceram do terror do desmoronamento e da sensação de morte que os assombrava. Naquele instante, a cena parecia mais uma festa, com a *cumbia* ressoando de um ponto mais abaixo na mina. Bolas brancas quicavam no chão enquanto os homens caminhavam a passos lentos, nervosos — praticamente nus, exceto pelas calças brancas e limpas.

A iminência da saída os encheu de adrenalina. Só agora eles sentiam como se realmente fossem vencer a batalha de dez semanas contra a montanha. Por toda a extensão dos túneis escuros, os homens fizeram explorações de última hora, a luz brilhante de suas lanternas dançando à distância. O tinido de metais era um lembrete de que a equipe de resgate da Codelco, do GOPE e da Marinha tinha chegado.

González passou uma credencial branca de plástico — como as usadas nos bastidores de shows de rock — pelo pescoço de Ávalos. O resgate estava repleto de formalidades, ordens e procedimentos. Cada detalhe fora ensaiado durante semanas, embora a montanha ainda pudesse driblar o protocolo. Até a calma mais sincera, a setecentos metros de profundidade, era um escape superficial daquela realidade claustrofóbica.

Às 23h53, Ávalos entrou na cápsula, e os homens do resgate trancaram a porta. Todos os mineiros escutaram impacientes a conversa entre Otto, o austríaco que operava o guincho, o centro de comunicações e Pedro Cortés, lá em cima. Enquanto isso, Ávalos antecipava, nervoso, o iminente reencontro familiar: os dois filhos que não viam o pai havia dois meses; a esposa que escrevera cartas e assistira a vídeos, mas não tocara nem olhara nos olhos do marido. Ávalos saíra para o trabalho numa manhã fria de inverno, e agora já era primavera.

Enquanto a cápsula subia, os *compañeros* de Ávalos gritavam, festejavam e assobiavam. Porém, de repente, ele ficou só. Durante 15 minutos, Ávalos viajou numa malha de metal que dividia o mundo em buracos com forma de diamante. Uma luz no interior da cápsula iluminava as paredes de pedra, úmidas e lisas. As rodas de metal tiniam ao girar pelo caminho rochoso. A cápsula reclinava e voltava a ficar de pé ao seguir o túnel desnivelado, e lentamente conduzia Ávalos em direção à liberdade.

Quando ele estava a apenas vinte metros da superfície, Ávalos pode ver os primeiros sinais de luz e ouvir os primeiros sons de vida. A equipe de resgate gritava para dentro do poço, perguntando se ele estava bem. Então, de repente, ele estava na luz: para o mundo que o esperava, um herói; um pai reunido aos seus filhos em prantos e uma grande alavanca à popularidade do presidente Piñera, que o aguardava na linha de frente.

Enquanto Florencio era retirado da cápsula, seu filho Byron, de nove anos, começou a chorar. A equipe pulava, festejava. As câmeras acendiam os flashs numa cena emocionante — por um momento o menino de nove anos estava sozinho, assolado por suas emoções. A primeira-dama, Cecilia Morel, o ministro da Saúde, Mañalich, e Rene Aguilar, o segundo homem na operação de resgate, foram acalmá-lo. Depois chegou o conforto verdadeiro: um abraço de seu pai.

Ministros, operários do resgate com seus capacetes, médicos e jornalistas, todos choravam abertamente frente à beleza da cena. Aqueles homens se autodefiniram como "Los 33" desde o primeiro bilhete, e foram adotados pelo mundo como um grupo amado, agora famoso por sua habilidade de trabalhar em equipe. Num mundo tantas vezes definido por atos sangrentos e egos individuais, Los 33 permaneceram unidos durante o confinamento, numa irmandade de heróis da classe trabalhadora. O trabalho em grupo os manteve vivos, e agora todos seriam resgatados juntos.

Florencio abraçou primeiro sua família, depois o presidente Piñera, e então o pessoal do resgate. Depois foi posto numa maca e levado ao hospital de campanha. Todos no hospital explodiram em aplausos. Imaginaram que Ávalos estivesse saudável — ele fora escolhido como o primeiro a ser resgatado por sua força mental e física —, mas ainda assim lhe injetaram glicose e uma enfermeira mediu sua pressão arterial. Quando deitou, Florencio pensou em seu irmão mais novo, Renán, ainda preso na mina.

Quinta-feira, 14 de outubro, uma da manhã

Como narrador, palhaço e líder incontestável de Los 33, Mario Sepúlveda carregou um peso nos ombros durante 69 dias. Sempre acreditou no poder do humor para guiar o grupo — sendo visto como um bobo da corte pelos reis e rainhas invisíveis do lado de fora da mina. Ainda assim, Sepúlveda era dono de uma habilidade instintiva, uma noção de dinâmica de grupo, e sabia quando era necessário usar ameaças de violência física. Com as responsabilidades de líder suspensas, estava a ponto de florescer sob os holofotes.

No interior da mina, Sepúlveda soltou suas últimas piadas antes de entrar na cápsula. À 1h09, quando a *Phoenix* chegava à superfície, ele começou a comentar o próprio resgate.

"Ei, velhinha!", gritou a Katty, sua esposa de 33 anos. Na confusão, o riso de Sepúlveda pôde ser escutado. Enquanto uma celebração estridente desabrochava, ele saiu da cápsula e, sem deixar que retirassem o seu capacete e a jaqueta de segurança, cumprimentou o presidente Piñera, ajoelhou-se e começou a tirar presentes de sua bolsa amarela feita à mão: várias pedras brancas, brilhantes com sua pirita. Uma pedra para o presidente, outra para o ministro. Eles sorriram e agarraram as pedras. Sepúlveda abraçou três vezes um assombrado Piñera, depois brincou com sua própria esposa, dizendo que fariam sexo por tanto tempo que nenhum dos dois seria capaz de andar. "Preparem a cadeira de rodas", brincou ele.

E rodopiou para abraçar Pedro Gallo, envolvendo-o com força, demonstrando apreço por tudo o que ele fizera para salvar os mineiros. Gallo chorou. Sepúlveda liderou a multidão numa vibração, uma festa que um repórter do *Guardian* chamou de "um lampejo de alegria global".

No acampamento Esperanza, o delírio foi breve. Enquanto familiares celebravam os dois primeiros resgates, nada poderia ser realmente comemorado até que todos os homens estivessem do lado de fora. O fio precário que separava a vida da morte ainda era visível a todos.

Quando a cápsula da *Phoenix* voltava a descer, Ávalos e Sepúlveda foram transferidos da unidade de triagem do hospital de campanha para uma sala de boas-vindas no topo da montanha, próxima ao heliporto. Decorada com modernos sofás brancos, arranjos florais e uma iluminação azul, o ambiente parecia uma discoteca happy hour chique. Não havia sensação ou cheiro de remédios, doença ou trauma. Os responsáveis pela saúde mental dos chilenos montaram uma graciosa recepção, e então uma longa entrada que levava aos espaços privados.

Na sala de espera, Ávalos se juntou aos dois filhos, à esposa e ao presidente Piñera. Do outro lado, Sepúlveda estava num momento familiar parecido: sorrindo, distribuía abraços e beijos. Depois Piñera chamou Sepúlveda de lado e pediu que concedesse uma breve entrevista à equipe de televisão que esperava numa das alas. Sem outra opção a não ser obedecer ao presidente, Sepúlveda se sentou na frente da câmera e descreveu a experiência como positiva. "Estou contente que isso tenha acontecido comigo, porque era um momento em que eu precisava mudar minha vida. Eu estava com Deus e o Diabo, e eles brigavam por mim. Deus ganhou. Eu tomei a melhor mão, a mão de Deus, e nunca duvidei que Ele me tiraria da mina. Eu sempre soube."

Depois correu para abraçar Ávalos. Os dois homens se abraçaram com sorrisos estampados nos rostos. O pacto dos 33 homens de que deveriam ficar unidos até a chegada de todos parecia esquecido. Os preparativos da equipe de resgate — consultas com advogados, o contorno de fatores que podiam impedir o atendimento médico, as várias ambulâncias prontas para levar os 33 por terra — foram desnecessários. Sepúlveda e Ávalos seguiram orgulhosos em direção ao helicóptero. A torrente de emoções e a gratidão que sentiam naquele momento apagaram qualquer possibilidade de rebelião.

Juan Illanes
Carlos Mamani
Jimmy Sánchez
Osmán Araya
José Ojeda
Claudio Yáñez
Mario Gómez
Alex Vega
Jorge Galleguillos
Edison Peña
Carlos Barrios
Víctor Zamora
Víctor Segovia
Daniel Herrera

Um a um, os homens foram resgatados com precisão militar. Cada um teve sua história, sua família e o emocionante primeiro abraço e primeiro beijo. Alguns se ajoelharam e rezaram, outros choraram. Havia emoção suficiente para que o mundo parasse para assistir, maravilhado. Hora após hora, todos estavam cativados por uma sensação de compaixão partilhada.

A *Phoenix*, com sua pintura nas cores do Chile já bem manchada e arranhada, era um moderno cavalo de batalha: firme, infalível e leal.

Os mineiros saíam da cápsula em direção à liberdade. Eles se banharam com uma colônia barata que fora enviada. Não economizaram na busca por um cheiro agradável. "Meu Deus, a cápsula fedia a colônia", disse um dos homens do resgate. "Seja o que for, usavam todos a mesma marca. E era forte."

Richard Villarroel tirou a última série de fotografias antes de sair. Queria capturar as derradeiras imagens do refúgio, sua cama, os amigos se abraçando e posando. Os homens haviam decorado o refúgio de segurança como um museu, as paredes repletas de bandeiras de seus times de futebol preferidos e enormes bilhetes de agradecimento à equipe de resgate.

Ao entrar na cápsula usando fones, com o *crooner* guatemalteco Ricardo Arjona em seus ouvidos, Villarroel disse ter sentido uma tristeza: "Era doloroso ver meus amigos lá embaixo, era como se eu os estivesse abandonando." Mas enquanto a cápsula ia em direção à superfície, Villarroel começou a gritar de alegria. Ele amaldiçoou a mina. "Então eu senti uma mudança no ar. Ar fresco... Aquele foi o meu momento preferido... Que diferença."

Para uma audiência planetária estimada em um bilhão de telespectadores, o resgate dos mineiros chilenos era uma imagem perfeita. As sequências granuladas vindas do interior da terra pareciam imagens ao vivo de outro planeta. Para muitas pessoas, a história e a agitação coletiva geraram lembranças do primeiro pouso da *Apollo*, em 1969, quando Neil Armstrong deu aqueles primeiros e famosos passos na superfície da Lua.

No fundo da mina, porém, o roteiro se desfazia.

À UMA E MEIA DA MANHÃ, quando a cápsula descia para resgatar Omar Reygadas, mineiro número 17, um estalo afiado ecoou pelo túnel. Seguiu-se um rachar de pedregulhos e o ruído de uma avalanche. A câmera que transmitia o resgate ficou preta. A Operação São Lourenço estava cega.

À frente do posto de telecomunicações, Pedro Gallo conectou-se imediatamente com os mineiros pelo interfone. Pediu a Pedro Cortés, que ajudara a montar os fios lá embaixo, que investigasse. Cortés hesitou. O cabo de fibra ótica estava próximo à área da recente avalanche. A poeira ainda não se assentara e lhe pediam que entrasse numa área potencialmente fatal do túnel.

"VOCÊ ESTÁ ME MANDANDO LÁ PRA BAIXO? Você sabe que não é seguro. Aconteceram duas avalanches", gaguejou Cortés. No início do ano ele perdera um dedo na mina, agora pediam que ele arriscasse muito mais.

Gallo lhe disse que a transmissão em vídeo era crucial. Os operadores do guincho precisavam ver tudo em tempo real para que conseguissem guiar suavemente a cápsula até o solo. Uma aterrissagem difícil poderia danificar ou emperrar a *Phoenix*. O presidente Piñera e aproximadamente um em cada quatro adultos do mundo observavam a cena.

Relutante, Cortés concordou em vencer o último obstáculo. Teria de negociar com várias pedras cambaleantes do teto recém-desmoronado e as paredes que ainda estalavam, para então atravessar um trecho final e lamacento de 180 metros. Ao seguir o cabo de fibra ótica, Cortés descobriu o problema: uma pedra caíra e o cortara.

Não havia possibilidade de consertar o estrago. Centenas de pedras tinham enterrado e destruído a linha. Gallo pensou por um momento e chegou a uma solução rápida: ele poderia pegar o cabo que alimentava a câmera do refúgio de segurança, trezentos metros abaixo, desconectá-lo e pedir que os mineiros refizessem a instalação no cabo de fibra ótica ligado à câmera principal, a que filmava o resgate.

Gallo ligou para o telefone do refúgio e tomou um susto quando Franklin Lobos atendeu. Lobos estava sozinho no final de um túnel que já sofrera duas avalanches. "Franklin! O que você está fazendo aí?"

"É o meu turno. Estou recebendo a comida para a equipe de resgate", disse Lobos, leal e estoico. "Dever é dever, e é a minha vez. Preciso completar meu turno."

"Homem, você está louco! Aconteceram dois desmoronamentos! Saia já daí", gritou Gallo ao telefone.

"Mas e a comida? E a comida para o pessoal do resgate?", perguntou Lobos, atento ao protocolo, despreocupado e sem conhecimento do perigo iminente.

"Esquece isso. Vou mandar comida pela cápsula. Saia daí."

Enquanto Gallo tentava configurar um novo sistema de fibra ótica, o presidente Piñera, a Televisión Nacional de Chile e Otto, o operador do guincho, se perguntavam a mesma coisa: o que acontecera com a imagem?

Gallo contou a verdade a Otto e a Piñera: tinham perdido o sinal e estavam trabalhando para restabelecer a imagem ao vivo dos mineiros. Para a TVN, simplesmente repassou um vídeo do resgate anterior. "Eles estavam ficando loucos sem imagens, então peguei umas cenas do resgate anterior e coloquei no ar. Depois perguntei se receberam as imagens, e eles agradeceram." Um bilhão de telespectadores em todo o mundo também foram enganados. Nunca perceberam que a imagem transmitida era uma repetição, algo montado para encobrir um capítulo dramático, muito arriscado para que o governo chileno permitisse sua divulgação. Como todos os reality shows, a história dos mineiros também requeria cuidado, edição e roteiro.

Mas era impensável parar com os resgates. Começando com Omar Reygadas, três mineiros foram resgatados sem os benefícios da transmissão direta de imagens do interior da mina.

"Minha subida foi bem agitada", disse Reygadas. Enquanto se preparava para entrar na *Phoenix*, a porta emperrou. A equipe de resgate não conseguia abri-la. Usando um pé de cabra, forçou a abertura. "Pensei que a mina não fosse me deixar ir embora", disse Reygadas. "Depois que forçaram a abertura, não conseguiam fechá-la, e usaram tiras de plástico. Eu segurei a porta durante a subida, para que não abrisse."

Enquanto a cápsula subia, Reygadas começou a brincar com os companheiros lá de baixo. "Eu gritava coisas como: 'Porra, estou saindo daqui. Eu consegui. Eu consegui! Eu consegui.'" E mesmo tão alegre, ele também sentiu um momento de saudade do seu mundo subterrâneo. "Estávamos deixando algo para trás. Vivemos lá por um bom tempo. Eu sentia que deixava parte de mim lá dentro. Foram 69 dias. Parte de mim ficou lá embaixo. Eu disse a mim mesmo que seriam meus defeitos, e eu chegaria à superfície com as minhas melhores qualidades."

Reygadas, viúvo, estava louco para abraçar o que ele chamava de seus "macaquinhos", uma tropa de netos. Ao se aproximar da superfície, Reygadas começou a gritar para os trabalhadores do resgate. Dizia: "Chi... Chi... Chi...", e a resposta "Le... Le... Le..." era a confirmação de que estava praticamente em segurança. "Eu ouvi uma voz vinda de cima, perguntando se eu estava bem, e gritei: "Sim, porra", depois me lembrei que o presidente estava por lá. (...)"

Enquanto Reygadas festejava com seus "macaquinhos", Pedro Gallo teve de pedir a Cortés que fizesse mais uma missão suicida. Dessa vez, no lugar de desafiar a morte descendo um túnel de quase quatrocentos metros em direção ao terminal de fibra ótica, Gallo pediu que fosse ao refúgio para desconectar um cabo e religar a câmera.

"Não me envie novamente", implorou Cortés. Mas afinal concordou, não sem antes dizer adeus. Cortés aproximou o rosto de uma segunda câmera que funcionava lá embaixo e disse: "Se algo acontecer comigo, aqui estou eu pela última vez."

Gallo estremeceu de medo. Enviara Cortés numa missão, e agora sentia o peso do destino. Se Cortés fosse esmagado, mutilado ou morto, teria sido sob seu consentimento.

A avalanche não interrompera o túnel — fato confirmado quando um exausto Franklin Lobos chegou lá de baixo. Ele disse a Cortés que havia bastante espaço entre as pedras, desejou-lhe sorte e preparou sua saída da mina. Cortés não questionou a ordem. Em vez disso, rezou pela vida e se preparou para sua última viagem ao refúgio.

Numa mina conhecida por atrair homens kamikaze, Cortés desafiaria os deuses pela segunda vez. Mesmo sob condições normais, a mina poderia matar e mutilar. Agora, naquele ato final, ela era ainda mais instável e perigosa. Cortés sobreviveu à jornada de quase uma hora e voltou como herói.

"Eu estava com a vida dele nas mãos", admitiu Gallo, acordado havia mais de 48 horas ininterruptas. "Mas era um dever, e ele tinha de seguir em frente."

Com o cabo nas mãos, Cortés e Ticona conectaram a câmera. Depois, Gallo explicou que a TVN transmitia imagens "ao vivo" de uma área vazia — sem cápsula, sem pessoas. Na verdade, vários mineiros e homens do resgate estavam por ali, aguardando. Caso Gallo rapidamente mudasse para a transmissão real, ele contaria a piada e outras figuras surgiriam na tela de televisão de milhares de pessoas.

O local foi esvaziado, a imagem ao vivo restabelecida e os mineiros e trabalhadores do resgate puderam voltar à cena. "Eles nunca notaram", disse Gallo, orgulhoso.

A crescente preocupação com a estabilidade da montanha acelerou o resgate. Em vez de manter o passo calmo, a Operação São Lourenço ganhou nova urgência. Trazer os primeiros 16 homens à superfície fora uma demonstração ao mundo da eficiência chilena e de cooperação internacional. Agora a montanha vingativa ameaçava envolver o planeta numa tragédia do tamanho de um *Titanic*. Se um deslizamento atingisse os homens naquele último momento, também enterraria um raro instante de otimismo global. A atmosfera no interior da mina ainda parecia feliz — com música e bolas penduradas, mas também dominava a sensação de que a irada mina ainda guardava um ultimo round de surpresas.

Esteban Rojas
Pablo Rojas
Darío Segovia
Yonni Barrios
Samuel Ávalos
Carlos Bugueño
José Henríquez
Renán Ávalos
Claudio Acuña

O plano de resgate fora projetado para incluir pessoas treinadas em técnicas de escalada e também em medicina de campo de batalha. A Marinha enviara dois comandos das suas forças especiais que tinham grande conhecimento médico. Eles poderiam lidar com qualquer emergência e tinham de tudo, desde uma caixa com morfina até seringas com medicamentos contra a ansiedade. Porém, em respeito ao sentimento local, no último momento o ministro Golborne quebrou o protocolo e permitiu que Pedro Rivero, funcionário local que fazia parte da equipe de resgate, descesse ao fundo da mina para ajudar. Rivero já arriscara sua vida antes, ao tentar encontrar os mineiros, e era representante do corpo nacional de resgates. Ninguém poderia questionar sua bravura e habilidades técnicas em resgates. Seu timing, no entanto, não poderia ter sido pior. Com precisão quase militar, todo o protocolo de resgate fora decidido muito tempo antes, mas o surgimento improvisado de Rivero deu uma sensação de caos aos ajustados processos.

Rivero saiu da cápsula e imediatamente causou problemas. Ele brandiu a câmera e começou a filmar, seguindo em direção às profundezas da mina, o mesmo túnel que já desmoronara duas vezes. A missão de Rivero era, segundo Pedro Gallo — que observava toda a cena —, registrar as últimas imagens do refúgio. Ninguém julgou ser uma atitude inteligente. "Nunca resgatar um trabalhador de resgate" era o lema de toda a equipe. Com avalanches ameaçando a integridade da operação, riscos extra, como o tomado por Rivero, eram vistos como loucura.

Quando Rivero respondeu, pediu um telefone e disse ter sido enviado nessa missão pelo próprio Golborne, agora caberia a ele ser o último a sair dali. Os homens da Marinha ficaram chocados. Do ponto de vista militar, as ações de Rivero eram quase uma traição.

Uma discussão brotou. A Marinha ameaçou colocar Rivero na cápsula à força.

Enquanto coordenava as ligações telefônicas com Pedro Gallo, Cortés ouviu uma discussão próxima e ficou chocado ao ver de onde vinha.

"O que está acontecendo?", Cortés perguntou a Gallo. "Os homens do resgate estão discutindo. Eles não vieram aqui para nos resgatar?" E os mineiros se reuniram para assistir ao estranho espetáculo.

Um telefonema de Golborne veio de cima. Rivero foi chamado para explicar sua rebelião às autoridades. Mas ele se manteve firme e se recusou a atender à ligação. Gallo ficou imaginando se os trabalhadores do resgate teriam de prender Rivero na cápsula, mas no final as palavras foram suficientes.

Enquanto Rivero, relutante, se aproximava da *Phoenix*, os operários pegaram sua bolsa de lembranças, com pedras e minerais do interior da mina. Esvaziaram a bolsa e a devolveram a Rivero, deixando claro que ele sairia de cena. Rivero entrou na *Phoenix* sozinho, e num ato final de rebeldia fechou a porta com as próprias mãos. Os mineiros testemunharam chocados Rivero surgir e desaparecer dali. Graças às sete câmeras ao vivo, a uma edição preciosa e a Pedro Gallo, o mundo nunca viu qualquer imagem desse episódio.

Com Rivero e sua explosão de raiva fora do caminho, o resgate entrou na fase final. Franklin Lobos seria o 27º mineiro a sair. Enquanto a cápsula subia, ele ouviu um barulho surdo, profundo. O barulho de uma pedra. O poço estaria comprometido? Quão perto teria sido? A acústica no interior da mina pregava peças. Algumas vezes uma conversa descia pelos túneis e chegava como um suspiro. Em outras, um vácuo parecia sugar as palavras de um colega próximo. Lobos tinha certeza de que a batida fora perto. "Parecia que um nível inteiro tinha desabado", disse ele.

Às 19h20, quando chegou em segurança à superfície, Lobos encontrou-se com sua filha Carolina. Ele lhe deu um forte abraço e ela passou as mãos no rosto do pai. Por um momento, olharam um nos olhos do outro. Carolina então lhe ofereceu uma bola de futebol nova. Ele entendeu e começou a fazer ótimas embaixadas. A nova vida de Lobos começara. Ele nunca mais seria a mesma pessoa que entrara na mina, dez semanas antes. Até os mínimos sinais de normalidade pareciam deliciosos.

No hospital de triagem, uma parede inteira foi coberta com os nomes dos mineiros e trabalhadores do resgate. Sempre que a *Phoenix* chegava à superfície, um nome era riscado. A festa estava começando.

Familiares lotavam a área em volta das camas para dar às mãos aos mineiros ainda assombrados. Uma cacofonia de celulares tocando, eco de abraços com tapinhas nas costas e o som de centenas de pessoas no interior da clínica improvisada era interrompida a cada meia hora, quando um novo mineiro resgatado era levado até lá, em meio a um coro de vibrações. Os médicos abraçavam os pilotos dos F16. Enfermeiras posavam com marinheiros. Paramédicos, geólogos e cartógrafos se abraçavam no que parecia um último encontro. Após meses de constante trabalho em equipe e contato ininterrupto, a batalha chegava ao fim.

Richard Villarroel
Juan Aguilar
Raúl Bustos
Pedro Cortés
Ariel Ticona

A lista dos resgatados continuava. Por volta das nove e meia da noite, faltava apenas o último mineiro.

Mais uma vez, a *Phoenix* desceu às profundezas da mina, a prisão onde os 33 homens estiveram juntos por mais de dois meses. Lá dentro, Urzúa entrou cuidadosamente na cápsula. Deu uma olhada em volta, depois começou a subir. Sua missão estava praticamente terminada.

O presidente Piñera e uma dezena de assessores estavam ao redor do poço de resgate. Os antes estritos controles policiais tinham evaporado, e espectadores correram ao local. Lá embaixo, no acampamento Esperanza, a tensão crescente estava a ponto de explodir. Em todo o mundo, um bilhão de espectadores assistiam, incrédulos. O que parecia um conto trágico de mineiros mortos estava sendo reescrito, transformando-se no resgate mais extraordinário da memória recente mundial. Os 33 homens. Setecentos metros de profundidade.

Sessenta e nove dias. Os duros fatos que quase condenavam os mineiros à morte certa. Agora, a imagem ao vivo de Urzúa chegando entre aplausos era como se fosse um conto de fadas.

No acampamento, champanhe, balões e vibração tomavam conta da noite fria e estrelada. Uma comunidade construída na fé e na determinação que vencera todas as barreiras.

Urzúa deu um passo à frente para apertar a mão de Piñera. Numa tradição tão antiga quanto a própria mineração, ele simbolicamente passava a responsabilidade para o comando. "Senhor presidente", disse ele, "meu turno acabou".

Enquanto era levado para o hospital de triagem, Urzúa, com gesto taciturno e sério, cruzou os pesados braços sobre o peito. Com a barba por fazer, não tinha qualquer semelhança com um herói mundial. Dez semanas antes, entrara na San José como supervisor de turno numa mina de ouro e cobre completamente desconhecida. Agora era um símbolo de boa vontade com alcance mundial. Tendo se esquivado por pouco de um encontro com a morte, Urzúa recebera uma segunda chance, um quadro-negro novo, e uma espécie de reencarnação numa escala que poucos humanos sequer podem sonhar. Enquanto Urzúa aproveitava suas glórias, a *Phoenix* continuava a trabalhar até que todos os homens do resgate pudessem sair lentamente em segurança.

O resgate foi possível graças a uma onda de generosidade global. Centenas de trabalhadores anônimos viraram suas vidas do avesso para salvar os mineiros. Alguns construíram furadeiras. Outros enviaram brocas que pesavam toneladas. Outros, como Hart, guiaram as brocas. Tal universo de soluções possíveis foi desbravado graças à rápida decisão de Piñera de buscar ajuda ao redor do mundo. Mais tarde, o presidente disse ter se guiado pela teimosa recusa do governo russo em buscar ajuda no caso do submarino *Kursk*. "Os russos poderiam ter pedido tecnologia inglesa, mas não o fizeram", disse

Piñera. "Eu telefonei pessoalmente a cada presidente que conhecia, buscando soluções técnicas."

González, o último da equipe de resgate a sair do fundo da mina, não quis dar destaque à sua bravura e disse que era um mero elo da corrente. Ele começara a ler um livro deixado pelos mineiros enquanto esperava sua saída na *Phoenix*. Antes de sair, sentiu um último desejo: "Queria desligar as luzes", admitiu. "Mas eles não deixariam."

Muitos mineiros sentiram a mesma vontade de tocar num interruptor e desligar uma experiência ainda muito dolorosa e recente para ser dissecada em análises completas.

Quando González foi içado da mina San José, o guincho parou. Os motores barulhentos foram desligados, e após dez semanas de sofrimento e luta o acampamento Esperanza transbordou de alegria com um momento transitório, mas perfeito.

Quando o último helicóptero partiu para o hospital de Copiapó, Pedro Gallo olhou para o céu deslumbrante do deserto. Centenas de estrelas piscaram. O céu, por um momento, parecia mais perto.

"Eles deixaram aqui a lembrança permanente de algo bonito."

Capítulo quatorze

Primeiros dias de liberdade

Quarta-feira, 13 de outubro: uma nova vida

Dentro do helicóptero, Samuel Ávalos observava, descrente: aquelas máquinas altíssimas, as tendas, as construções, as estradas e os estacionamentos! Ainda que ele e os outros sete mineiros que estavam no helicóptero tenham acompanhado a operação de resgate intensamente, a transformação daquela encosta vazia no epicentro de uma agitação total era inacreditável. Os mineiros pediram que o piloto desse mais uma volta sobre o local do resgate. Com as portas abertas, o helicóptero fez um giro, movendo-se rapidamente. Apreciando o cenário, só aí os mineiros começaram a ter consciência da verdadeira escala da Operação São Lourenço.

Ao deixar o acampamento, o helicóptero voava bem rente ao deserto, seguindo a mesma estrada que, dez semanas antes, aqueles homens passaram, em direção ao turno matinal na mina San José. Os dois oficiais da Força Aérea que escoltavam os mineiros pediram para tirar fotos, além de autógrafos, e trataram os homens como celebridades. Com os óculos escuros, eles pareciam celebridades ao descerem na base do Exército. Havia multidões nas cercas. Crianças subiram em árvores para vê-los. Uma aclamação os recepcionou.

Enquanto eram levados de carro da base ao hospital, multidões se alinharam pela estrada, brandindo bandeiras, atirando flores e segurando cartazes feitos à mão. Os mineiros estavam chocados. Na última vez que estiveram na superfície, eram comuns, anônimos, quase invisíveis. "Para mim, foi estranho. Aonde quer que fôssemos, as pessoas aplaudiam", disse Samuel Ávalos. "Eu não tinha muita consciência do que estava acontecendo. Minha mente estava perdida entre tudo aquilo, tentando se organizar. Eu não tinha muita habilidade para processar os acontecimentos, para entender o que era."

Na entrada do hospital de Copiapó, a van que levava os mineiros foi recebida por uma enorme massa de gente que teve de ser afastada por agressivos policiais. Dentro do hospital, a diretora, dra. Maria Cristina Menafra, deu as boas-vindas aos homens e disse que seria "uma honra" oferecer cuidado médico a todos eles.

Uma vez dentro do hospital, os mineiros foram enviados ao terceiro andar. Policiais armados fecharam a porta e até a entrada da equipe do hospital era restrita. Familiares eram permitidos, mas em horários específicos. Os homens eram agora submetidos a uma bateria de exames de sangue, testes psicológicos e raio X.

Enquanto se deliciavam com simples prazeres, como ter à sua disposição um chuveiro e uma cama, os mineiros começavam a entender o poder da horda de repórteres que cercava o perímetro do hospital. Por alguns momentos, Florencio Ávalos, que dividia um quarto com Alex Vega, abriu a cortina de sua janela, colocou a cabeça para fora e assombrou-se com a multidão brandindo microfones, lentes de longo alcance e blocos de notas. "Olhei para fora e tinha gente por todos os lados. As pessoas dormiam lá para nos ver."

Os homens viviam no interior de uma bolha. Podiam ver a si mesmos na televisão e ouvir o tempo inteiro comentários sobre o que significava aquele resgate, quando seriam mandados para casa, e os ditos milhões que Hollywood e os produtores de televisão estavam prontos a oferecer.

Nos arredores da mina, a infraestrutura do acampamento Esperanza começava a ser desmontada por dois grupos distintos: empregados de empresas, que juntavam suas máquinas e suprimentos, e um bando desordenado com pessoas envolvidas no resgate e funcionários do governo, que reuniam lembranças variadas, de restos dos pequenos frascos usados para os envios na *paloma* a brocas que pesavam quase cem quilos. Assim como o muro de Berlim, o acampamento e o poço de resgate estavam sendo saqueados e desmembrados.

No poço de resgate, uma tampa redonda de metal, parecida com a de um bueiro, fora posta sobre a abertura. Temerosos de que curiosos, turistas ou loucos em busca de um pouco de adrenalina tentasse descer pela abertura, o governo resolveu manter o policiamento próximo ao poço e em pontos-chave, nos níveis mais altos da colina. A boca da mina fora praticamente ignorada, sem qualquer santuário ou barreira.

No hospital, os homens se deleitavam com o ar fresco, laranjas, beijos e o teto sólido que não os ameaçava enquanto dormiam. A ausência de água corrente era tão notável que vários deles diziam sentir falta do eterno barulho no interior da mina. A rotina da vida na superfície era um prazer profundo para os mineiros. Ávalos descreveu a maravilha de ver o verde, as árvores e o céu. "Quando olhei para o horizonte, sentia que minha mente se orientava e organizava toda aquela informação num agitado turbilhão de pensamentos." Ávalos sentiu que sua vida se transformara de uma existência bidimensional para uma existência tridimensional. "Nós apreciamos a vida de uma forma que outras pessoas teriam dificuldade para entender", disse ele.

TABLOIDES ALEMÃES resolveram explicitar fatos baratos e fofocas. Que esposa teria enganado o marido? Algum dos homens teria experimentado relações homossexuais durante a permanência na mina? Os 33 teriam brigado fisicamente? Em sua obsessão por sexo, drogas e espetáculos, vasculharam a paisagem: compraram cartas e pagaram familiares em busca de um novo escândalo. Assim como jornalistas sérios da BBC, do *El País* (da Espanha), do *New York Times* e de outras agências de notícias de todo o mundo tentaram entrar no hospital à procura de momentos de exclusividade com os mineiros.

"Espero que a avalanche de luzes e flashes posicionados na direção de vocês seja leve", escreveu Hernán Rivera Letelier, escritor chileno, tentando avisá-los sobre a barreira midiática que bloqueava seu caminho. "É verdade que sobreviveram a uma longa temporada no inferno, mas, quando tudo estiver dito e feito, será um inferno que vocês já conhecem. O que espera por vocês, companheiros, é um inferno que ainda não viveram: o inferno do show, da alienação, dos sets de televisão. Eu tenho apenas uma coisa a dizer, meus amigos: confiem em seus familiares. Não deixem que se afastem, que saiam da vista, não os percam. Confiem neles como confiaram na cápsula que os trouxe de volta. É a única forma de sobreviver ao dilúvio midiático que está caindo sobre vocês."

Para os tabloides, a história era desconcertantemente humana. Não havia cadáveres. Sem demônios. Nenhum clímax sanguíneo para enfeitar o espetáculo para uma audiência planetária. Com a máscara barata de "o público precisa saber", os tabloides impuseram o denominador mais raso. Era uma tentativa de explorar a crença de que humanos sob intenso estresse inevitavelmente têm comportamentos bárbaros. Seguindo o próprio preceito, a imprensa sensacionalista costuma falhar em sua missão mais básica: educar e informar.

DENTRO DO HOSPITAL, os mineiros estavam confusos. Nunca se consideraram fisicamente doentes ou mentalmente fracos. Excetuando poucos e específicos problemas dentários, alguns danos nos tímpanos e distensões musculares, estavam prontos para ir embora. Mas os médicos se recusavam a liberá-los. Um sentimento de proteção e posse ainda dominava a equipe médica. Na verdade, poucos acreditavam que os mineiros estivessem realmente tão saudáveis.

Quinta-feira, 14 de outubro

Às oito da manhã, o presidente Piñera visitou os 33 mineiros no hospital e prometeu reformas radicais nas condições de trabalho, não apenas na indústria da mineração, mas também nas de transporte e pesca. "Nós garantimos que nunca mais, no nosso país, permitiremos que vocês trabalhem em condições tão inseguras e inumanas", disse Piñera. "Nos próximos dias, anunciaremos à nação um novo acordo com os trabalhadores."

Posando com a roupa do hospital e com os óculos no rosto, os homens foram desafiados por Piñera: um jogo de futebol entre os mineiros e a equipe presidencial. "Quem ganhar ficará em La Moneda, quem perder voltará à mina", brincou ele.

Os homens riram e conversaram com o presidente, que sabia usar a mídia a seu favor. Apesar de todo suplício e sofrimento, muitos já discutiam a vontade de voltar ao trabalho nas minas. "Claro, temos de continuar trabalhando. Isso é parte de nossas vidas", disse Osmán Araya. Alex Vega concordou: "Quero voltar. Sou um mineiro de coração. Temos isso no sangue."

Sexta-feira, 15 de outubro

Os mineiros acordaram ansiosos. Pesadelos com a mina assombravam seu sono. Um deles acordou no meio da noite e começou a caminhar pelos corredores, procurando a *paloma*. Era o seu turno e ele se dirigia para o dever. "Eles estão sonhando com a mina", disse o dr. Mañalich. "Há outros que também continuam pensando que têm deveres a cumprir no interior da mina."

As pressões aumentaram quando as famílias pediram para levar seus parentes para casa, ao mesmo tempo em que os próprios mineiros queriam sair. "Ainda estamos um pouco preocupados, porque lidamos com pessoas muito frágeis que estavam voltando às suas famílias", disse Mañalich, que examinou os mineiros enquanto eles se preparavam para receber alta. "É muito pouco provável que voltem à vida normal."

O estresse pós-traumático era praticamente certo, pelo menos para alguns homens. Enquanto Sepúlveda usou o problema para desenvolver seu talento de líder, Edison Peña não conseguiu escapar das pressões e do trauma do confinamento. Até sons ligeiramente estranhos, como um copo de metal caindo no chão, deixavam os homens sobressaltados. Muitos deles dormiam com as luzes acesas. Outros precisavam de calmantes para relaxar. O psiquiatra Figueroa estimou que 15% dos mineiros poderiam desenvolver sérios problemas psicológicos, 15% poderiam ficar mais fortes, mais robustos, e o restante se perderia no meio do caminho. Não havia exemplo na história para ser usado em comparação. Para aconselhar soldados traumatizados ou sobreviventes a acidentes de avião, uma vasta literatura está disponível para consulta. O acidente na mina chilena arremessou suas vítimas numa experiência tão singular de sobrevivência que poucas regras habituais de saúde mental poderiam ser aplicadas.

Apesar das incertezas sobre a estabilidade mental dos homens, às quatro da tarde do dia 15 de outubro, sexta-feira, 28 mineiros foram liberados do hospital. Uma elaborada estratégia foi desenvolvida para tirá-los dali sem serem notados pela imprensa mundial. Enquanto ambulâncias em que se dizia estar os mineiros saíam pela porta da frente, os homens reais partiram sorrateiramente pela porta dos fundos. "Eu trabalhava na inteligência", disse o dr. Jorge Díaz, sorrindo, quando lhe perguntaram como organizara a operação clandestina.

Omar Reygadas foi tão bem-disfarçado de detetive policial que, ao passar pela multidão de repórteres, começou a tirar fotos deles. Outros mineiros trocaram de roupas e óculos escuros e saíram do hospital ao lado de mulheres que faziam o papel de suas esposas. Conversando tranquilamente, os mineiros saíram sem alarde e foram levados às suas casas ou hotéis.

Samuel Ávalos foi a uma pensão onde teria direito a um quarto privativo e um chuveiro, além de sua ávida esposa, que o esperava. "Eu ataquei minha esposa. Tinha passado tanto tempo. Eu parecia um coelho", disse ele. "Mas não pude dormir. Minha cabeça rodava. Não havia possibilidade. Meu braço esquerdo pulsava, meu corpo não relaxou. Eu estava totalmente tenso. Não era eu mesmo. Quando toquei o meu corpo, me senti estranho. Eu não sabia o que pensar ao me olhar no espelho. Aqueles olhos não eram meus."

Quando os mineiros foram liberados do hospital de Copiapó, ficaram assombrados com a recepção que tiveram. "Nunca imaginei que voltaria, então aquela recepção me deixou tonto", disse Edison Peña. Segurando as lágrimas, ele disse: "Nós realmente passamos momentos terríveis."

Enquanto a mídia mantinha o cerco do lado de fora de suas casas, uma nova economia da informação surgiu. O mineiro boliviano Carlos Mamani começou a pedir um valor fixo por cada pergunta feita. Outros pediam centenas de dólares, depois se recusavam a falar sobre qualquer detalhe da experiência. As acusações começaram quando os repórteres se sentiram roubados e os mineiros, no direito de cobrar.

Yonni Barrios mal pôde chegar em casa. Uma bateria de repórteres estava a postos para cobrir sua história. Embora seus esforços para oferecer cuidados de saúde aos 32 companheiros tenha sido uma tarefa pesada, a vida romântica de Barrios era muito mais apelativa para as manchetes, enquanto a esposa e a amante, Susana Valenzuela, clamavam por seu amor.

Barrios escolheu Valenzuela como companheira permanente. Ao falar brevemente com a imprensa, desatou em lágrimas ao descrever seu papel como médico: "Eu fiz apenas o meu trabalho. Dei o melhor que pude para ajudar os meus colegas, que agora são meus bons amigos."

Quando perguntado sobre detalhes dos primeiros 17 dias, Barrios se recusou a falar, fiel ao "pacto de silêncio". Jimmy Sánchez, o mineiro mais jovem, entretanto, deu uma entrevista em que atacou Urzúa, dizendo que suas ações como líder foram infelizes. "Mario Sepúlveda foi nosso verdadeiro líder", disse Sánchez, numa torrente de confissões, esclarecimentos e declarações.

Onde estaria Sepúlveda? A imprensa queria uma resposta. De acordo com o hospital, ele estava muito cansado e precisava de repouso. Em conversas particulares, no entanto, os médicos admitiram que Sepúlveda era mantido no hospital contra sua vontade para ser protegido da terrível pressão da mídia.

Sepúlveda, preso de novo, dessa vez pelos mesmos homens que o resgataram, estava irado. Queria sair do hospital.

Doutor Romagnoli foi visitá-lo e o encontrou sedado e confuso. Ele implorou a Romagnoli: "Tire-me daqui. Eles estão me sedando. Isto é um asilo insano. Eles estão me dando doses de álcool."

Sob efeito dos medicamentos, Sepúlveda estava sonolento e nervoso. "Estão dando Haldol pra ele", disse o dr. Romagnoli, explicando que esse remédio é usado no tratamento de psicose aguda e esquizofrenia, tão forte que deixa qualquer paciente "nocauteado".

"Encheram Sepúlveda de Diazepam [remédio contra a ansiedade], para mantê-lo sob controle. Ele estava desesperado", disse Romagnoli, que decidiu liberá-lo —- mesmo que isso lhe custasse uma briga. "Falei com Iturra e ameacei: 'Tire-o daqui ou vai haver confusão, porque eu vou bater em alguns policiais e ser mandado pra prisão. A felicidade não pode ser tratada como uma doença."

Sepúlveda foi levado de ambulância à clínica mais próxima, outra vez driblando a imprensa que cercava o hospital. Finalmente, o mineiro estava prestes a conseguir a liberdade. Katty Valdivia, sua esposa, descreveu o marido como hiperativo e cheio de energia: "Eles não entendem Mario... ele é assim."

Sábado, 16 de outubro

Trinta e um mineiros deixaram Copiapó no sábado, 16 de outubro, mas Sepúlveda e Zamora ainda estavam confinados. Zamora tinha um dente infectado em situação grave. Às dez da manhã, Sepúlveda recebeu alta e foi imediatamente para um apartamento alugado para a tão adiada festa de seu aniversário junto à família. No dia 3 de outubro passara seu aniversário de quarenta anos preso na mina. Agora estava pronto para festejar com Katty e seus filhos.

O hiperativo Sepúlveda mal se sentou durante a celebração. Foi até um quarto dos fundos e, como uma criança que descobre brinquedos novos, começou a abrir as caixas com objetos que enviara do interior da mina. Levou um monte de tubos, que do modo como estavam, grosseiramente enrolados, tinham o tamanho de um taco de beisebol, à sala de estar, e usando seu canivete de bolso rasgou o plástico grosso de um dos pacotes. Desesperado, abriu o tubo e tirou seu conteúdo: garrafas de plástico cheias de minerais e cristais da San José. "São remanescentes da explosão, de quando acabamos de ficar presos e ninguém nos escutava", explicou Sepúlveda. "É um símbolo da nossa esperança e de nossas tentativas de fuga. Só posso oferecê-los a pessoas muito importantes para mim."

E começou a pegar as cartas que recebera. Ao lê-las, seu rosto se alterou. O sorriso desapareceu. Lágrimas rolaram. Sua voz engasgou ao tentar explicar as lembranças e as duras memórias que dominavam sua mente. Depois anunciou que queria viajar. Agora. Para o local com que ele mais sonhara durante seu isolamento: a praia.

No caminho, Sepúlveda falava como um recém-libertado da cadeia. Tudo atraía sua atenção, do som dos carros à facilidade com que podia comprar comida, escolher um refrigerante e se movimentar livremente. Ele disse: "Agora eu valorizo tudo." Pegou duas garrafas de água vazias do chão do carro. "Olhem para isso. Com isso a gente consegue fazer um chuveiro. Uma para ensaboar, a outra para lavar."

A praia próxima a Caldera estava vazia. O sol, escondido atrás de nuvens cinzentas. Uma brisa fresca soprava do oceano e gaivotas buscavam comida na arrebentação. Sepúlveda começou a jogar futebol com o filho. Depois parou para apreciar o momento. "Sabe o que eu sempre sonhei enquanto estava preso? Este era o meu sonho mais desejado: tomar banho de mar!"

Enquanto falava, a luz do sol furou as nuvens e reflexos dourados batiam no oceano. "Essa luz é divina, a luz da esperança", disse Sepúlveda. "Quando a primeira *paloma* chegou até nós, eu apontei para o buraco e disse aos meus companheiros: 'Esta é a luz e a porta da esperança. E lá em cima, meus amigos, é o paraíso.'"

"Eu queria que o mundo aprendesse com a gente. Aprendesse a viver. Todos temos lados bons e ruins. Precisamos cultivar o lado bom", disse Sepúlveda, que experimentara em primeira mão a fragilidade da vida. "Sua vida pode terminar em dois minutos. Para que serve todo o dinheiro se não estamos vivos? Olhe para mim, eu sou feliz. Dois meses sem um centavo e sou feliz." E apontou para as ondas e para o céu, dizendo: "Isso é a vida."

Sepúlveda pegou uma bola de futebol, correu pela praia com o filho, cercando gaivotas, e então tirou a camiseta, os sapatos, o short, e com os braços abertos, quase nu, seguiu na direção das ondas. Quando elas molharam seus tornozelos, a família aplaudiu.

Mario Sepúlveda, o líder de Los 33, tomava banho e brincava como uma criança.

Domingo, 17 de outubro

Num esforço de fechar o ciclo de um trauma e fazer as pazes com sua experiência, doze mineiros voltaram à San José quatro dias depois do resgate. Uma missa de Ação de Graças seria celebrada no que restara do acampamento Esperanza, e líderes religiosos, políticos e do resgate se juntaram às famílias para colocar um ponto final naquela provação.

Na porta de uma tenda guardada por policiais, a cena rapidamente se transformou numa briga entre os policiais e um grupo de trabalhadores da mina San José que não puderam entrar para assistir ao serviço religioso. Pelas regras estabelecidos pelo governo, apenas Los 33 foram convidados. Os outros trabalhadores da mina ficaram irados. Eles também tinham sofrido, muitos foram voluntários durante várias semanas para ajudar a resgatar seus companheiros. Aquele era seu local de trabalho; seu suor e sofrimento eram parte da colina, e se sentiam tratados como intrusos. Começaram a empurrar os policiais. Os protestos também denunciavam a falta de pagamento de seus salários por parte dos donos da mina.

Guardas de segurança também negaram a entrada de representantes do sindicato dos mineiros, que chegaram ali para comemorar o êxito da operação de resgate e protestar pelo dinheiro devido aos trabalhadores. Os donos da mina haviam sumido, possivelmente já planejavam a batalha contra a onda de processos, querendo arrastá-los por anos. Seriam condenados à cadeia? Forçados a pagar altas somas? As engrenagens da Justiça demorariam para revelar o resultado.

"Eles queriam nos pagar em parcelas de 11 meses", disse Evelyn Olmos, porta-voz do sindicato, criticando os donos da San José. "Precisamos do dinheiro agora." Depois de muita pressão, finalmente concordaram em pagar os salários atrasados.

"Quando ninguém imaginava que nossos companheiros estariam vivos, nós todos viemos aqui. Todos os trabalhadores. Sabíamos que estavam vivos e trouxemos nossa solidariedade e fé", reclamou um líder do sindicato local, Javier Castillo. "E, agora que eles estão vivos, voltamos à estaca zero, fecharam a missa para poucos. Isso é doloroso."

Castillo havia muito lutava para que a mina fosse fechada. Por quase uma década testemunhou a interminável série de acidentes que matou e mutilou trabalhadores. Parecia que o obituário era parte integrante da mina, assim como os vários caminhões que carregavam ouro e cobre para fora das entranhas da montanha. Quanto mais detalhes sobre as condições de segurança da mina vinham à tona, seus donos ficavam mais encalacrados.

Manuel González, o primeiro da equipe de resgate a descer na cápsula, ficou aturdido com as condições no interior da San José.

"Eu não tinha nem os elementos básicos", disse à TVN, a televisão estatal. "Fiquei lá dentro por 25 horas, aguentando temperaturas de 40°C e quase 100% de umidade. Imagino como foram os primeiros 17 dias, quando eles não sabiam de nada... Deve ter sido terrível."

Após assistir à missa e esperar que a mídia se dispersasse um pouco, Samuel Ávalos se disfarçou e começou a explorar o acampamento Esperanza. Era outro mundo. Nos meses anteriores ao desmoronamento, ele passara diariamente pela mesma área, por aquele monte de pedras estéreis. Agora, cada canto estava lotado de cabos, trailers e sinais de vida. Ávalos teve permissão de visitar o poço que o trouxera de volta à vida. "O buraco me pareceu muito pequeno", ele disse. "Ainda não consigo explicar como pude sair. Se você me perguntar isso, eu não consigo entender — sem dúvida fora um renascimento."

Depois, ele começou a insultar a montanha. "Era uma mina rancorosa. Quando a insultávamos, atirava pedras na nossa direção. Era um ser vivo. (...) Então eu xinguei essa maldita mina, chamei de várias coisas." Mas, mesmo querendo vingança, Ávalos mantinha um profundo respeito por ela. "Se ela quiser me matar, vai fazer, mesmo que eu esteja aqui fora. Ela tem poder."

Outro grupo de mineiros resgatados se distanciou e seguiu para a boca da mina. De pé, do lado de fora, encaravam o buraco. Depois pegaram várias pedras e, gritando insultos, arremessaram contra a abertura. Por um momento, saíram vencedores. A mina não disse nada.

Epílogo

O triunfo da esperança

Foi uma combinação de destino e de decisões de última hora que levou os 33 mineiros a entrarem na mina San José naquele 5 de agosto de 2010.

Mario Sepúlveda tinha perdido o ônibus para o trabalho. Depois pediu carona numa estrada vazia e chegou com horas de atraso. Samuel Ávalos nem era mineiro. Vendia discos pirata nas ruas de uma pequena cidade chilena, mas um parente o levou à San José, para uma nova oportunidade. Carlos Mamani nem tinha contrato de trabalho. Ele fazia jornada dupla para conseguir um dinheiro extra e manter sua filha recém-nascida, Emili.

Sempre que um novo turno começava na San José, os homens entravam num mundo que costumava cobrar por suas visitas, uma mina conhecida por ser vingativa, que nunca hesitava em demonstrar sua ira, lançando chuvas de pedras sobre os trabalhadores. Mas Los 33 não eram homens comuns. Eram vítimas ainda antes do desmoronamento da mina. Era preciso uma pitada de má sorte, duras circunstâncias e muita coragem para se cogitar a possibilidade de trabalhar na mina San José.

Entre Los 33, acidentes eram parte do jogo. Se um homem conseguisse terminar seu turno de 12 horas sem ter sido esmagado, recebia 75 dólares. Se ele conseguisse sobreviver por uma semana, ganhava 525. Com dias e horas extras, alguns deles conseguiam fazer dois mil dólares mensais. A San José pagava quase 30% mais que as minas similares na região, prática semelhante às forças militares e corpos diplomáticos que pagam mais a quem é enviado a zonas de guerra.

No dia 5 de agosto, quando a montanha desmoronou, os homens deveriam ter morrido. Em qualquer outro horário do dia ou da noite, a enorme avalanche teria arrasado e enterrado pelo menos alguns dos que estavam metidos na labiríntica mina. Mas o acidente aconteceu na hora do almoço — no exato momento em que eles iam guardar suas ferramentas no refúgio, preparando-se para pegar o transporte em direção ao sol, ao ar fresco e à comida. Assim que ficaram presos atrás de uma pedra do tamanho de um arranha-céu, os mineiros se viram praticamente sem alimento e sem saída. Estimaram que cavar o túnel e tentar escapar entre as rochas seria tarefa para um ano.

Enquanto morriam lentamente de fome durante 17 dias, muitos mineiros lamentaram sua falta de sorte: "Se apenas...", "Se eu tivesse...", "Por que eu?".

A morte lenta lhes deu tempo suficiente para examinar suas vidas, fazer um balanço de suas conquistas, de suas falhas e de suas famílias. O resultado não era animador. Muitos gastavam tudo o que recebiam em aventuras baratas, deixando esposas, namoradas e filhos entregues à própria sorte. Outros sucumbiram ao alcoolismo e às drogas. Generosidade e altruísmo não eram traços encontrados entre eles.

A rotina de trabalho da mina San José dificilmente conduziria à introspecção e à reflexão. Os perigos diários eram tão preponderantes que eles não se espantavam quando, depois de sete dias se esquivando do perigo, se sentissem no direito de gastar todo o salário em bebidas, amantes e outros paliativos igualmente descartáveis.

Então um milagre aconteceu. Em vez de sucumbirem aos instintos animais e aos ataques de fúria retratados no livro *O senhor das moscas*, os mineiros se agarraram à essência do espírito humano, e não a abandonaram.

Em vez de lutar por uma lata de atum, eles dividiram as parcas porções entre todos. Uma única lata de pêssego transformou-se num banquete comunitário. Em vez de permitir que a força bruta tomasse conta, eles instituíram reuniões diárias em que tomavam as principais decisões, após debates e votações. "Humor de democracia", disse Luis Urzúa, quando lhe perguntaram sobre como ajudou a guiar a liderança naquelas dez semanas no fundo da mina. "Nós éramos 33, então 16 mais 1 eram a maioria."

Nas primeiras horas após o acidente, os familiares dos mineiros presos correram para o local, construíram santuários e imploraram aos políticos que nunca desistissem, dando as costas à lógica e às probabilidades. Em seus corações, rapidamente se aferraram a uma crença: é claro que os mineiros estavam vivos. O único questiomento era sobre quanto tempo seus entes queridos poderiam sobreviver.

Durante dez semanas, os 33 homens se uniram e batalharam juntos. Soterrados a setecentos metros de profundidade, no fundo de uma montanha, construíram um espírito coletivo de sobrevivência. Mesmo com as famílias unidas e os responsáveis pelo resgate organizando múltiplos planos de salvamento, o governo chileno elaborou funerais e os desenhos de cruz branca para adornar a colina, em sua memória. As estatísticas oferecidas ao presidente Piñera sugeriam que havia apenas 2% de chance de *qualquer um* dos mineiros sobreviver.

Fé e tecnologia se encontravam em completa comunhão para literalmente mover uma montanha. E cada vez mais as famílias, os mineiros, a equipe de resgate e a mídia mundial demonstraram habilidades para lutar pelo bem comum.

O custo final do resgate foi estimado em vinte milhões de dólares — mais ou menos seiscentos mil por mineiro. O cálculo final não apenas foi raramente discutido como em muitos casos as contas nunca chegaram. Companhias de mineração, incluindo Precision Drilling, Minera Santa Fe, Center Rock, Anglo American, Geotec, Codelco, Collahuasi e dezenas de outras, simplesmente patrocinaram a operação.

Quando o esforço de resgate começou, as doações surgiram de países como Japão, Canadá, Brasil, Alemanha, África do Sul e Estados Unidos. A United Parcel Service enviou 13 toneladas de equipamento de perfuração. A Oakley enviou uma pequena caixa com 35 pares de óculos escuros. Equipes de maquinistas da Center Rock Inc., na Pensilvânia, trabalharam horas extras para elaborar uma nova broca. Para cada mineiro preso, cerca de trinta a cinquenta pessoas trabalharam em tempo integral para finalizar o resgate. Na hora do almoço, o refeitório do acampamento Esperanza parecia o das Nações Unidas — jornalistas coreanos, empregados de petrolíferas brasileiras, médicos da NASA, bombeiros chilenos, perfuradores canadenses e, vindo do Colorado, o norte-americano Jeff Hart, o melhor perfurador do mundo.

Perguntado sobre as lições extraídas da experiência, Samuel Ávalos disse: "Somos tão frágeis como um segundo. Quando menos se espera, tudo termina. Viva e aproveite o presente. O instante, o momento. Não faça muitos planos. Entenda que seus problemas são muito menores do que tudo o que vivemos. (...) Tenham sempre a capacidade de superar, de ajudar os demais."

Como foi possível que um grupo tão heterogêneo de mineiros desesperados e suas famílias tenham se transformado num exemplo de ternura e de inteligência emocional? Poucos tinham sido bem-educados, haviam conseguidos êxito em suas carreiras ou passavam "um bom tempo" com suas famílias. Eram homens durões, sobreviventes, que trabalhavam num canto esquecido de uma caverna escura, onde poucos humanos conseguiriam durar mais do que um único turno.

Colegas foram mortos. Colegas foram mutilados. Novos recrutas corriam para ocupar os postos vagos. Para aqueles trabalhadores — e eles existem em todos os cantos do mundo — o conceito de um universo justo ou de uma meritocracia era tão distante quanto os procedimentos para entrar num avião ou tirar um passaporte. Ainda assim, eles se transformaram num exemplo para o mundo, num símbolo de sobrevivência. Um breve lembrete que diz que, como o Diabo, Deus também existe. Um aviso de que num mundo cada vez mais conectado, um único acontecimento é capaz de unir todos nós.

Quando um grupo de fanáticos lançou os ataques contra o World Trade Center, em 2001, o mundo instantaneamente se partiu. Pelas piores razões, surgiram divisões que ultrapassavam qualquer entendimento. Racismo. Tribalismo. Nós contra eles e "choque e pavor" apagaram uma florescente consciência global. Então o jornal francês *Le Monde* publicou a famosa manchete "Somos todos americanos". Não foi um momento de celebração. Na verdade, foi uma declaração de derrota, uma admissão de que era o momento de confrontar as táticas mais brutais com força ainda mais violenta. Chegava uma era de terrorismo e tortura. Guantánamo tornou-se um símbolo dessa Era Negra.

O resgate dos mineiros no Chile foi o anti-11 de setembro, um evento que ressaltou a caridade humana, a fraternidade e o conceito de uma aldeia global construída com base no altruísmo. A fixação da imprensa mundial na história dos mineiros chilenos era uma aberração no fluxo normal de notícias de guerras, massacres e mudanças de temperatura. Cairia no esquecimento? Ou seria uma demonstração do vasto reservatório de boa vontade que sempre pode ser reunido em causas de alcance mundial?

O amplo interesse nos mineiros chilenos tem tanto a ver com o estado do planeta quanto com o destino daqueles homens. Todos os anos, centenas de mineiros ficam presas nas minas e morrem. Outras centenas são resgatadas. A mídia não carece de histórias bem-sucedidas. Os heróis abundariam se repórteres e editores procurassem por eles. Passada quase uma década do que os analistas chamaram de "Era do Terror", em agosto de 2010 o planeta carecia de esperança, mas a bravura de 33 homens e de um grupo de generosos e obstinados trabalhadores de resgate conseguiram unir o mundo. Pelo menos por um momento, poderíamos dizer: "Somos todos chilenos."

Notas do autor

Uma palavra sobre a tradução

O espanhol do Chile é notoriamente rico em gírias e o jargão dos mineiros é notoriamente rico em obscenidades. A combinação dessas duas realidades fez com que traduções literais fossem praticamente impossíveis. Em muitos casos, o espanhol usado pelos mineiros, trabalhadores do resgate, familiares e políticos foi traduzido de forma a preservar a essência do que queriam dizer. Muitas palavras vulgares foram simplesmente cortadas, não por qualquer tipo de ofensa, mas pelo simples fato de que não fazem sentido em outras línguas. Eu e o editor mantivemos o significado das palavras, mas permitimos uma tradução que mantivesse a coerência e o estilo. Como foram usados vários tradutores, pode haver pequenas diferenças de opinião sobre como apresentar a riqueza do espanhol chileno à audiência global.

Uma palavra sobre datas e horários

Este livro está baseado em entrevistas com aproximadamente 120 pessoas envolvidas no resgate, incluindo grande parte dos mineiros, o presidente Piñera, líderes da operação e muitos outros. Graças à extraordinária natureza do confinamento no interior da mina e à sua monotonia, os mineiros nem sempre foram capazes de confirmar hora e data exata de certos acontecimentos. Sem a luz do dia ou a escuridão para marcar a passagem do tempo, tal confusão é compreensível.

Tentei organizar a confusão e entendo perfeitamente a situação, pois eu mesmo fui enviado para uma missão de oito dias, sem mudar de roupa, tomar banho ou mesmo tirar meus sapatos. A fadiga e a exaustão eram abundantes nos últimos vinte dias do resgate. Gostaria de salientar que, mesmo com os repetidos esforços para esclarecer certas sequências, as discrepâncias continuam a existir entre os próprios participantes.

Acesso exclusivo

Muitas das cenas e entrevistas descritas neste livro não estavam disponíveis às centenas de jornalistas do acampamento Esperanza. No início do resgate, trabalhei atrás das linhas policiais, como os outros repórteres. Porém, ao notar o alcance e o drama que se desenrolava, pedi à ACHS, a companhia de seguros encarregada de cobrir grande parte da operação de resgate, permissão para documentar seu incrível esforço. Eu cobria a história para vários jornais, entre eles *The Washington Post* e *The Guardian*. A ACHS imediatamente concordou e me ofereceu um tour pela operação de resgate. Mas logo me disseram que havia terminado.

Pedi para permanecer e continuar reportando. Para tanto, disseram-me, eu precisaria de uma credencial da equipe de resgate. Preenchi os formulários, disse ser um escritor e recebi o passe número 204. Durante grande parte das seis semanas seguintes eu pude estar na linha de frente do resgate, enquanto escrevia, gravava e filmava. Em nenhum outro momento sugeri que minha missão fosse outra além de um repórter em tempo integral.

Os óculos de sol Oakley

Querendo deixar tudo bem claro, tenho orgulho em dizer que fui o responsável pelos mineiros terem recebido óculos de sol Oakley. Durante uma reunião de planejamento entre a Codelco e a Marinha chilena, no início de setembro, ficou claro que os mineiros precisariam de óculos de alta tecnologia ao saírem da mina. Frente às múltiplas tarefas do planejamento do resgate, os funcionários estavam repletos de coisas por fazer e um pouco perdidos em relação à questão dos óculos. Sete anos antes, eu conhecera Erik Poston, representante da Oakley. Eu ainda tinha seu cartão. Escrevi um e-mail à empresa sugerindo que enviassem 35 pares de óculos (dois extra) para a equipe de resgate chilena. Eles concordaram, e o resto é história.

Agradecimentos

Ao escrever este livro imediatamente após o drama dos mineiros, descobri que os desafios seriam vários, e os sacrifícios também. Primeiro gostaria de agradecer à minha esposa, Toty Garfe, por aceitar meu desaparecimento durante meses, e às minhas filhas Kimberly e Amy, sinto muito por ter perdido o aniversário de vocês. Zoe, as fotos do seu batizado são incríveis, mas seria melhor ter podido estar presente. Susan, parabéns por ter ganho tantas medalhas de salto ornamental, eu assisti ao vídeo. Maciel, como você conseguiu crescer 15 centímetros em dois meses? Francisca, minha filha mais velha, sua lealdade a um pai que vive correndo pelo mundo é admirável.

À minha agente Annabel Merullo, Caroline Michel, Juliet Mushens, Alexandra Cliff e à equipe da PDF, vocês foram os primeiros a enxergar o potencial deste livro e o levaram à Feira de Frankfurt, e muito além. Serei eternamente grato. George Lucas, da Inkwell Management, você guiou este livro pela selva editorial americana e me levou a Putnam, onde Marysue Rucci e Marilyn Ducksworth foram essenciais para transformar este livro num objeto lindamente projetado, primorosamente editado e nacionalmente conhecido. Tanto Diana Lulek quanto Michelle Malonzo, da Putnam, driblaram suas agendas para responder às minhas várias perguntas sobre meu primeiro livro. Na Putnam eu também gostaria de agradecer à equipe editorial de Meredith Dros e Lisa D'Agostino, mais ocupadas do que os controladores aéreos do JFK ao manter todas as peças deste projeto em sincronia. E ao presidente da Putnam, Ivan Held, por acreditar neste livro: sou grato por seu inabalável apoio. Finalmente, gostaria de agradecer à diretora de arte Claire Vaccaro, que com paciência organizou mapas e fotos, e à revisora-chefe Linda Rosenberg, que trabalhou nas férias. A Bill Scott-Kerr e Simon Thorogood, da Transworld Publishing, em Londres, saibam que seu pronto apoio a este projeto foi a chave para que ele acontecesse. Bob Bookman e a equipe da CAA, agradeço seu incrível otimismo na loucura que é a produção de um filme em Hollywood. A Colin Baden, Diane Thibert e Rachel Mooers, da Oakley, por sua generosa contribuição aos mineiros. Obrigado a Martín Fruns, Alejandro Pino e toda a equipe de médicos e psicólogos do ACHS por seu tratamento profissional e pela ajuda constante durante todo esse projeto. Uma menção especial ao psicólogo Alberto Iturra, que talvez tenha tido o trabalho mais difícil de todos — manter os mineiros unidos abaixo da terra. Alberto, os mineiros podem não ter percebido o quão duro seu trabalho foi, mas o resto de nós percebeu.

Ao meu pai, Tom Flanklin, que costumava checar os fatos e editar meus trabalhos na terceira série — viu, valeu a pena! À minha irmã mais velha, Sarah, ótima escritora e grande fonte de inspiração, e que abriu caminho à minha carreira. Ao meu irmão mais novo, Christopher, que silenciosamente cria parques e áreas de recreação, seu legado já está aqui. À minha mãe, Susan, que nos vigia lá de cima e não apenas me trouxe a este mundo, mas também embutiu em mim um espírito de sobrevivência e resistência.

Aos meus colegas, incluindo Dean Kuipers, do *L.A. Times*, que foi um dos primeiros a investir em minha autoconfiança.

Sam Logan, do SouthernPulse, jornalista visionário. Denise Witzig, da Universidade Brown, mentora-chave. John Kifner, do *New York Times*, meu mentor nos primeiros anos de carreira. Hunter S. Thompson, e não preciso dar explicações! Michael Smith, da Bloomberg, o melhor repórter investigativo que conheço. Jorge Molina, do *El Mostrador*, o melhor repórter do Chile. Pablo Iturbe e Tom Delhaes, da Tigabytes, amigos conspiradores e companheiros de sonhos. Rory Carroll, Martin Hodgson, David Munk, Mark Rice-Oxley e todo a equipe internacional do *Guardian*, por lidar com meus atos aleatórios de generosidade. A Tiffany Harness, Doug Jehl, Griff Witte e Juan Forero, do *Washington Post*, que provaram que grandes editores continuam existindo. A Guillermo Galdos, do Discovery Channel, por me receber na mina San José e sempre prover inspiração. A Lonzo Cook e Karl Penhaul, da CNN, por seu bom humor e ótimos jantares. A Amaro Gómez-Pablos Benavides, da Televisión Nacional de Chile, por sua lealdade e sorrisos. A Francisco Peregil, do *El País*, por mostrar que o jornalismo também pode ser colaborativo. A Bert Rudman, John Quinones, Joe Goldman e toda a equipe da ABC, que me acolheram no acampamento Esperanza. A Carlos Pedroza e Manuel Martinez, da *Esquire Mexico*, por sua lealdade inalterável e seu faro para as notícias reais. A Miguel Soffia, por provar que a nova geração nos deixará com a sensação de sermos lentos e lerdos! E finalmente a James Bandler, meu eterno companheiro de conspirações, mestre do eufemismo e dos furos mundiais e motivo que me levou ao Chile, 21 anos atrás.

E aos 33 mineiros, pois todos reservaram um tempo para conversar comigo, oferecendo informações ao livro. Gostaria de agradecer particularmente a Mario Sepúlveda, Raúl Bustos, Alex Vega, Juan Illanes e Samuel Ávalos.

Por fim, ao meu parceiro nos negócios Morten Andersen, por sua paciência durante meu inesperado ano sabático. A Gemma

Dunn, que me ajudou nas entrevistas e também nas pesquisas, e cuja paciência foi de valor incalculável durante todo o processo de construção do livro. A Ellen Jones e Lucia Bird, que traduziram as indecifráveis gírias dos mineiros chilenos para o inglês perfeitamente.

Créditos das fotos

As fotos em páginas duplas são listadas a partir do canto superior esquerdo, no sentido horário.

1. Placa de estrada, Copiapó: Getty Images; altar na estrada, próximo a Copiapó: AFP/Getty Images; imagem de satélite, ao fundo, 16 de setembro de 2010: NASA; entrada da mina San José, 28 de junho de 2010: AFP/Getty Images.

2-3. Composição com fotos dos mineiros: AFP/Getty Images; placa do refúgio: Reuters/Ministério de Mineração do Chile/Landov.

4-5. Pedro Simonovich fala aos familiares na mina, dia 6 de agosto de 2010: Martin Bernetti/AFP/Getty Images; equipe de resgate na entrada da mina, 7 de agosto de 2010: Martin Bernetti/AFP/Getty Images; escavadeira, 8 de agosto de 2010: Martin Bernetti/AFP/Getty Images; multidão na mina, 10 de agosto de 2010: Reuters/Landov; familiares se desesperam ao esperar por notícias, 7 de agosto de 2010; parentes aguardam informações na mina, 6 de agosto de 2010: AFP/Getty Images.

6-7. Perfuração na mina, 17 de agosto de 2010: Ariel Mankovic/AFP/Getty Images; Sebastián Piñera com mensagem dos mineiros, 22 de agosto de 2010; familiares se abraçam, 22 de agosto de 2010: AFP/Getty Images; vigília, 17 de agosto de 2010: Ariel Marinkovic/AFP/Getty Images.

8. Contato por vídeo, 5 de setembro de 2010: © handout/Ministério da Mineração/dga/Corbis; familiares vendo mineiro na televisão, 26 de agosto de 2010: Reuters/Landov; imagem dos mineiros na tela, 17 de setembro de 2010: © Reuters/Landov.

9. Acampamento dos jornalistas com acampamento Esperanza ao fundo: 11 de outubro de 2010: Associated Press; crianças brincando próximo ao acampamento Esperanza, 21 de setembro de 2010: AFP/Getty Images.

10-11. Jonathan Franklin na estação da *paloma*: Jonathan Franklin/Addict Village; Laurence Golborne abre uma "paloma", 29 de agosto de 2010: AFP/Getty Images; Alberto Iturra: Jonathan Franklin/Addict Village; André Sougarret conversa com a imprensa, 29 de setembro de 2010: AFP/Getty Images; Jonathan Franklin na CNN: Marcelo Iturbe; jornalistas, 9 de outubro de 2010: AFP/Getty Images; altar para os mineiros: AFP/Getty Images; Verónica Quispe: © Claudio Reyes/EPA/Corbis; mulher escrevendo carta, acampamento Esperanza: © Ronald Patrick; tubos carregando mensagens: Jonathan Franklin/Addict Village.

12-13. Perfuradora Strata 950, 8 de setembro de 2010: AFP/Getty Images; comboio de caminhões, 10 de setembro de 2010: AFP/Getty Images; estação policial de controle: © Ronald Patrick; Laurence Golborne, presidente Piñera e Andre Sougarret, 12 de outubro de 2010: Hugo Infante/Governo do Chile/Rex/Rex USA; vista da cápsula de resgate: Reuters/Vídeo do Governo do Chile/Pool/Landov; dr. Jorge Díaz: Jonathan Franklin/ Addict Village; chegada da cápsula *Phoenix*: © Ronald Patrick; Jeff Hart: © Ronald Patrick; perfuradora T-130, 7 de outubro de 2010: AFP/Getty Images; Jonathan Franklin no local do Plano B; pontas da broca do Plano B: Jonathan Franklin/Addict Village.

14-15. Familiares, 13 de outubro de 2010: AP Photo/Natacha Pisarenko; Mario Sepúlveda é resgatado, 13 de outubro de 2010: EPA/Hugo Infante/Landov; Richard Villarroel, 14 de outubro de 2010: © Claudia Vega/EPA/Corbis; José Henríquez, 13 de outubro de 2010: AP Photo/ Roberto Candia; Luis Urzúa com o presidente Piñera, 13 de outubro de 2010: AFP/Governo do Chile/Hugo Infante/Getty Images/Newscom; mineiros com o presidente Piñera, 14 de outubro de 2010: Governo do Chile/Rex/Rex USA; Franklin Lobos, 13 de outubro de 2010: Gabriel Ortega/Governo do Chile/Rex/Rex USA; Mario Gómez, 13 de outubro de 2010: AFP/Martín Bernetti/Getty Images/Newscom; familiares, 13 de outubro de 2010 (3): © Ronald Patrick.

16. Festividades, 13 de outubro de 2010: EPA/Ian Salas/ Landov; Mario Sepúlveda rezando: © Morten Andersen.

Editora responsável
Marianna Soares

Produção
Adriana Torres
Ana Carla Sousa

Produção editorial
Rachel Rimas

Revisão de tradução
Carolina Casarin

Revisão
Flávia Midori

Diagramação
Filigrana

Este livro foi impresso em junho de 2011, pela Ediouro Gráfica, para a Editora Agir. O papel do miolo é avena $80g/m^2$ e o da capa, cartão $250g/m^2$.